文 / 叶聪灵　图 / 阿拉蕾

背着人类的躯壳，隐匿折断的羽翼，为了爱的人，天使，为爱转世。她变成了光明城中的公主，寻找那个让她触犯了戒条却依然义无反顾的男子。男子，是敌国的王，在她重遇他的那一刻，就注定了她的命运：公主，为爱叛逃。可她，只是他的一个游戏，她的所有代价，换来的只是背着人类躯壳的恶魔之子的轻蔑一笑。公主，伤心欲绝，刺穿自己的心脏，堕入万劫不复的深渊。冥河，怨灵丛生，倾城之姿，毁灭殆尽。

Chapter 2 诅咒 • 逃离

黑魔法的诅咒/是逃离的唯一救赎途径/水晶球的裂痕

是心灵深处的情伤/迷离的眼神/在等待下一世的沉沦

悬绘•永恒的沉沦

文 / 叶聪灵　　图 / 阿拉蕾

撒旦用黑魔法的诅咒，让灵魂泯灭的天使，在冥河中重生。诅咒，是转世公主逃离毁灭的唯一救赎途径。被刺穿的心脏，变成了具有无限魔力的水晶球，水晶球的裂痕，是心灵深处的情伤。公主，闪烁着迷离的眼神，怀念爱的美好，痛恨爱的残忍。她在等待下一世的沉沦，她知道，那是永恒轮回的沉沦。

Chapter 3 恶魔·蜕变

爱上恶魔的结果/是变成恶魔/然后，爱流离，善泯灭，

所有一见倾心的男子/都变成浸血悲鸣的知更鸟/它们的绝唱

是她玩味爱情的微笑

文 / 叶聪灵　图 / 阿拉蕾

爱上恶魔之子的结果，是变成恶魔。自此以后，所有爱，流离；所有善，泯灭。她站在森林的深处，以无敌的美颜，诱惑所有一见倾心的男子。她与他们亲吻之后，一剑刺穿他们的心脏，鲜血流出的瞬间，男子们都变成了浸血悲鸣的知更鸟。知更鸟的绝唱，是她玩味爱情的微笑。原来，当年，她也是在同一片森林，邂逅了顶着人类躯壳的恶魔之子。只不过，她永远也不会知道，她正在玩的爱情游戏，是撒旦给她设计的圈套，是引诱天使变成恶魔的醉心情节。所以，爱情，是天使变成恶魔的悬疑线索。

说出来就会死

文 / 小妖 UU　　图 /Somnus

1

“Surprise！”当我把宋美好垂涎已久的指甲油放在她课桌上时，周围几个正在窃窃私语的女生立刻停止了讨论，她们略带诧异地瞟了我一眼，然后又迅速凑到一起嘀嘀咕咕，但话题不再是“哪个不要脸的女生给戴老师写了情书”。

根本没有遮遮掩掩的必要，我和宋美好针锋相对也不是一两天了，算不上什么秘密。我们之间剑拔弩张的关系没有缘起也不会有结局，就像水火，天生不容。因此，我这种公然示好的卑贱行为，当然会受到关注。

“投毒了吧？涂在指甲上不会连手指都烧烂吧？”宋美好扬了扬眉毛。

“我有那么恶毒吗？”我谄媚地笑着。

“有什么阴谋？”虽然满心疑惑，但爱好收集指甲油的宋美好仍被那精致的小瓶子深深吸引。

“告诉我那个秘密吧！”我说。

“哪个？”

“就是那个……声誉的事……”我附在她耳边。余光里，周围的女生都变成了向日葵，而我和宋美好就是太阳。

“根本不知道你在说什么！”宋美好推开我，也推开了指甲油。

后来，有很多女生偷偷问我，到底是什么秘密令宋美好连香奈儿限量版的指甲油都不屑一顾？

“好像是关于声誉的事，听说一旦说出那个秘密就会死。”我说。

2

到底是什么要命的秘密呢？每个人都在猜。

——上个星期戴老师的老婆在校长室哭哭啼啼，说有个女生给她丈夫写情书，内容不堪入目……难道是宋美好？怪不得她那么想当体育委员！

——听说是关于生育的事。还记得吗？前阵子在女生厕所里发现一个未成形的胎儿……

——啊？想不到宋美好竟然会做出这种事！

——连穆穆都不知道那个秘密，她们可是最好的朋友啊！难道她真的打算把秘密烂在肚子里吗？

如果每个人都知道她有一个秘密，但她却不肯告诉任何人，那只能说明，她不信任任何人。对于一个不信任你的人来说，还有必要和她做朋友吗？

秘密是增进友情的黏合剂，守口如瓶的人根本不配拥有秘密，也不配拥有朋友。

3

为了保住那个不能说的秘密，宋美好被彻底孤立了，连老师和父母都忍不住再三找她谈话，但她始终死撑着，坚称自己没有秘密。有时候被问急了，她就大吼：“既然知道说出来就会死，你们干吗还问我？都想让我死吗？”

说出来就会死？谁信啊？！不过是她为了掩饰秘密而故弄玄虚罢了。

于是，在大家的排斥和鄙夷中，宋美好逐渐变成了透明的颜色，若有若无，可有可无。她总是低着头，沉默着，就算偶尔抬起眼睛，看到的也永远是别人的背影。

某天大扫除时，我和宋美好分在一组擦玻璃。

她附在我耳边，嘴巴里飘出浓郁的腐臭：“是谁告诉你，我有一个不能说的秘密？”

我神秘地笑了笑：“不能说，说出来就会死。”

宋美好愣了愣，继续附耳说道：“自从大家都说我有秘密之后，我就觉得有什么东西藏在我的肚子里。而且，它正在腐烂，连同我的五脏六腑，都像那个秘密一样，全烂了。我想吐出来，可没办法，因为我根本不知道那个秘密是什么……”

说罢，她茫然地揉了揉肚子，然后一头栽下七楼。

4

宋美好说了，宋美好死了。

我，在众目睽睽之下，成为她的继承者，拥有了那个秘密——起码看到宋美好对我说悄悄话的人们是这么认为的，但他们却没有追问那个秘密。

“其实宋美好对我说……”每当我想告诉他们宋美好的临终遗言时，大家都会逃之夭夭。以至于后来，只要有我出现的地方，每个人都躲得远远的。

宋美好已经用生命验证了诅咒，谁还敢听一个说出来就会死的秘密呢？要知道，守住秘密是比死还艰难的事。

于是，我成了第二个宋美好，就算穿着同样的校服，我仍是一个刺眼的异类，看到的永远是别人的背影。有时候，我还会看到宋美好飘荡在天花板上，那个烂在肚子里的秘密已经快将她侵蚀殆尽。

5

我有一个秘密，说出来就会死。

其实，我当初请求宋美好告诉我的，是一个根本不存在的秘密，谁让她跟我抢当体育委员呢？为了多一些机会接近戴老师，我什么事儿都干得出来！

这个不存在的秘密和我故意强调的“声誉”两字一样，起先只是个恶作剧，但后来变得不可说，它闷在我的肚子里，慢慢腐烂。

现在，我的口臭越来越严重了。

重装上阵，再出发

五年以来，由最开始的蔡骏，到后来的鱼悠若，然后到现在的我们，虽然经历了主编的更替，但是《悬疑志》一直恪守一个信念：为悬疑小说正名，奉献最精彩的悬疑小说以飨读者！

时代在变，作为读者的你也在变，《悬疑志》也正在琢磨着以更好的方式呈现在你们的面前。大家都看到了，近几期《悬疑志》的变化很大，封面、版式都做了很大的调整，这次改版引起不小的争议，但我们不会停止改版的脚步。创新可能会付出一定的代价，但是满足现状，不思进取，将会进一步压缩杂志的生存空间。感谢大家一直以来的全心支持，你们一直是我们办刊的动力所在！

本期主要看点有藤萍的《变脸》、王雨辰的《聂小倩》、青丘的《酒店》、漆雕醒的《通天密码》以及水心沙的《黄泉》。

看过藤萍上一期的《凹槽》，相信大家对藤大的故事十分惊艳了吧。本期中，男主唐研将会面对一个更为离奇诡异的神秘事件，一个个早已死去多日、已经发霉发臭的人赫然像往常一样吃饭、上班、睡觉，难道真的有鬼不成？答案不到最后一刻，你绝对想不到！

刚看到《聂小倩》这篇文章的名字，估计很多人都在暗暗发笑了，一个老掉牙的东西，一看前面就猜到了后面，王雨辰肯定是穷疯了吧，来了个坑爹的。坦白来说，我当时接到王大这个稿子的时候也是这么想的，然而当我看完这个故事后，真是惊讶不已。嚓！原来还可以这么结尾，这里不剧透，赶紧翻来看看吧，绝对让你大吃一惊！

青大手下两大奇男白翌和安踪都是大家的老朋友啦，这次两人去度假，同住一间房，会发现什么事儿呢？情节在这里我不便多说，大家想都不用怎么想，我们可怜的安踪只要单独跟白翌在一起，他就只有被蹂躏的份儿。

《通天密码》是阿漆的“秘录社”系列中的第二个故事，这个系列是我近年来看过的最过瘾的一个系列。以前也曾经看过阿漆的一些故事，但是都觉得一般般，这个系列让我对她彻底改观了！这娃子，前途无量啊！

另外在这里要重点说一个人——水心沙，“宝珠鬼话”相信大家还记忆犹新吧，阔别两年，水心沙带着她的新作回来啦！《黄泉》的主角是一个叫“司徒红夜”的小哑巴，人物有点儿像夏达的《子不语》，超有爱。还有本文中一个喜欢抽烟的女主，特有范儿。我不止一次地想，这女主的原型，肯定是水大自己吧，哇咔咔！

好了，其他废话，我就不多说了，大家赶紧看书吧。如若对本期有何想法和看法，欢迎随时发邮件到 hsq@booky.com.cn 与我联系，我们一起来探讨！

戚小双

CONTENTS 目录

出 版 人：刘清华
责任编辑：丁丽丹　刘诗哲
监　　制：蔡明菲　潘　良
主　　编：柳　易　戚小双
特约编辑：小　雅　狂海龙少　冷谚明
封面设计：八牛书装
封面绘图：Somnus
QQ 交流：562922056
网　　站：www.xuanyizhi.net
投　　稿：xuanyi@booky.com.cn
博集天卷淘宝商城店：http://bjtjts.tmall.com
出版发行：湖南文艺出版社
合作网站：网易读书频道
印　　刷：北京京都六环印刷厂
经　　销：新华书店
定　　价：15.00 元

名家作坊

座上客：周德东 / 何马 / 温瑞安 010

谜小说

夜行系列：变脸◎文 / 藤萍 012

青铜社：聂小倩◎文 / 王雨辰 042

异故事讲堂

酒店◎文 / 青丘 060

秘录社：通天密码◎文 / 漆雕醒 082

特别策划

解码世界末日◎策划 / 本刊编辑部 102

青灯行

良人◎文 / 花布 110

红夜传奇：黄泉◎文 / 水心沙 126

校园尖叫

黑猫社：忘情药◎文 / 麦洁 144

原创惊悚漫画

无间噩梦◎编绘 / 壁水羽 158

灵异测试

末日方舟◎文 / 狂海龙少 172

黑段子加工厂

沉默的声音 / 黑狗 / 兼职◎文 / 兔子的马蹄等 174

独家连载

《诡案组 4》之卷十四 藏镜罗刹②◎文 / 求无欲 180

编辑会客厅

《悬疑志》十大作家大揭秘 204

2011 年中国悬疑小说 TOP10 ◎文 / 郑辉 212

星罗盘 216

聊天室 217

达人秀 218

名家作坊

座上客：周德东/何马/温瑞安

http://t.163.com/xuanyizhi

关注9 | 被关注 2230578 | 微博115

+加关注　　对他说　更多

他的微博　他的收藏

全部　原创　图片　视频　音乐 | 跟贴　话题

周德东：孟娇是个醋坛子，她总怀疑女友丹丹跟老公有染，导致老公跟自己离了婚。她把丹丹的相片拿出来，每天夜里都用缝衣针在上面狠狠地扎，诅咒她遭报应。一天，她听说丹丹生病了，假惺惺去看望。丹丹说近日一直在针灸，已经好了。孟娇就问了句："那得扎多少针啊？"丹丹说："总共 341 针。"回到家，孟娇在丹丹的相片上数了数——不多不少，正好 341 个针眼儿。

来自网易微博　　删除 | 转发 | 收藏 | 评论

周德东：黄三和赵监生挖通了一座传为民国时期的一位巨富的古墓，他们沿着回廊在黑暗中前行数十米，找到古墓正室，看到一口大棺材。黄三费力地撬开棺钉，把撬杠交给身后的赵监生，然后把棺材盖搬开，用手电筒朝里一照，看到赵监生躺在里头，憋着笑。黄三猛回头，身后站着一具骷髅，手里拿着撬杠，急切地问："有值钱的东西吗？"

来自网易微博　　删除 | 转发 | 收藏 | 评论

周德东：他模模糊糊有一种预感：今天晚上，常年闲置的学校礼堂要出人命。问了问，果然，今天晚上礼堂组织了一场舞会。天黑后，他偶然又从别人口中得知，跟他同校的女友去参加舞会了，他立刻给她打电话，可能是舞会太闹，一直没人接。他急了，冲到礼堂想把女友揪出来，却在礼堂门口被一辆送饮料的车撞倒，当场就死了。当时那辆车在倒车，速度并不快。

来自网易微博　　删除 | 转发 | 收藏 | 评论

周德东：公园里有个画师给人画像。张生的老婆非要画一张，张生说："想画就画吧。"老婆就坐在了画师对面。张生站在画师旁边看。半个钟头过去了，黑白肖像渐渐完成，张生的眼睛越瞪越大，画板上哪里是他老婆，分明是小敏！小敏一直逼张生离婚娶自己，因未能如愿愤然自杀……老婆接过画像，满脸欣喜，真像！真像！然后转身对张生说："老公付钱吧！"

来自网易微博　　删除 | 转发 | 收藏 | 评论

网易认证

他的个人资料：

男　北京市　朝阳区

i媒体

《悬疑志》，打造最好看、最惊悚、最悬疑、最离奇的短篇故事集

他的标签：

原创　恐怖小说　悬疑

推荐达人：

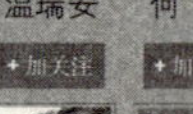

汪国真　温瑞安　何　马

刘慈欣　天下霸唱　西岭雪

麦　家　慕容雪村　桐　华

他关注的人：

孔二狗　柯云路　余秋雨

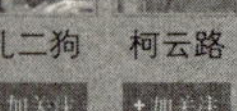

周国平　七堇年　沧　月

毕淑敏　蔡　骏　苏　芩

何马:13号楼B座，一个男人坐在窗边梳妆台前，深夜无灯，借着月光对着镜子上妆。拔掉胡须，露出光洁的下颌，刮掉眉毛，画上两道月牙画眉，胭脂抹腮，抿了唇红，画上眼影，睫毛夹轻压睫毛，戴上湛蓝色的隐形眼镜，涂上指甲油，穿上高跟鞋，套上紧身连衣裙，如风中摆荷飘然出门。镜中，那位未化妆男子相貌仍在，如照片一般，只是偶尔眨一下眼。

来自网易微博　　删除 | 转发 | 收藏 | 评论

何马：每到午夜，楼上就会有小孩子跑来跑去的声音，令人无法入睡，很恼。一夜，小孩跳的声音太大了，上楼找他父母理论，敲许久门没人应，反而惊醒了其他邻居，悻悻而归，准备第二天一早去叫门。第二天刚亮，再到楼上，发现楼上门口贴着法院封条，一打听，一年前，一少年因网瘾残忍勒死其母后逃匿。当夜再听，楼上声音像有人拼命蹬柜子挣扎！

来自网易微博　　删除 | 转发 | 收藏 | 评论

温瑞安：王辉有日发现眉心有点痒，照镜，有一竖赤红，不理。下班后，有点儿疼，再照，冒点血。深夜睡前，印堂刺痛，冲至洗手间，一照，血滴落鼻尖。他用双指捂住伤口，发现伤处已绽开，里面好像有异，用手一掰，脸皮往左右两爿剥落，里边居然还有另一张脸，其五官竟跟自己完全不一样。他魂飞魄散，再往下剥，居然，他人皮内竟还有另一个人！

来自网易微博　　删除 | 转发 | 收藏 | 评论

温瑞安：听说学校男厕闹鬼，老江自恃是执法自卫队队长，孔武有力，决定亲临现场，伺机抓鬼。同学问:“你想怎么捉鬼？”江说:“Easy，见着鬼，必是人扮，一拳把他的脸砸个稀巴烂！”当晚，半夜潜伏，一人形物体飘至，老江一手扯住，叱:“呔！装鬼扮妖的，吃我一拳！”那物体缓缓回头，江张口结舌，打不下去，因那物体五官模样，竟与他长得一模一样。

来自网易微博　　删除 | 转发 | 收藏 | 评论

温瑞安：柯德垂涎唐吉美色已久，听说唐吉胆小，便约她看戏，唐吉进场才知是鬼电影，花容失色。柯德故意选取观影人极少的日间场次，指定偏僻座位，好让自己色欲得逞。戏里猛然出现冤魂，他摸黑伸手搂抱唐吉，只听唐吉怯生生地说:“我终于等到你请我看鬼戏了，你转头来看看我呀！”柯德转脸一看……戏院门口，一辆救护车鸣笛赶到。

来自网易微博　　删除 | 转发 | 收藏 | 评论

温瑞安：林醉醉喜欢自拍，记下心情起伏一刻。这晚独自在家，自拍一张，赫然见父母在后，一家亲睦，大诧，因其父母早离尘世。她还自嘲，莫不是《哈利·波特》里的魔镜，想谁见谁？专神再拍下一照，果见她当年爱人在旁，但影像随即淡去。她心中惘然若失，再自拍一张，只见一女子，五官逐渐模糊。林不禁自触脸庞，然后惊叫一声。

来自网易微博　　删除 | 转发 | 收藏 | 评论

谜小说 Mi Fiction

夜行系列

Bian Lian

变脸

文/藤萍　图/吕则龙

一、脸

李花派出所的夜晚很安静。

这是个成立不到一年的新派出所，辖区是从隔壁县划分过来的，靠着大片的荒山野岭，管辖的人口不到六千，实在是个荒凉又偏僻的地方。派出所的警官只有五个：所长、教导员两个、副所长两个、小民警一个。虽然能差遣的兵只有一个，但李花派出所的日子并不难过，因为这里一个星期也接不到一起110，所长最常做的事是去爬山，副所长最常做的事是去河里游泳。

这里就像个被现代化都市遗忘的角落，山脚下的农民按照最普通的方法耕田种菜，没有大型百货和酒楼，连区区几家小超市的生意都很惨淡。人们省吃俭用，好像这个地方距离繁华的都市不是二十公里，而是两百公里，开车不是需要十五分钟，而是需要三十年一样。

李花派出所所有的夜晚都很安静，窗外是一片无边的黑暗，没有什么灯光，遥远的几点灯火闪烁在村居里，而村居在山头那边。

这里虽然是个偏僻冷清的地方，但李花派出所是个新成立的派出所，繁华的都市距离这里毕竟不是两百公里，市政府也没有忘记往这里派发工资和装备，所以李花派出所和全市所有的派出所一样，安装了最先进的办公系统和最先进的监控系统。

在派出所的监控室里，有一堵足有三十个显示屏的监控墙，里面展示着李花派出所辖区的各个角落。按照相关的管理规定，这些监控探头每三十秒切换一个角度，

用以确保完整拍摄每一个死角，派出所应当安排专人二十四小时看监控，以便随时发现问题。

但这些东西在李花派出所完全都是摆设。让这些东西成为摆设的原因非常简单——辖区夜晚光线昏暗，那小小的监控探头基本都只拍摄到一团黝黑，什么也看不见，所以就算有人二十四小时坐在监控墙前面，也是什么都看不出来的。

每个地方的情况不一样，不是所有的好东西都放之四海而皆准的，可惜这么浅显的道理，远在繁华都市中心的大领导想不到。李花派出所急需的不是监控，而是路灯。

二十三岁的崔鸣好已经一个星期没回过家了，他是李花派出所唯一的小民警，虽然辖区治安很好，基本没有警情，他也每天忙得团团转，天天都在加班。

这一天，夜里九点五十分，崔鸣好坐在监控室里，一边打哈欠，一边填写监控室的监控登记本。虽然监控什么都没有看到，这个本子却是要时时检查的。领导才不管你有没有足够的人手来二十四小时盯着监控，反正登记本没写就是不合格。

崔鸣好已经两个星期没空来填监控登记本了，今天所里三个人值班，他一个人坐在空空荡荡的监控室里，面对着一台台黝黑空洞的监控显示器，一股悲哀就这么泛上心头。

他还这么年轻，他曾有许多庄严的梦想，以后这漫长的时间，难道都要和文件、表格、登记本等做伴，在这个荒凉得谁也不知道名字的地方耗掉一辈子吗?

他考入警校，成为警员，这让他感到骄傲，而现实却是如此迷茫。

崔鸣好一边走神，一边机械地在登记本里填写:“×× 年 ×× 月 ×× 日 ×× 时，正常; ×× 年 ×× 月 ×× 日 ×× 时，正常……”

突然，整个监控室的光线变了一变，他的余光看到白炽灯下的墙壁，居然闪出几条深蓝色的光带来，不由得愣了一下。

崔鸣好抬起头来，只见监控墙上仍然是一片漆黑，不同的是有些探头前光线好些，还能分辨得出树叶的影子，有些探头拍出来的纯粹是一片黑暗，和关机没什么不同。

就在崔鸣好茫然的时候，突然“啪”的一声微响，所有的显示器都亮了一下，三十台显示屏左右两侧都呈现出一种极蓝的蓝色光条，而一片漆黑的显示屏中心突然都呈现出一张脸来。

崔鸣好吓了一大跳，只见那是一张短发男人的脸，长着个大鼻子，脸上依稀很脏。显示屏显示的光线仍然很昏暗，看不清那张脸的细节，但那张脸占据了整个屏幕，就这么呆滞地停留了一两秒钟，随即消失不见了。

屏幕两侧的蓝光带也消失了，三十台显示器又陷入了浓淡不同的各种黑暗中，仿若刚才那张脸从来没有出现过。

崔鸣好呆呆地看着监控墙。

刚才……那是什么玩意儿?

三十个探头分布在辖区三十个不同的角落里，怎么可能一张脸同时出现在三十个探头里?

何况他离得那么近……

那些探头可都是安装在高处……

总而言之，怎么可能呢?

刚才那一幕怎么可能出现呢?

一定是监控器坏了。

二、停 电

崔鸣好带着疑惑继续填写登记本，昏昏欲睡的感觉已经不翼而飞。他心不在焉地写两个字，抬头看看监控墙，再写两个字……光线很昏暗，他写着写着，觉得灯光太暗，站起来想多开两根灯管。

“啪啪!”他按了几个开关，监控室里的其他白炽灯却没有亮，难道是坏了?他呆呆地多按了几下，突然醒悟到不是其他开关坏了，是停电了。

监控室里根本没有灯亮着，唯一的光源是监控墙，监控室上的显示屏虽然只拍到或浓或淡的一团漆黑，但也是有光线的，刚才他一直靠监控墙屏幕上发出来的微光写字，难怪越写越别扭，什么也看不清。

不过既然停电了，为什么这些……这些还亮着?崔鸣好想起先前出现的那张人脸，联想到了贞子，把自己吓出了一身冷汗。不过，他很快又想到监控墙是有备用电池的，就算停电了也能用。

差点把他吓死。

他在监控室再也待不下去了，把登记本往抽屉里一扔，快步冲下楼去。

“俞所！俞所！”他一边喊一边摸黑走，没电了，二楼、三楼都是一片黑暗，所里只有三个人，其他两个人不知道在哪里。

一楼没有人回答，崔鸣好摸到一楼。一楼值班室里有一团光线亮着，一张诡异的脸在灯光下，眼珠子往他这边转来。崔鸣好差点儿又吓了一跳，幸好这次反应快了点儿，那是俞所——其实是“俞副所长”，比崔鸣好大七八岁，叫俞伦。俞伦今天值班，听到崔鸣好大呼小叫地下来，笑了起来：“怕黑？没事，电压不稳。”他安逸地坐在值班室里，丝毫不见慌乱。崔鸣好松了口气，也摸进了值班室，感觉和老同志待在一起比较有安全感。俞伦无聊地玩着他的手机游戏，手机屏幕的光在他脸上一闪一闪的。

“怎么会停电呢……”崔鸣好只好自言自语，“供电局没有通知停电啊。”俞伦专心致志地在玩《愤怒的小鸟》，“嗯”了一声，也不怎么答理他。崔鸣好坐在俞伦旁边的椅子上，呆呆地看着值班室窗口前的黑暗。

大门外有星光，树木的影子随夜风摇晃，映得地上条条道道斑斑点点的黑影在晃动。崔鸣好看着满地蠕动的黑影半天，心神不宁，他总是觉得那些摇摇晃晃的影子里好像有什么东西在爬，“俞所，那边是不是有什么东西？”他忍不住对俞伦说。

俞伦头也不抬：“哪有什么东西！”

崔鸣好站了起来，打开手机里的手电筒软件，不过去看看，他今晚恐怕都睡不着。就着手机映射出来的白光，他向对面的过道走去。

值班室对面的过道左右两侧都有房间，一边是询问室，一边是候问室。晚上左右两边的房间都空荡荡的，崔鸣好用手机光源对着过道照了过去，冰冷笔直的过道上空无一物。他深吸一口气，对着两间房间都照了一下，两间房间也都一如平常，没什么异样。崔鸣好松了口气，转过身来，手机光源一晃，他猛地看见值班室里有一个影子笔直地站着，正用一种诡异的眼神看着这边，那张面向着自己的脸居然不是俞伦的，而是刚才监控屏幕上出现的那个人！他想大叫一声，惊慌过度，一时却叫不出来，“啪嚓”一声手机掉在地上，那手电筒软件却没关掉，被震了一下，反而将亮度调高了一挡。崔鸣好这下看清楚了，站在值班室里往这边看的人是俞伦，并不是什么长着一个大鼻子的男人。

“俞所？”他长长吐出一口气。

俞伦已经把手机收了起来：“站在那里别动，你有没有听到声音？”

“声音？”崔鸣好站在原地，只是弯腰捡起了手机，仔细听了一下，“什么声音？”

“什么东西在爬的声音！”

啊？崔鸣好心里那股寒意又冒了出来，什么东西在爬？有什么东西三更半夜会在这栋楼里爬行？静了下来，他真的听到在二楼，就在他头顶的位置，有一连串轻微的“咚咚”的肉体与地板相接触的声音，由近而远，那振动和声音，听起来像一个一百多斤的人在挣扎爬行。

“俞……俞……所……”崔鸣好吞了口口水，“我们要不要上去看看？”

“没事，所长在二楼，有什么情况他会知道的。”俞伦安慰他，“没什么事，值班室不能没人，你要没事就上楼睡觉去吧。”

宿舍在五楼，要上去得经过四层空荡荡漆黑一片的楼层，并且进了宿舍也只有一团漆黑。崔鸣好当然不想上去：“我陪你值班好了，反正也睡不着。”

“好啊，随便你。”俞伦坐下来，继续玩他的《愤怒的小鸟》。

崔鸣好坐立不安，一直听着楼上那爬行的声音，突然听到“嘭”的一声响。那是关门的声音，所长可能在办公室坐得无聊，想上楼睡觉去了。接着是脚步声，有人上楼、又上楼，一直到上了五楼，连关门的声音都在黑暗中听得清清楚楚。

同样听得清清楚楚的是那爬行的声音。

那声音爬进了所长办公室，就这样消失了。

不再响了。

三、声 音

电一直没有来，四面都是蝉鸣的声音，映衬得楼内格外安静。

风吹树叶沙沙作响，熟悉的风声带来些许平静，俞伦在值班室玩了好一阵子《愤怒的小鸟》，终于打开被褥，准备睡觉了。

已经是半夜一点三十三分，俞伦躺上值班室的床，打了个哈欠：“小崔，难道你要和我一起睡吗？回宿舍去睡吧。”

“哦，那我回去了。”崔鸣好终于坐不下去了，磨磨蹭蹭地打算回宿舍睡觉。

俞伦已经睡了，整栋大楼格外安静，没有一点儿声音。

每扇窗户或多或少地透入点儿月光，玻璃在不同的角度反射着冰凉的光，猛地一看就像什么人潜伏在黑暗中，实际上反射的是手表的光。崔鸣好就在这样的胡思乱想中，摸索着回自己的宿舍。

宿舍在五楼，他要走过四层楼，再穿过五楼整个楼层，才会到他 502 室的宿舍。

崔鸣好摸索到二楼的时候，心里一动，突然想到既然都是要穿过楼层的，那从二楼穿过去，从另外一侧楼梯上也是一样。

正好可以检查一下刚才是什么东西在二楼爬行，不会是有小偷吧？他打开手机的光源，慢慢往所长室的方向走去。

会不会有什么人……藏在里面？

白光扫过所长室的窗户，他走过去小心翼翼地查看，办公桌上空无一物，地上也没有什么可疑的东西，屋角几盆盆栽安静地在那里，一切看起来并不可疑。

他拧了一下门把，门是锁着的，刚才所长上楼的时候反锁了。

那应该是没事。

没有人趁着没电偷偷溜进所长室。

他转身要离开，脚下一滑，踩到了一些沙子之类的东西。光线照过去，他低头一看，只见二楼的地上散落着极少量的黑色泥土，还掺和着似乎是枯枝败叶或是垃圾之类的东西，数量不多，不知道是谁的鞋子带来的，居然留到现在。清洁工竟没有把它扫掉？崔鸣好蹭了蹭鞋子，大步向五楼走去。

他不想再从三楼、四楼听到什么古怪的声音，快速走过楼层，上了五楼，打开自己的宿舍门，走了进去。

宿舍里也是一片漆黑，他开了窗户，拉开窗帘。窗外少许月光透了进来，让屋里显得不那么黑，崔鸣好躺在自己熟悉的床上，终于找到了点儿踏实的感觉，闭上眼睛，打算开始睡觉。

睡了一会儿，做了好几场噩梦。梦里不是梦见自己醒了，眼前是那张脸，就是梦见那张脸在窗外出现，吓得自己一身冷汗。崔鸣好挣扎了好几次都没有醒来，在噩梦里沉沦，满身都是冷汗，真是难受至极。突然猛地惊醒了，他惊醒了，一时还不知道自己是为什么惊醒的，呆了好一会儿，才听见他的门口有声音。

有个很轻很轻的声音。

却非常近。

“刺——啦——”一小声。

过一会儿，又“刺——啦——”一小声。

崔鸣好裹在被子里一动不敢动，不知道自己究竟是在做梦还是醒着，那是什么声音?

突然那个声音移动了一下，他又听到了那“咚咚”人体爬行的声音，声音没有爬几步，到了所长宿舍门口，那“刺啦刺啦”的声音又响起来了，崔鸣好听不出那是什么物体在摩擦。

这个时候，风吹过窗户，翻动他放在桌上很久，却从来没有看完的一本研究生考试的英语材料。

“刺——啦——”资料册翻页过去，纸张在墙上蹭了一下，发出了相同的声音。

崔鸣好顿时寒毛倒竖——是翻书的声音?

半夜三更，没有电，谁会在他门前翻书呢?

他翻的是什么东西?

翻东西的又是什么东西?

这时候，在隔壁所长宿舍门口，清楚地发出了翻书的声音。

翻过一页，机械地“哗”的一声。

再翻过一页，又是机械地“哗”的一声。

四、电 话

崔鸣好一夜挣扎在噩梦与倾听门外的怪声之间，第二天早晨起来精神格外的不佳。

八点钟派出所准时开会，五个人围坐在桌子前面，俞伦开始汇报昨天的警情。

“基本上昨天没什么事，只有夜里两点有一个 110 电话。”俞伦说，“可是电话响了，我接起来，电话里说什么听不清楚。等我再打回指挥中心，指挥中心却说没人向我们所发出过警情指令，我想大概是电话串线了。”

“你再向指挥中心核实一下，要是有什么警情我们没有出警，那就很麻烦了。”所长强调了一下，“不管指挥中心说什么，都要做好记录。”

“是。”俞伦应了一声。

崔鸣好偷看了所长几眼，他好像没有什么异样，难道所长根本没有听见昨天晚上的怪声?倒是副所长张旺发话了:“我看今天所里面地板很脏，到处都是泥巴和灰尘，是不是昨天下班清洁工没有扫?小崔啊，这件事你负责落实。”

“是。”崔鸣好连忙应了一声。

“小崔，值班登记本用过了都是要归档的，档案室你要管好。”所长从抽屉里摸了一个本子扔了出来，“我早上起来在我宿舍门口发现了这个登记本，现在我不管它是怎么从档案室里跑出来掉在我宿舍门口的，总之就是你管档案的没做好工作，下次不要再这样了。”

崔鸣好头脑里“嗡”的一声，值班登记本？苍天知道，他每一本用完的登记本都规规矩矩锁进档案室了，这一本怎么会突然出现在所长宿舍门口？难道这就是昨天晚上在宿舍门口发出怪响的“东西”？他心惊胆战地看着所长扔过来的那个本子：“我……哦……好的，下次不会了。”

“没什么事就散会。”所长挥了挥手，大概又打算爬山去了。

崔鸣好小心翼翼地接过那个登记本，只见那本子和平常一样，用得又皱又乱，没什么异常。在接过登记本的时候，他突然感觉到全身一凉，好像有什么人就站在他身边，他回头去看，身边除了俞伦什么人都没有，但眼睛一回到眼前的登记本上，眼角似乎又能扫到有什么东西靠得很近，就站在身边。

他惊恐地来回看了几次，却什么也没看见，回过头来的时候，登记本翻开了。

他甚至没搞清楚那是俞伦翻开的，还是他自己无意识翻开的。

登记本翻开在8月13日那天，那天有几起小警情，没什么令人有深刻印象的。

俞伦坐在一旁打电话：“指挥中心吗？我李花派出所，我想问一下今天凌晨两点多，是不是有人向我们发出过指令？对，因为我们这里接到电话，但是听不清楚……”

崔鸣好呆坐在一旁，甚至不怎么敢去动那本登记本。

“啊……哦……真的？怎么会这样？你们那边应该有录音啊，调出来听一下。”俞伦还在继续打电话。崔鸣好却听出了古怪：“怎么了？”

俞伦正在等指挥中心的值班人员给他查通话记录：“啊？我接到了一个含糊不清的电话，指挥中心说夜里没有人向我们这里报警，但是电脑里有一条记录，说明夜里两点多，指挥中心曾向我们这里拨打过电话——每一个电话都是有记录的，有录音的，我在等她查。”

“两点多？”崔鸣好小声地说，“会不会有鬼啊？”

俞伦像听见了什么笑话：“哪里有什么鬼？可能是谁指令下错或者拨错了吧。”

这时候，电话里传来回复：“电话录音非常模糊，有很强的风声。”

俞伦和崔鸣好面面相觑，异口同声地问:“怎么会？把录音发过来吧。”

指挥中心是个密不透风的大办公室，里面能吹得最大的风就是空调的风力加强，绝不可能从电话里能听出很强的风声来的。查录音的人显然也觉得很奇怪，咕哝了一声:“难道真是电话串线了？”

但就算是串线了，也要有人正好从那个时间那个点从指挥中心打了个电话过来啊。指挥中心坚持说，没有人打过电话。

那打电话的会是谁？

五、脸的再现

俞伦向指挥中心要了录音，叫他们弄好以后发到所里邮箱，然后他就睡觉去了。收邮件这活显然要崔鸣好来干，崔鸣好也没有睡觉的命，一大早起来，他就要填写很多报表，上报很多资料，证明自己的辖区确实是平安无事。

崔鸣好进了文员室，开始收邮件、回邮件、写材料，他桌上的一台电脑占了大部分空间，剩下的就是各种厚重的文件，只有在墙边的角落放着个小小的镜框，镜框里面却是空的，没有放任何照片。

一个人从他背后经过，到柜子里拿东西，开柜门、关柜门叮咚作响。崔鸣好头也不回，只说了声:“拿了东西记得登记啊，拿办公用品是要签字的。”他随口说了声，背后那人却没有回答。

“签字本在桌上啊。”崔鸣好回头一看，背后什么人也没有，只有文件柜的柜门半掩着。他寒毛竖了起来，四下里看了看，的确是什么都没有，也许是风吹的柜门，也许是文件柜本来就没关，正在胡思乱想的时候，突然看见文件柜光滑的柜门上折射出一个背影正从走廊上离开办公室。

“喂！谁！”他跳了起来，追了出去，走廊上仍旧什么都没有。他本能地往隔壁所长室那里探了个头。

所长像平时那样坐在沙发椅上，抱着个笔记本。崔鸣好探了个头，所长似乎没有看见，然而所长手里抱着的那个本子却很眼熟，崔鸣好头皮再度发麻了——那皱巴巴的，写得像鬼画符一样的本子，不就是那本值班登记本吗？他刚刚把它锁进档案室，怎么转眼所长又把它拿出来了？他急匆匆缩回头，只恨自己为什么要探这个头，却在缩头的时候，眼角一瞟，因为刚才文件柜的反光照出一个人影，他情不自禁地往所长室柜子的玻璃上看去——

玻璃上映出所长的影子，突然“啪”的一声，所长手里拿着的那本笔记本掉了下去，他抬起头来，突然从玻璃里看了崔鸣好一眼。崔鸣好全身都凉了——他觉得他又眼花了，他竟把所长的脸也看成了监控屏幕上的那张脸。赶紧回过头来，发现所长手里的登记本是掉了下去，可是所长没动，仍然维持着刚才的姿势坐在那里。

那……那看起来简直就像一具尸体一样。崔鸣好无论如何都不敢去叫他一声，只能偷偷溜回自己的文员室，大气不敢出一声，全神贯注地听着隔壁的动静，幸好过了一会儿，隔壁传来所长走动的声音，似乎一切都很正常。

电话铃响了，崔鸣好接了起来，是值班室的电话，今天值班的是教导员老黄。老黄打了个电话上来说，市局分了个小警察到所里，叫他下来接待。

新人？崔鸣好别提有多惊喜了，怎么这件事从来没听人传过？这下他杂七杂八的工作终于可以分出去一点，不用整天忙得要死了。他立刻下楼，只见大厅里站着一个很学生气的年轻人，穿着白色的T恤，长相很斯文，只见他微笑说：“师兄好，我姓唐，叫唐研，是新来的民警。”

崔鸣好极其热情地招待他上了五楼的宿舍，唐研带的东西不多，很快就安顿好了。所长打了个电话上来，要崔鸣好负责把小唐带好，崔鸣好求之不得，当下就带着唐研在派出所里转了个遍。

两个年轻人很快就熟悉了，崔鸣好知道唐研喜欢打游戏，今年刚毕业，做过一些兼职，父母都在很远的地方。两人转悠到二楼办公室的时候，一推门，门里居然有人在。崔鸣好很意外，俞伦去睡了一会儿以后，居然又爬起来了？只见俞伦正在往Word文档里面慢慢地贴照片，一张、两张、三张……

那都是人脸，都是俞伦从人口信息库里复制过来的照片。也不知俞伦在这里贴了多久了，文档里密密麻麻都是小小的一寸照。崔鸣好只看了一眼，顿时毛骨悚然，他觉得……他觉得俞伦贴的这些照片，隐隐约约都有相似之处。

这些人都长着大鼻子，一副略有痴呆、穷困潦倒的样子。

和那张神秘莫测，常常给崔鸣好造成幻觉的脸竟然有几分相似。

“他为什么要贴和自己像的人的照片？”唐研问。

崔鸣好呆呆地问:“什么?”

唐研说:“那些照片都和他自己长得很像啊。”

像?

崔鸣好一抬头，只见俞伦坐在那里，背对着自己，然而从侧面看去，他面对着电脑的那张脸，赫然不是他自己的脸，而是那张崔鸣好一直以为是幻觉的脸!

唐研问，为什么他要贴和自己长得像的人的脸?

难道这一切……重复地在别人脸上看见那张脸，不是幻觉，而是真的?崔鸣好惊恐过度，眼前一黑，差点晕过去。

六、推　论

“怎么回事?”唐研看他脸色惨白，关心地问，“你不舒服吗?”

崔鸣好摇了摇头，低声说:“那个……那个不是俞所的脸……”

唐研的眉头微微扬起:“什么?”

崔鸣好断断续续地将他昨天晚上和今天白天的古怪遭遇说了一遍，唐研安安静静地听完，然后问崔鸣好:“你相信这个世界上有鬼吗?”

“不信。”崔鸣好的脸色依然惨白，“但是也许这个世界上有什么无法解释的东西存在，我们不信，只是因为我们不知道。”

唐研微笑:“那么你以为，到底是怎么回事?”

崔鸣好盯着俞所那张古怪的脸，他们已经在办公室门口站了好一会儿了，俞所居然毫无反应。他犹豫了很久，才说:“我觉得，有个看不见身体的东西……就在我们派出所里，它……它……虽然看不见身体，但是有一张看得见的脸。”

唐研在崔鸣好脸上瞧了几眼，崔鸣好很怕他耻笑他胆子小，居然自发想出如此古怪的想法，正想解释，不料唐研点了点头:“有可能。”

看崔鸣好惊讶的表情，唐研露出很平常的微笑，接着说:“如果说那个东西的身体我们看不见，只能看得见它的脸，那么现在——它一定抓住了俞所，正在强迫他帮它做一些事情。它要不是会附身，就是紧贴着俞所，所以我们才会在俞所脸上看到另一张脸。”

“没错。”崔鸣好压低声音，非常紧张，“怎……怎么办?”

唐研随手从靠着门口的办公桌上拿起一张白纸，揉成纸团，对着俞伦扔了过去。

“啪”的一声，纸团在距离俞伦右肩不远的地方弹了起来，随即那个东西倏然一闪，就如一个老鼠的影子那般，沿着墙角快速遁走了。

崔鸣好目瞪口呆，唐研居然用这种办法把几乎是挂在俞伦身上的怪物赶走？“喂，你……那……那是什么东西？”

“我猜那是一种东西，”唐研说，“有重量的东西，你看。”他指了指先前那个像老鼠影子窜走的墙角，“有痕迹。”

崔鸣好集中注意力看着，那墙角最近几天没有扫，落了一些灰尘，而灰尘上居然有一些类似人的脚印之类的东西，一连串地向着后门出去了，惊奇出声：“那是什么？”

“那个东西的脚印。”唐研说，“一个能操纵俞所剪贴照片，还能化成一个小小的黑影逃走，又能留下脚印的东西……那至少……”

他话还没说完，崔鸣好已经骇然说：“难道是吸血鬼？只有吸血鬼是能化作蝙蝠飞出去的……”

但他还没说完，唐研又微笑了：“……至少……那东西是有智商的。”

崔鸣好一怔，唐研继续说：“所以我们应当找一找，你说的值班登记表、那个奇怪的半夜电话、监控视频上的脸，以及这些照片之间……有什么联系？”他微微带笑的样子很含蓄，斯文而又从容，崔鸣好多看了他几眼，心情莫名其妙地镇定了一些：“对！如果那个东西有智商，它也许正在这里做一些什么事，弄明白了它在做什么事，就知道它是什么东西，还有它有没有危害！”

“对！”唐研很赞同，“首先——我认为这是一张——是一张重要的脸。”他抬起手来，随手一指，指到电脑屏幕上那些密密麻麻的照片里居中的一张。崔鸣好一看，“啊”的一声惊叫，那张照片，就是他反反复复一直在别人脸上看到的那一张！

大鼻子，穷困潦倒，脏兮兮的男人的照片！

七、8 月 13 日

“这张脸，在所有照片里面重复了十三次。”唐研说，“这个人是谁？”

这个人是谁正是崔鸣好最大的疑惑：“这不就是刚才附在俞所脸上的那张脸吗？”

俞伦依然呆呆地坐在电脑前，崔鸣好走上两步，推了他一下："俞所，这张照片你是从哪里找来的？是谁的照片？"

"啪"的一声，俞伦应声而倒，重重地摔在地上，那摔下的姿势和坐着的姿势一模一样。

他已经保持这个姿势僵硬很久了。

崔鸣好伸出去的手停在半空，俞伦摔倒的身体流出黄色的汁水，一股奇异的气味散发了出来……崔鸣好僵硬地看着倒在地上的那具躯体——

那无疑是一具尸体。

还是一具已经死亡有一段时间的尸体。

如果俞伦已经死了有一段时间了，那昨天晚上和他值班的、今天早上和他说话的——尤其是打电话到指挥中心去确认报警电话的，又是谁？

那也是俞伦啊！那一如平时的人怎么也不可能是一具死了很久的尸体！

"唐……唐唐唐……"崔鸣好语无伦次，一步也不敢动，生怕做错了一个动作，地上那匪夷所思的尸体就会坐起来扑向自己。他的噩梦还在继续，竟一直没有醒来。

唐研说："他死了。"

"不不不，"崔鸣好说，"他没死，他刚才还在和我说话。"他瞪大眼睛，坚持说，"他没死、他没死……什么也没发生……"

"小崔，他真的死了。"唐研极轻地叹了口气，他慢慢地蹲下，细看着俞伦的尸体，"你看，他的衣领里面有勒痕。"

崔鸣好喃喃自语了好一会儿，也不知道对自己说了些什么，才猛然惊醒一样："俞所……俞所……"他终于蹲了下来，和唐研一起仔细看地上的尸体。

俞伦的确是死了，身体的大部分已经腐败，衣领下隐约可见脖子上有一道紫红的勒痕，那可能就是致命伤。但已经死了的俞伦怎么能宛若活着一样说话、走路，甚至和崔鸣好一起值班？这不是崔鸣好的幻觉，唐研也是见过的。

俞伦的尸体绝大部分都包裹在穿得很整齐的衣服下，看不出其他的伤痕，但除了脖子上那道伤痕以外，在他头顶的浓密头发底下还有一个圆形的，似枪伤又非枪伤的伤口。那伤口很深，隐约可见血管，让人感觉似乎深入脑髓，看起来也很像致命伤。

崔鸣好哆嗦着拿起手机来，颤抖的手指按来按去按不到所长的电话。唐研按住他的手："等一下，俞所死得太古怪，所长也未必安全，情况还没清楚之前，别轻信任

001235

何人。”

他说:“别忘了，俞所在倒下之前，我们俩都以为他是活人。”

崔鸣好毛骨悚然，唐研的意思就是说——他怀疑所长也是——也是这样的怪物?

可是所长一切都好好的，看起来跟平常没什么两样。崔鸣好想起了所长室里那个古怪的倒影，打了个寒战，突然也不敢肯定所长就是没问题，不由得深信唐研的话，在这个时候，相信谁都可能是错的。

“俞所死了，不知道他这几张照片是哪里来的，不过……”唐研看着电脑屏幕，俞所之前开着的电脑屏幕上除了一堆的照片，还开着一个系统，失踪人口和无名尸体的数据库。

崔鸣好倒抽了一口气:“这些照片都是从失踪人口库和无名尸库里找出来的?那……那……”

“那就是说，他们很可能都是死人。”唐研指着那些照片，“不过有一点很奇怪，这些照片都不一样，但是照片里面的人却有很多是重复的。你看，这一张照片里的人——就是我刚才说的，重复了十三次。而这一张，”他指着另外一张灰头土脸、脸色青黑的男人的脸，再指着一张小眼睛的男人的脸，“这张脸重复了八次，这一张脸重复了五次。”

失踪的人和无名尸体，难道总是能长着相差无几的脸吗?十三张相差无几，会被人误以为是同一个人的脸，那样的概率会有多少?何况还有八张相似的、五张相似的……数不胜数……崔鸣好想起在俞伦和所长脸上都曾看到过一模一样的陌生人的脸，一股说不出的诡异感从心头涌起:“那……那是为什么?”

“我想，只要明白刚才溜走的那个影子到底在干什么，就会知道为什么。”唐研从桌子上拿起一个本子，崔鸣好又愣住了——值班登记本!

那本子不知道怎么从所长室凭空出现在这里，就如它一直都安分守己地在俞伦桌上一样。唐研随手一翻，就翻到了8月13日那天，不知道为什么，这一天登记本的折痕特别明显，就像被人深深拗过一样。

8月13日，没几行记载，只是登记了某夫妻吵架，邻里吵架，以及有家工厂的员工报警说，他同宿舍的工友失踪了。

唐研和崔鸣好的目光都落在了“失踪”两个字上，随即目光落在失踪人口数据库上——难道，这就是这个登记本屡次出现的原因?

根据值班登记本的记载，那个被报失踪的工人姓程，叫程实。

八、帽　子

值班登记表记录得很详细，程实的身高体重、体表特征、身份证号码、年龄职业，在失踪人员登记表上记得清清楚楚，还贴了一张程实的照片。唐研和崔鸣好不约而同地凑过去细看那照片，那虽然是一张拍得歪歪扭扭不合格的证件照，但照片里的人灰头土脸，一个大鼻子，赫然是第十四张“脸”。

8月13日，上星期的最后一天，是星期天。这一天，有人报警说一个叫做程实的工人失踪了。一个星期后，李花派出所的监控中莫名地出现了程实的脸，接着俞伦离奇死亡，留下了一堆古怪的照片。有一个神秘的影子从死亡多日的俞伦身上逃走，在影子离开俞伦之前，俞伦的脸居然和程实的一模一样。

这些怪事之间，有什么联系？那个能让人变脸的怪影操纵着人体，究竟在做什么？

这一切显然要从程实的失踪开始查起，崔鸣好看着8月13日那张薄薄的纸，来回看了好几遍，实在看不出什么名堂来。突然唐研轻轻地问:“那一天，这个叫做章龙的人来报警，所里可曾有人出警去找过程实吗？”

崔鸣好微微一惊，看了下8月13日的出警人:“那天是俞所值班，我看一下……”他在系统里查询了一下，指着报警下的记录，“有，俞所有录入回馈‘经出警民警到××厂实地调查，程实并未向工厂提出辞职，其于8月12日离开宿舍，至今未归。对其工友进行走访，没有人知道程实的去向’。”

“那就是说，程实的失踪，俞所是有调查的。”唐研说，“但是俞所却死了。”微微一顿，他若有所思地看着俞伦的尸体，“而且是……死了好几天了。”

崔鸣好也不是生嫩的新警了，皱了皱眉头:“程实8月12日离开宿舍，为什么8月13日章龙就知道他失踪了？出去玩个一两天不回来也不是什么奇怪的事，为什么章龙要来报案？所以现在就是要找到这个章龙，问清楚8月13日那天，到底发生过什么？”

唐研微微一笑，顺着他的话往下说:“但在出去找章龙之前，我们还是应该确认一下所长的状况。”

崔鸣好抬头望了一下楼上，情不自禁地打了个冷战，办公室外诡异的人影，所长室里奇怪的倒影，所长会安然无恙，是正常的吗？

就在这个时候，所长倒是自己从楼上下来了，两人看着所长的背影潇洒地从三楼下来，提着个包大步向门外走去，在阳光下丝毫没有异样，好像和“尸体”扯不上任何关系。他并没有走进办公室，所以压根没有看见俞伦的尸体，这也情有可原。唐研和崔鸣好就这么迟疑了一下，所长就走了，而今天值班的劳青劳副所长姗姗来迟，刚好进来，也上了三楼。

“糟糕……俞……俞所的事要不要给教导员他们说声……”崔鸣好开始发愁，俞伦的尸体横在地上，总不能不理不睬。就在他发愁的时候，唐研把目光转向已经走到院子里的所长身上，透过二楼的窗户，依稀可见所长的头顶上有一团帽子模样的东西。

那是什么？

哪有人穿着警服，却戴着自己的帽子，不戴警帽的？

“小崔！小崔！”上楼拿点儿东西的教导员突然开始叫人，“怎么搞的？怎么到处都是泥巴？晚上有什么人来过这里？”

“啊？”崔鸣好吓得跳了起来，“我来了我来了……”他嘴上说要上去，却惊恐地看着唐研，唐研善解人意的微笑：“我和你一起上去。”

闻言，崔鸣好长长地松了口气，他实在不敢再自己一个人单独在这栋楼里走动，仿佛一不小心，在走廊拐弯的某个地方，就会有熟悉的人猛地倒下变成一具尸体，或者是在某个根本不该看见人脸的地方，看见那张熟悉的人脸。

教导员的办公室就在所长室的隔壁，里面原本种植了几盆绿色植物，现在盆栽里面的植物都被人拔了出来，泥巴撒了一地，花盆里现在就是一个个深坑，原来种在里面的黑色植物已经横七竖八地被扔在地上，奄奄一息。

这间办公室前后的门都是锁着的，没有钥匙人根本不可能进来。崔鸣好呆呆地看着地上的泥土，原来昨天晚上，那个声音不是爬进了所长室，是爬进了教导员的房间……可是……可是它在这里捣乱，挖出这么多土，是在干什么？抬起头来，他把心一横，就想把昨天晚上发生的怪事报告给教导员，嘴巴刚刚一张，眼前似乎有什么东西一晃，他突然看见教导员头上依稀多了一顶肉色小帽一样的东西。

那是什么?

唐研本来安静地坐在沙发上，若有所思地看着地上的泥土，突然抬起头来，和崔鸣好一起看着教导员头上那顶隐约可见的“帽子”。

这个样的帽子，他刚刚才见过。

在所长的头顶上，他就隐隐约约看见了和这一模一样的东西。

这东西应该不是帽子。

那会是什么东西?

九、人面蕈

那肉色的东西一闪而过，崔鸣好本能地“咦”了一声:“教导员，你头上那是什么?”教导员摸了摸头，头上什么也没有，倒是摸了一手古怪的黏液，像粘了胶水一样:“咦?奇怪了，我头上怎么会有这种东西?”他扯了张纸巾出来擦头发，“刚才说到哪里去了?哦，昨天晚上是不是进了小偷?怎么会有人把我这里弄得乱七八糟?”

崔鸣好看着他手里的黏液，不由自主地说:“这……这是什么东西……”

“不知道，可能在哪里粘到的……”教导员还在仔细地擦着他的头发。

“这是一种——”唐研突然开口了，“一种东西，能让我看一下吗?”

“不用了，头上也没什么事，”教导员老黄不耐烦地挥手，“去叫清洁工来，新来的小唐是吧?我给你交代一下工作，从今天开始就是我们派出所的人了，要跟着小崔好好学。”

唐研温和地应了一声。崔鸣好开始打电话给清洁工，不知道为什么电话就是不通，找不到人。

“呃……教导员，我们下去找人。”崔鸣好找了个借口，唐研跟在他身后，从办公室走了出去。

在他们踏出办公室的那一刻，教导员的头顶突然冒出一团如帽子一般的肉色东西，那东西蠢蠢而动，蠕动得十分恶心。肉色的东西从他的额头冒出，没多久就占领了他的整张脸——而那张肉色的东西展开后，任何人都认得出来，那就是程实的脸。

走出办公室的唐研沿着墙一步一步往前走，崔鸣好觉得他的神色有点奇怪：“怎么了？”

唐研抬起头来，不知道为什么，窗外阳光明媚、鸟语花香，这栋大楼里面却寂静得毫无声息，仿佛他们一脚从身后的办公室出来，那里面的人就再也没有动静了。

一种异样的响动从三楼传来，宛如一个人正在挣扎爬行的声音。崔鸣好情不自禁地又寒毛竖立，那声音他听过，昨天晚上，二楼那个神秘的爬行声，那个他一直找不到是什么东西在爬行的声音，又在光天化日下响了起来。

“小崔。”唐研说，“昨天晚上你说你听到一个东西在二楼的声音，你上去了，可是找不到那个东西。”

崔鸣好正在回想昨天晚上的诡异景象，越想越是头皮发麻，被他一说，又是一阵鸡皮疙瘩。那个时候，其实俞伦已经死了吧？那在值班室里的是什么东西？“是……我在二楼什么都没有看见。”

唐研指了指楼上：“现在在办公楼里的，只有你、我、教导员和劳所……”他笑了笑，“现在教导员在我们后面，那三楼的是什么？”

“你说这个声音……是三楼的劳所发出来的？”崔鸣好大吃一惊，“可是……可是这怎么可能？劳所好端端的……”他突然想起俞伦在倒下之前也是好端端的，立刻闭了嘴，颤抖着压低声音，“小唐，你是什么意思？”

“昨天晚上，在二楼的只有所长，现在，在三楼的只有劳所。”唐研说，“如果这世界上其实没有看不见的怪物，那在爬的，只有他们两个了。”

“可是昨天晚上，除了有东西在爬的声音，我还听见所长锁了门，上五楼去了……”崔鸣好抵死不想相信有这样的事，“一个人不可能同时发出两个声音，何况昨天晚上明明有个东西爬进了教导员的办公室，把他的花盆翻得乱七八糟，那一定不是所长，所长……所长根本不可能做出这种事！”

“嘘……”唐研轻轻吹了口气，指了指楼上，悄声说，“我们上去瞧瞧。”

两个人蹑手蹑脚地上了三楼，崔鸣好尽了最大努力才没有发出太大的声音。身边唐研神态一如平常，脚下竟然是一点儿声音都没有，上了三楼往劳青的办公室方向一看。

崔鸣好的脸色立刻变了，只见地上一团人影正在艰难地爬行，从走廊一端的洗手间痛苦地爬出来，四肢着地，一步一步爬向办公室——在这过程中，“它”竟然发不出任何声音，只有那四肢骨骼的扭转声咯咯作响，能让人感知它是多么的痛苦！

“劳——”崔鸣好的惊呼还没发出声来，唐研已经一把捂住他的嘴。

只见地上痛苦挣扎的劳青滚了几滚，头顶上一个东西蠕动了一下，崔鸣好脸色大变——那是个形如帽子一样的肉色怪物，在空中不停地细微蠕动，有时候打开，有时候蜷缩起来钻入劳青的大脑中，而它展开时候的眉目——竟然是一张五官俱全的脸！

那是一张脸，长在劳青的头上！

它是从劳青的脑中长出来的！

他看得几乎快吐了——看这凄厉的惨状，肯定是劳青在上洗手间的时候，突然发现了自己头上长了这么个怪物，吓得往外就跑，但不知道为什么发不出声音，只能在地上挣扎滚动，痛苦不堪。

难道昨天晚上他听到的声音，也是所长发现了自己头上长了这个怪物，痛苦挣扎的声音？如果是这样，那声音到了所长室门口，怎么会还有人能锁上所长室的门，上五楼去休息？而后来听见的，有个东西进了所长室，那又是什么？

总不会人脑里长出这么个怪物，就能像蚯蚓一样会分身吧？

“这个东西，叫人面蕈。”唐研突然在他耳边轻声说，“是一种菌类。”

“菌类？那……那个东西会动……是一张脸……”崔鸣好颠三倒四地说，“怎么会是蘑菇？”

“不是蘑菇。”唐研说，“世上有一种罕见的复合黏菌，古时候叫做太岁，太岁介于动物和植物之间，含有蛋白质。人面蕈可能是单纯的复合黏菌转向肉食生物的一个古怪的变种……我猜它之所以长得像张脸，是因为这团黏菌最初就是附着在那张脸上长出来的。”

崔鸣好全身一阵发麻：“什……什么意思……”

唐研微笑了，他的眼神很清澈镇定，看着地上挣扎的劳青和看着窗外的花儿草儿并没有什么区别。他斯文而友好地说：“我的意思是那团黏菌是肉食生物，它们聚合在一起，刚形成的时候，第一个食物就是那张脸。”

“那……那就是第一个死者了？”崔鸣好有点儿抽搐，四肢冰凉，“在一个死人的脸上，不知道为什么有几种菌类聚集在一起，长出了这么一个怪东西，它们维持了那张脸的外形，却……不断地用这种形态在繁殖？”

“对！”唐研说，“它们集合成一个巨大的黏菌体，向动物进化了一步，大概地形成了一个新品种，而这个品种，毫无疑问当年它们就是从人的大脑中生长出来的，所以它们是食脑髓的一种生物。”他指了指劳青头上的那个肉色怪物，“你看，它是从他脑子里长出来的，俞所的头上也有一个深入脑髓的伤口。”

俞伦头上的伤口实在让崔鸣好刻骨铭心，不可能忘记，他一度以为那是枪伤：“这样说的话，大家都感染了人面蕈，为什么我没有长出怪物？”

唐研拖着他慢慢往二楼退下：“这个问题我也没法回答……也许我们要问问章龙。8月13日，章龙来报警说程实失踪，出警的俞所感染人面蕈，死亡；那天带班的所长，也可能感染人面蕈；那天劳所和教导员不在，根据记录，是去了李树岭检查火灾隐患——可是他们都感染了人面蕈，为什么你没有？难道是因为你没有离开派出所？”

崔鸣好茫然摇头，他们已经悄悄从三楼退回了一楼：“人面蕈……那种怪物，要怎么样才治得好？”劳青那样子显然很痛苦，但刚才教导员头上好像也有类似的东西闪过，他却毫无感觉。

“在它破坏脑容物之前，把它从大脑里拔出来。”唐研说，“这种东西我也没有见过，也许它能操作大脑的某些部分，或者在人死以后，它能用某些方法让人不知道自己已经死了？能代替血液和内脏给大脑提供养分？”他摇了摇头，轻声说，“这是一种没有见过的……从来没有过的东西。”

“我们……去找章龙！”崔鸣好突然坚定了起来，“这种怪物也许已经在蔓延，我们一定要先找到它的源头在哪里！”

唐研露出微笑：“嗯。”

十、李树岭

两个人到了工厂，章龙却已辞职了，幸好留有地址。崔鸣好找到地址，敲了敲门，门内居然有人来开门，倒是出乎意料。开门的人满脸胡楂，瘦得犹如一根竹竿，比起上星期来报案的样子差远了，见到人先倒退三步，眼神闪烁不定，十分惊恐的模样。

崔鸣好安抚了这濒临崩溃的人好一阵儿，才解释清楚自己是谁，只是想知道为什么程实8月12日失踪，8月13日章龙就来报警？这里面是不是有什么隐情？

不料章龙缩在角落里发抖，全身抽搐似的痉挛，开口就说：“是我杀了他。”

崔鸣好一下跳了起来，唐研一双眼睛清明地看着章龙，并没有什么太意外的神色。只听那干干瘦瘦缩在屋角的男人一边痉挛一边说："那是个妖怪！那不是人，那是个妖怪！"

崔鸣好失声问："你是怎么杀死他的？"

章龙冷冷地一笑："我是用菜刀砍死他的，然后背去李树岭扔了。"他从咽喉底下发出古怪的尖叫声，"他不是人，是妖怪，我杀妖怪不犯法。"

"为什么说他是妖怪？"唐研问。

"会变脸的人，有两张脸的人怎么不是妖怪？"章龙尖声说，"他长出第二张脸以后从外面背了好多土回来，总有一天，他会活埋了我！说不定哪一天就吃了我，我怎么能不杀他？有谁会相信程实是妖怪？没有一个人相信我！"

背去李树岭了？唐研和崔鸣好相视一眼，终于明白另外两个人是怎么被感染的，敢情问题就在李树岭？

给 120 打了个电话，说明章龙的情绪不太稳定，需要心理医生辅导。两人就又匆匆赶往了李树岭，李树岭不过是一座小山丘，山上长满了当地植物，因为土地贫瘠，所以连果树都没有种。

章龙所说的抛尸地点在密林深处，到处都长满了矮灌木和藤蔓，地上是厚厚的腐殖层，走到最深处，腐殖层中果然有一具遗骸。

——只不过这具尸骨的头不见了。

——在这具遗骸的四周，零零星星地生长着一团团灰白色的东西，形状不一，却隐约都在蠕动，看那东西散落的状态，的确和簇生的菌类差不多，都生长在泥土松软腐殖层较厚的地方。

而地上这具没有头的遗骸，身上有几道严重的砍伤，还有明显地被火烧灼过的痕迹，但尸体肩后一个伤口却因为灼烧而越发明显，显然火焰在这个地方得到了氧气。尸体的旁边散乱地丢着一些东西，有残破的绳子、衣物，一根黑色的短棍、以及几行凌乱的脚印。

在这堆杂物和脚印之间，还有一摊黑色的泥土，泥土上蛆虫的痕迹宛然，甚至有成熟的蛹。

唐研蹲了下来，在杂乱的遗物和草地之间看了看，从地上捡起了几个东西。崔鸣好已经想通——章龙杀了程实，将他的尸体背到李树岭进行抛尸，又放火焚尸，以求毁尸灭迹，随后他到派出所报假案，故布疑阵，想证明自己和程实的死无关。

——但是那天教导员老黄和劳所恰好到李树岭检查火灾隐患，所以他们发现了焚尸的火焰，找到了程实的尸体。

在这个地点，李树岭阴暗偏僻的树林深处，8 月 13 日一定发生了可怕的变故，导致了李花派出所一个星期后离奇事件的发生。

但那个时候，到底发生了什么呢?

唐研从旁边的树上折下了一根树枝，轻轻地捅了捅地上灰白色的菌类，那东西就如婴孩一般柔软地蠕动起来，张开了伞盖。崔鸣好瞬间脸如死灰——那团东西体积虽然小，张开了却赫然是一张人脸，虽然眉目还不清楚，却宛然又是程实的脸!

唐研捅了一个、两个、三个……一直到第十二个，地上生长的灰白色菌类，无一例外，都长着一张人脸，并且柔软异常，伸展自如，就像一团团能自由行动的肉块。

“这……这是……”崔鸣好失声说，“这是什么?”

“这是……繁殖。”唐研微微一笑，“生长成熟的人面蕈释放孢子，孢子在条件适合的泥土中生长，长到一定的程度，它寄生到人身上，靠食用脑髓达到成熟，然后再释放一批孢子……我猜，这就是它的繁殖方式。”

“那……那那那这里怎么会有这么多人面蕈?”崔鸣好看着地上那蠢蠢欲动的肉团就极度恶心，“能不能踩死它?”

“大概就是程实的子孙吧……”唐研蹲下了身，手里的树枝稍微用力，往一个人面蕈下面的土壤一插，将一个人面蕈撬了起来，仔细端详了一会儿，“这东西最早的来源一定不是程实，已经发育出特有的繁殖方式，它这样进化……应当已经有一段时间了。”

崔鸣好看着那团东西在树枝上蠕动:“快……快弄死它!”

唐研转过身来，在他身上略略一拍:“别怕，它不过是一块菌类的复合物，混合黏菌而已，甚至算不上一块肉。”

“但是你说过，这东西是有智商的!”崔鸣好连退好几步，“那……俞所身上那团东西会操纵他贴照片，怎么能说只是一团复合黏菌呢?复合黏菌有大脑吗?怎么能有智商呢?”

唐研微微怔了一下，眼神流转，若有所思，过了好一会儿，他说:“对……俞所的行为，是有智商的。他甚至能值班，他能和你说话，他会调 8 月 13 日的电话录音。

如果他只是一具尸体，如果只是一团复合黏菌，怎么能做到？”他看着崔鸣好，“至少……复合黏菌不会喜欢玩《愤怒的小鸟》。”

崔鸣好连连点头，指着树枝上那团东西：“所以那……那团东西是怪物，它一定不只是一团黏菌，它肯定有思想，它说不定会伪装人类，它会吞噬整个派出所，它会变成人，它是会附身的妖怪……”

“不！”唐研露出斯文清和的微笑，“我认为，复合黏菌是没有思维和智商的，因为它没有大脑。”他指了指自己的头，慢慢地说，“而——有大脑、有智商的生物，是人。”

崔鸣好露出张口结舌的表情，骇然看着唐研。只见唐研仍在那清和地微笑，若无其事的表情，镇定地说：“8月13日，在李树岭这个地方，一定发生了奇怪的变故。而在这场变故里，俞伦死了。”他指了指地上那堆杂物里面黑色的短棍，“俞伦一定找到过这个地方，值班出警民警才会携带伸缩警棍，伸缩警棍掉在这里，那天俞伦一定到过这个地方。”随即，唐研露出了越发镇定的微笑，“如果俞伦到过这里，他怎么会在出警回馈里面写他找不到程实？说程实只是失踪了？所以——”

“所以那天的出警回馈不是俞所写的。”崔鸣好失声说，“可是除了俞所，当天值班的只有——”他想说“所长”，唐研却轻轻地嘘了一声，微笑着摇了摇头，接下去说：“所以那条回馈是别人写的。再加上俞所的脖子上一道勒痕，很可能，俞所找到这里的时候，在这里出了意外，死了——而有人知道他死了，又不希望程实的尸体被人发现，所以替他写了一条出警回馈，说没有找到人，程实只是失踪了。”

“那个人是谁？”崔鸣好呆呆地问，“怎么会这样？”

“那个人很可能就是——凶手。”唐研眨了眨眼睛，“杀死俞所的凶手。”他指了指地下，那片黑色的古怪土地，“有人，在这里杀了俞所。”

那黑色的土地，是因为沾染了血迹。

而程实是死后才被章龙背到这里来的，所以这大片血迹不可能是程实的。

只可能是另外一个活人的。

是谁——谁在这块贫瘠而阴暗的土地上，在一具尸体旁边，制造了另一具尸体？

崔鸣好困惑地看着这块土地，宛若看见了大团浓郁的迷雾，茫然得看不清任何方向：“有人……杀了俞所？”

“对！”唐研说，“俞所脖子上的伤痕，不可能是凭空出现的……”他的语气很平常，“有伤痕，伤痕在致命的地方，当然就有凶手。”

“可是……可是……”崔鸣好又困惑又迷茫，“可是俞所只是来调查程实失踪的事件，怎么会凭空出现了一个凶手？那凶手……凶手又是从哪里来的？”

唐研看着他，微微一笑：“凶手，自然是不希望俞所发现程实的尸体，但俞所偏偏发现了，所以才杀了俞所。”

“可是，杀程实的凶手不就是章龙吗？章龙都承认了，难道杀死俞所的凶手就是章龙？”崔鸣好越听越迷茫，“除了杀死程实的凶手，有谁会为了掩盖尸体而杀死俞所呢？”

“对。”唐研点头，“除了杀死程实的凶手，没有谁会为了掩盖尸体而杀死俞所。”他对着崔鸣好微笑，“你知不知道，人面蕈有一个特征？”

崔鸣好莫名其妙：“什么特征？”他想，他今天第一次听说“人面蕈”这种东西，怎么就能知道它的特征呢？

唐研对着他继续微笑，平静地说：“人面蕈这种东西，只生长在死人身上。”

“哦……”崔鸣好仍是莫名其妙，“那又怎……”他刚想说，只生长在死人身上，那又怎么样？那也挺好的，至少活人不用害怕被感染——突然全身僵硬，崔鸣好失声说，“你说什么？”

唐研仍然很从容，带着若无其事的平静：“人面蕈只生长在死人身上。”

“啊？什么……什么意思？你是说——你是说——”崔鸣好尖叫一声，“你是说，俞所、所长、教导员他们——他们被人面蕈寄生，是因为他们统统都死了吗？怎么可能？如果他们是先死了再被那种东西寄生，那他们先前是怎么死的？他们怎么可能突然一起死了呢？”

唐研微笑着看着他，突然从口袋里拿出一个东西：“我有一个东西，看了以后，你也许就知道答案，要不要看？”

崔鸣好茫然地看着他：“什么东西？拿出来吧。”

唐研将一面镜子从口袋里抽了出来，放在他面前，斯文从容地说：“照妖镜。”

十一、照妖镜

崔鸣好茫然地看着那面镜子。

那镜子里有一个人。

那个人脸色惨白，满脸惊恐，那个人的头顶上，一张柔软舒展的人脸，正在向着天空蠢蠢而动，那肉色的人脸五官清晰，看起来很眼熟。

"啊——"崔鸣好惨叫一声，一把将那镜子推开，恐惧地盯着唐研，"你——你——你走开！你——你是什么东西？那不是真的！那绝对不是真的！什么也没有！什么也没发生！什么……什么也没有……"

唐研将那面镜子收入口袋里："人面蕈只生长在死人身上，它感染不了活人。"他右手放在口袋里，一直没有拿出来，"所以程实既然感染了人面蕈，那么他在被章龙'杀'死的时候，其实早就已经死了。"他慢慢地从口袋里又拿出了一样东西，"章龙说，程实有两张脸，他的第二张脸，是你头顶上的那个东西，那他的第一张脸呢？是这一张吗？"他从口袋里拿出来的东西是一张照片，那是章龙和一个男孩的合照，那男孩生得皮肤白皙，眉眼生动，是一个花样男孩，和失踪人口登记表上的那张照片相去甚远。

崔鸣好猛地一看，头上的人面蕈一阵狂舞，他倒退了一步，眼珠转黑，以一种十分诡异的眼神牢牢地盯着唐研。

"真是一个好看的男孩。"唐研慢慢地说，"你办公桌上有一个镜框，镜框里为什么是空的呢？我从你的文件柜里找到一张照片，这个人看起来和程实——很像。"他的左手从另一只口袋伸出来，摊开手掌，掌心里一张不大的合照，里面也是两个男孩——崔鸣好和程实。

"你——"崔鸣好突然明白，档案柜的响动，有人从柜子里拿走了东西，他追出去却看不到人，那个人竟然就是唐研！"你究竟是什么东西？"他厉声问，"你是谁？你是谁？你是故意来的！一定是故意来的！你是——什么东西？"

唐研看了一眼左手的照片，顺手把它收了起来："崔鸣好，去年8月13日到李花派出所报到，至今——在这个地方工作一年，没有女朋友。"他温和从容地说话，显然崔鸣好的激动和猜疑对他没有丝毫影响，"那是因为你认识了程实，和程实是一对同性恋人，而你不希望承认这种关系。程实和章龙同居，惹怒了你，也许你一时失手，杀死了程实。"唐研平静地说，"这一段，是个猜想，不过我认为应当基本接近事实。"

崔鸣好张口结舌地看着他，头脑中一片混乱，千千万万的片段在闪烁，支离破碎的回忆如跑马灯一般转动，整个人都快要疯狂了："什么事实？没有事实！我不认识他！我根本不认识他！"他疯狂地抓着自己的头发，摸到了头上的人面蕈，便疯狂地扯着人面蕈。

唐研怜悯地看着他的举动："李花派出所辖区最偏僻的地方，就是李树岭，你抛尸在李树岭，将程实的照片从镜框里取了下来，锁进档案柜，然后自我催眠，希望将一切忘记，希望你自己从来没有做过不轨之事，崔鸣好还是那个单纯的崔鸣好。"唐研微微一顿，"你胆小、敏感、想象力丰富、容易受环境影响，是一个心理暗示强烈的人，所以你几乎就说服自己把程实忘记了。在这个时候，章龙却来报案，说程实失踪了。"他扬起睫毛，怜悯地看着崔鸣好，"俞所值班那天，除了所长，还有谁值班呢？别忘了，你们是三个人的班，除了所长，还有你。你听到章龙报案，说程实失踪，非常惊讶，于是你和俞所一起出警了，那时候章龙当然不会承认他将'程实'又杀了一次，也不会承认他抛尸，但你却带着俞所到李树岭去检查。"唐研说，"因为你不放心，你想去看看情况。"

崔鸣好的脸色又变了，他的眼神越变越呆滞，他头顶的人面蕈越长越大，五官越发明显。

"不幸的是，李树岭上果然有尸体。"唐研叹了口气，"而那具尸体上——"他指着地上的焦尸和焦尸背后的那个伤口，"有枪伤。"他说，"俞所从尸体上看出了不该看见的东西，所以——你杀了他。"他凝视着程实的焦尸，仿佛那焦尸是个平淡无奇的东西，或者是件值得鉴赏的艺术品，"你看他的伤口，你的子弹也许本来卡在他身体里，但章龙又砍了他几刀，把子弹砍出来了，变成了穿透伤。俞所发现了子弹，而子弹——实在是个稀罕的东西。"

崔鸣好的脸色越发古怪，咽喉里咕咕作响，却没有说出话来。

"你用绳子勒死了俞所。"唐研轻轻划了划自己的咽喉，"然后——"他笑了笑，"还记得吗？章龙从头到尾，没有说他纵火焚尸，那是谁焚了尸？是你！你害怕事情败露，纵火焚烧程实的尸体，不想引来了在李树岭调查火灾隐患的所长、教导员和劳所，眼看你的所作所为就要彻底暴露，你就用俞所的配枪——"唐研的右手又从口袋里伸了出来，摊开手掌，里面是他在草丛里找到的东西，四枚弹壳，"将他们一一杀害。"唐研拈起了一枚弹壳，"杀三个人，三颗子弹就够了，这第四发——是射向谁的呢？"他指了指崔鸣好的胸口，"第四个人，是谁呢？"

崔鸣好不知不觉低头，慢慢拉开自己的衣服。

——胸口上一个弹壳，正在流着诡异的黄水。

他尖叫一声，眼珠子刹那全黑了，头上的人脸乍然张开，包住了他的整张脸。

他变成了一个灰头土脸、大鼻子的男人。

唐研看着他，带着微笑，将手里四枚弹壳轻轻一扔："菌类，无论进化得形状多么诡异，都只是菌类。"

人面蕈不是魔鬼，然而魔鬼无处不在。

崔鸣好杀了程实，抛尸李树岭，却不知道为什么程实感染了人面蕈，回到了章龙身边。章龙感觉到程实惊人的变化，将他当做妖怪，第二次杀死，再度抛尸李树岭。崔鸣好为了查看情况，和俞伦一起回到李树岭，找到了程实的尸体。俞伦在程实的尸体上发现了崔鸣好谋杀程实的线索，却被崔鸣好所杀。崔鸣好纵火焚尸，引来了所长、教导员和劳青，开枪连杀三人以后，崔鸣好开枪自杀。

五人死亡以后，妖异的人面蕈开始蠕动，在程实大脑中生长的人面蕈得到了罕有的宿体，它们开始在五具尸体上寄生……没过多久，他们就一一站了起来……

人面蕈的黏液代替血液给了大脑和肢体一定程度的养分，大脑受到重创，印象紊乱，它们大都忘了死亡的过程，或者说逃避了那段惨痛的记忆，若无其事地继续"活着"……

像往常一样活着。

所以崔鸣好替俞伦录入了报警回馈，其他人若无其事地继续值班。而让崔鸣好十分不安的二楼怪声，其实是生长在所长脑髓内的人面蕈发育成熟，导致所长在二楼痛苦挣扎，直到教导员的办公室前，人面蕈感觉到泥土的气味，暂时离开所长的脑髓，进入教导员办公室靠近泥土散开孢子，随后又回到脑髓中，让所长安然上了五楼。

成熟的人面蕈可以随时离开宿主的身体，但离开之后，仰仗人面蕈汁液延续生命的宿体会在短期内死亡。成熟的人面蕈能以柔软的肉足活动，行动速度很快，但没有脑髓的滋养，它离开宿体之后，只能尽快寻找适合的地方发散孢子，等待着它的，一样是干瘪死亡。

短暂地"活着"，只是滋养另一种生命繁衍的过程。

当人面蕈盛开，虚假的生命就要凋亡，那是万物必然的过程。

没有什么能死而复生。

死而复生的，是另一种未知，使用你的样子，短暂地归来。

前往市区的公交车上，唐研一身学生装，静静地靠着车窗坐着。

一只纤长的玻璃瓶在他手指间慢慢转动。

那是一个纤细的沙漏。

里面装着的，是一些细碎的灰色粉末。

像什么东西……烧过后留下的灰烬。

越过死亡而来的未知，也许并非令人无法理解的怪物。

他在想——否则为什么俞伦会去找人面蕈的照片？为什么所长会去翻阅 8 月 13 日的值班记录？为什么劳青要去照镜子？为什么教导员要那么在意地上的土？

为什么，崔鸣好自己要对那些影子和怪声那么在意呢？

似是而非的“生物”，尸体与菌类复合的短暂生存也会有——好奇心吗？想了解自己究竟是什么……

与此同时。

李树岭的密林中。

一具尸体直挺挺地站着，他全身腐化，胸口一个弹孔，头顶上一个伤口直达脑髓。

李花派出所。

劳青保持着挣扎的姿态，僵硬在三楼的走廊上。

教导员老黄沉默地坐在办公室里，低着头，维持着他平时的样子。

一辆警车深深地撞入路边的绿化带中，所长维持着开车的姿势，车子还在发动，灌木丛一寸一寸地被碾压着，他双眼大睁，仿佛仍是平时威严的样子。

在那个夜晚，李花派出所辖区依旧灯光暗淡。

无人观察的监控室里，监控屏幕依然运转。

风吹着监控室的登记本，纸张翻过了一页。

又一页。**悬疑志**

作者的话：

“夜行系列”是我很多年的一个大坑，近年来我一直都很懒，直到现在才陆续开始填坑。本故事中，崔鸣好茫然时见到三十台显示屏都出现一张男人的脸，这一幕基本是真的，而遭遇这件事儿的主角就是我本人！那天正好是我值班，所里的监控屏幕上不知道为什么突然出现了一张脸……还是一张巨大的脸……我当时吓了一跳，受那个启发，我写下了这个故事！

Nie Xiao Qian

聂小倩

文/王雨辰　图/吕则龙

1

我走进小屋的时候，看到之前刚刚铺好的草席上半躺着一个年轻男人。他手里捧着一本书读得正起劲，连我打开门也不知道。

我提着热乎乎的馒头走到他身边，这时候他才抬起头，我看到一张很友善的面孔，脸上带着笑意。

“兄台好。”

“你好。”我只好坐到草席的另外一边。

“兄台也是赶考的秀才？”他很有兴致地问我。

“嗯，是的，正好住宿在这间破庙。”

“哈，我也是，小弟宁采臣，浙江人，不知道兄台尊姓大名？”

这个叫宁采臣的家伙放下书，双手抱拳站起身朝我作揖，我懒得起来。

“我叫燕赤霞，陕西人。”我瞅了一眼他的书，封面上写着《西厢记》。

“赶考的人还有心情看这个，你是我见过的第一个。”我拿起馒头啃起来。

“哈哈，冰冻三尺非一日之寒，高中状元也非靠一夜之功，赶路已经很劳累了，何必再看些四书五经，换换脑子不好吗？”

他果然是个奇怪的家伙，直觉告诉我离他远点儿算了。

可宁采臣似乎天生就是个话痨。

“城里客栈太贵，我不得已才跑到城外，没想到看到这么大一座寺庙，东边一片

竹林，台阶下还有池塘，真是快活，四周安静，倒也没人打扰。”

你已经打扰到我了。我低着头吃着馒头。

“燕兄弟，我家中颇有余财，为人豪爽，其实并瞧不上这科举考试，实在是家中老母希望光耀门庭，迫不得已才跑来应付一下，不知道兄台为何而来？”

我斜了他一眼，这不是吃饱了说梦话。不过从他的穿戴来看，倒是的确很有钱的样子。

“我祖上三代都是捕快，吃够了县老爷的苦楚，所以一定要我讨个功名，不必像祖宗一样受人欺辱讨生活。”

宁采臣一脸惊喜。

“捕快一定很有趣吧？抓捕犯人，为民除害，却是大大的威风啊！”

我冷笑一声，不再回答，谁知道宁采臣完全不以为然，只是缠着我说话聊天，本来打算吃完馒头好好看下书，结果也泡汤了。

虽然唠叨，但不至于惹人烦躁，这男人似乎有种独特的吸引力，让人无法讨厌起来。

2

天色渐暗，宁采臣谈兴正浓，忽然打住，站起身来，我觉得有些奇怪，他突然神色严肃，从自己的包囊里找出三支香，点着后毕恭毕敬对着墙叩拜起来，嘴里低声念念有词，我奇怪地看他干完这些事。

“贤弟这是做甚？”

“兄长不知，我家中有贤妻，重病卧床多年，我每日这个时候为其向天祷告早日病愈，今日在外赶考也不可耽误。”

宁采臣一脸的悲伤。

看不出来，这个男人还对妻子如此有情义。

“他日贤弟金榜题名时必是弟妹病愈之日。”我由衷地祝愿。

宁采臣笑了笑，又恢复了之前的乐观模样，我们两个聊了很久，忽然聊到了这座寺庙。

“我见这寺庙东西两侧僧人居住的房舍，门都虚掩着，只有南面一间小屋的门上，好像挂着一把新锁，不知道是何人居住。”

“那本是我居住的房间，因为有些潮湿就搬到这里，要不这样，你住这里，我还是回南边屋子。”

我拿了些蒿草朝南屋走去，宁采臣挽留我一会儿，我还是过去了。

“晚上如果有什么事，一定要大声喊我。”临走前我叮嘱道。

宁采臣一脸茫然。

“我如果是个女子还有些担心，一个男人有什么好怕的。”

我笑了笑。

“有时候，男人比女人更容易出事。”

回到南屋，我打开门，里面一股霉味，不过既然一直住这里，倒也适应了，想起宁采臣总觉得有些放心不下，但已经夜深，却也不好打扰。

第二天一早，宁采臣来敲我的门了。

“昨天出了点儿怪事。”宁采臣有些紧张，我倒了杯水给他。

“说说看。”

“我向来认床，半夜了都睡不着，忽然听到窃窃私语声，爬起来发现原来是北边房子传来的。我一时好奇，走到北边窗户下悄悄看了一眼，发现里面有两个女人，一个四十来岁，一个是老婆子，两人正在交谈之际，好像说什么小倩小倩的，想必是个女子姓名。不一会儿，进来一名十七八岁女子，容貌甚美，我想这必是别人家眷，便不好打扰，于是回到房子继续睡觉。”

我冷笑一下。

“这不正好遂了你看的《西厢记》了？也没什么好奇怪的啊。”

“兄长不要取笑，我看《西厢记》是一回事，家中有病妻是另一回事，先听我说完。”

他继续说着。

“半夜我睡得迷迷糊糊，忽然感觉一阵清香，睁眼一看居然是之前那个年轻女子走到我房间里了。我吃了一惊，问女子做何，她说想陪我睡觉。我大怒，呵斥她不守妇道礼节，并告诉她如果不走，我就喊人过来。这女子有些畏惧，临走前还留下一锭金子，也被我一并扔出门外，女子临走前面带愧色，说我是铁石心肠。”

我哈哈大笑起来，宁采臣一脸迷惑。

“这哪里是什么怪事，分明是人家姑娘看上你了。宁贤弟风流倜傥，想是那女子情窦初开想与你私会，成就那《西厢记》千古佳话，却不知道贤弟已有妻室，这事且不要说破，免得大家脸上都不好看。”

宁采臣却不以为然。

“我总觉得没这么简单，那女人走出去后我打开门，一下就不见了身影，真是古怪。”

我呵呵笑了起来，宁采臣知道我对此事再无兴趣，两人便讨论起天下时政、诗词经书，正商讨激烈时，一个书生模样的家伙走了进来。

这家伙长着一个酒糟鼻子、三角眼，肥硕的大脑袋好像随时都会掉下来，他昂着头走进屋子，身边过来一个书童，大摇大摆地掏出一把碎银子放在我们中间。

“你们谁住南边的厢房？银子拿去，我来住！”

我和宁采臣相视一笑。

“公子高姓大名，来自何处？”

“我家公子叫朱大！家住兰溪，要进京赶考，打算住在这里，你们谁住南边？废话少说，拿了银子收拾东西快滚！”

还真是大言不惭。

“看样子朱公子是个有钱人。”我笑道。宁采臣只是低头喝水，估计也是笑个不停。

朱大走了进来，看到了宁采臣，上下打量一番，皱了皱眉头，却不开口说话。

“城里分明还有客栈，为什么朱公子不去？是不是太贵了？”我打趣问道。宁采臣只是低头饮茶偷笑。

朱大哼了一声。

“只是稍歇息片刻，待会儿就去城里找客栈，怎会和你们这般穷鬼一样？”书童倒也狗仗人势地喊叫起来，甚是嚣张。

我站了起来，抓起银子。

“还是这人识相。”旁边的书童赞道。

我摸出一个较小的银块，手中一抖，银子飞了出去，打在门外的竹子上。

朱大和他的书童都呆了。宁采臣叫了一声好功夫，然后拍起手来。

“不换便不换，何必糟蹋银子？”书童嘀咕了几句，朱大在书童旁边耳语数声，书童跟着朱大离开了房子。

“兄长好功夫！”宁采臣说。

“跟着我爹学的，功夫再好有什么用，还不是做个捕头而已，抓到犯人是老爷的功劳，抓不到犯人屁股挨板子。”我摇头叹了口气。

“这朱公子会住哪里？”

“东边还有房间，也许会住那里吧，别去管他，我们继续聊。”

我和宁采臣一直聊着，直到中午，我啃昨天的馒头，他则出去上城里买了些吃食。回来后我们分别睡了一觉，下午起来，两人在竹林边赏竹聊天。

没顾忌到天色渐晚，直到看到朱大的书童提着食盒去外面为朱大买晚饭。

“小书童，怎么还没为你家公子去城里找客栈？”我忍不住调笑起他来。

书童恶狠狠地瞪我一眼，没好气地回答道：“也不知道哪里来的烧钱的主，把客栈全都包了下来，我家公子只好暂住这破庙了！”说完便一路小跑不见了踪影。

我笑了几声，忽然觉得腹中也有些饿了。

“不如去城中找家酒家吃上一顿，有酒有肉，聊起来何其畅快？”宁采臣似看出我肚内空空，邀请道。

我荷包余钱不多，有些迟疑。

“兄长若当采臣是兄弟，便不要顾忌，今日在异乡能和兄长结缘也是采臣的福气，若不去喝酒，便是看不起在下。”

这家伙居然认真起来了。

我不再推辞，跟着宁采臣去了城里。连日都是白水馒头度日，今天也是该打打牙祭。

宁采臣叫了几个菜，牛肉白鸡之类，我们大碗喝酒，痛快。直喝到两眼微醺，酒家打烊才带着醉意回到寺庙，不料刚进门就听到里面隐约传来一阵哭声。

我顿感有些不妙，酒竟醒了，和宁采臣疾走几步朝着哭声方向过去，却看到原来是东边朱大房子那里。

朱大的书童跪在地上号啕大哭，见我们来了哭得更加厉害了。话也不说，只是用手指着躺在草席上的朱大。

我看过去，发现朱大赤着脚躺在床上，脸色铁青，脚底有个小孔，一缕缕血正流了出来。

他已经气绝了。

我们抓着书童，想问个明白。书童说自己为朱大买了吃的，主仆二人用过晚饭，朱大说要温书便赶书童出去，一个半时辰后，书童回来的时候发现朱大已经死了。

我拉着宁采臣走出厢房回到住处。

“贤弟如何看？”

“兴许是暴病吧？又或是被什么毒蛇虫蚁咬了？”

我摆了摆手。

“我觉得，也许是鬼魅所为。”

宁采臣愣了下，大笑起来。

“兄长何出此言，荒谬至极，朗朗乾坤哪里来的鬼魅？”

我有些不快，但一想他是个书生，平时锦衣玉食，自然不知道这里的厉害。

“我家自幼是捕快，贤弟只知道捕快专拿那世间作恶之徒，却不知道捕快总是遇见凶案人命，却也不得不习得一身捉鬼怪的本领，我总觉得此座寺庙不干净，晚上贤弟一定要小心，有人敲门切不可开。”

宁采臣半信半疑，我再三叮嘱，他才答应。

晚上我们帮着书童安置了朱大，只等明早白天去报官验尸。

第二天一早，我的门被敲得咚咚直响，快要敲烂了。

打开一看，宁采臣额头汗都出来了。

“出事了！”他指了指东边的房间。

我和宁采臣走到朱大的房间，原来书童也死了，不过和朱大不一样，他胸口好大一个洞，心肝都不见了，死状极其恐怖。

我看着宁采臣，他神色极其恐慌，似乎有难言之隐。

回到屋子，我让他坐下。

“现在你相信是鬼魅所为了吧？”

宁采臣点了点头。

“昨晚是不是出什么事了？”

宁采臣张了张嘴，但还是忍住没有说出来。

“我不强迫你，但命是你的，我见你是个正人君子，有情有义，但你为人过于豪爽，又有点儿爱打抱不平，这世间的鬼魅会变化，看上去和人没什么两样。”

“人和鬼没什么两样吗？”宁采臣忽然奇怪地重复着我说的话。

“嗯，在普通人看来，的确没什么两样。”

“那你看得出来吗？”宁采臣问道。

“我？我又没有阴阳眼，自然也是看不出来，但我家祖传的剑术不仅可以杀人，还可以除鬼。今日你就住我房间里，看看哪个不怕死的鬼魅敢来侵扰。”

宁采臣点点头，还是一脸的不安。

3

下午，宁采臣出去了，回来的时候提了酒肉，我们相对坐在一起喝酒吃肉，既然是鬼魅所为，我也懒得报官，等今晚捉了鬼再说。

宁采臣吃喝之间不谈鬼怪的事，看来似乎昨晚受了惊吓，我倒也猜出了几分，却不知道为何他会没事，不过他既然不愿说也就算了。

等到酒菜入腹，已经是深夜了。我们洗漱完毕，准备入睡，宁采臣虽然刚喝完酒，但脸色依然惨白，看来他被朱大书童的死状吓得不轻。

“放心，定叫他有来无回！”我从自己的口袋中掏出一个盒子。

“这个是？”宁采臣奇怪地问道。

“虽然我们是兄弟，但有些私事还是不能相告，总之你要相信我，到时候不要翻看这个盒子，否则晚上对我们都没好处。”

我说完，将盒子放在房间的窗台下，月光正好能照在上面。

宁采臣似乎不太信任我。我也不以为然，今晚过后，他自然会心服口服。

安置好盒子，我和衣躺下，我虽然知道躺在身边的宁采臣定然辗转反侧难以入睡，却也心安理得，故意打起呼噜，果然宁采臣见我睡着了，忍不住轻声叫我名字，怕是我真的睡着误了事，我忍不住想笑。

等到一更时分，我瞧见窗外隐约有个人影，目光闪烁，宁采臣吓得推搡我起来。这时候盒子机关被触动，发出破风之声，我爬起身来，走到窗边从里面取出飞剑嗅了嗅。

奇怪的是，盒子被弄坏了，一般的鬼怪哪里有这等本事，看来那人影是个道行不浅的老妖精。

“什么老妖怪，竟敢有这么大的胆子，把我的箱子都弄坏了。”我自言自语了一句。我想走出房间去看看，但宁采臣拦住了我。

“我想那妖精定然不是一个，你若出去了，我在这里便成了瓮中之鳖。”

他说得很对，说不定这是妖精的调虎离山之计，反正我也只为了保护宁采臣，这次虽然没除掉它，但也断然伤得不轻，至少几年之内是无法害人了。

第二天一早，宁采臣便忍不住问起昨晚的事。

“昨夜有鬼魅来袭，但看你那小盒子飞出来不知什么物件，却把鬼怪打跑了。”

“这是飞剑，若是外人，我不便相告，昨日若不是石格子阻挡，那妖怪定然死了。此物是我家传之宝，无论杀贼还是除妖都是一绝，这也是我代代都能做捕快的原因。”

我和宁采臣走到窗户边，果然地上有一摊血迹，已经干了。

事已至此，宁采臣才对我坦言相告。

原来朱大书童死的那天晚上，那个漂亮的年轻女子又找到了宁采臣。她告诉宁采臣自己叫聂小倩，经过上次美色金钱相诱，觉得宁采臣是个君子，便告诉他自己十八岁便已经病死，埋在寺院旁，魂魄受了此处妖孽控制，专门去勾引别人，然后趁机用锥子刺猎物的脚心，等其昏迷之后，小倩便吸出血来给老妖喝，不爱美色的，便用金子引诱，其实那并不是金子，而是罗刹鬼的骨头，东西留在谁那里，就能挖了谁的心肝。宁采臣问小倩为什么不敢来骚扰我，没想到这些妖怪倒也识趣，知道我有本事不敢来送死，庙中已无他人，所以妖怪便盯上了宁采臣，聂小倩让他住在我这里，叫我帮他脱身。

“为什么不早告诉我呢？亏我还当你是兄弟。”我责备道。宁采臣一脸羞愧。

“我怕你抓起妖来不讲情面，连小倩也抓走了。”

我盯着宁采臣看了起来。

“看来贤弟心有所属，恋上这只鬼了。”

宁采臣被我说中，想要反驳却无话可说。

“亏我还以为你是个从一而终的君子，你自己不是也常说，我浙江宁采臣，生平无二色吗？”

宁采臣叹了口气。

“我只道是人世间再无让我动心之人，没想到阴间却有让我痴情之鬼，一切都是冤孽，既然如此，我便厚着脸皮再恳求燕兄一事。”

“但说无妨。”

“我想挖出小倩的骨骸，免得让她再受妖精控制，做些她不愿意做的恶事害人。”

我想了一下，这倒未尝不是件好事。虽然我重伤老妖，却不担保它会卷土重来，带走小倩，也好让它没办法再勾引人。

我和宁采臣按照小倩说的地点，来到寺院北边，果然有一片荒冢，再一看，还有一棵白杨树，树上如小倩所说，有一个乌鸦窝。

我和宁采臣在树下挖了起来，果然找到一具女性骸骨。宁采臣面带悲色，用衣袍将骸骨卷走包好带走。

事情虽然解决，但因为出了人命，我们被带去审案，以至于耽误了考期。宁采臣过意不去，执意要我去他家好好温习一年。

“我也好跟着兄长学学这剑术，来日救人除妖，岂不快哉？”

“你是个信义刚直的君子，本来学剑也没什么，只不过你出身富贵，毕竟和我不同，还是算了。”

我婉言拒绝了他的好意，宁采臣虽然失望，但依然相约来年一起赶考，并告诉我他家的住处，希望有空路过能来看看他，我看着他带着小倩的骸骨坐船离开。

回到家中，我左思右想，自己果然不是读书的料，其实就算不出事我也考不到功名，家中老父也已断了念心儿，于是我也只好操起祖父两代旧业，做一个捕头算了。

4

两年之后，我为公事特意来到浙江，打算拜访下宁采臣，我于是先去当地县衙办了公务，顺便问起宁采臣的家。

“宁采臣？”为我办公文的当地捕快一脸惊愕地看着我。

我见衙役露出惊讶表情，心中有些奇怪，难不成出什么事了?

“他怎么了？”我连忙问道。

“燕捕头多虑了，他没出什么事，应该说是羡煞众人啊，宁采臣的事在十里八乡传之甚广，已经是美谈了。”那衙役咂吧着嘴，让我好生奇怪。

“是不是他苦苦守着自己的病妻？”

“病妻？该是鬼妻才对啊！”衙役笑了起来。我有些失望，衙役说带我去见宁采臣，在路上和我慢慢道来。

原来两年前宁采臣回到家中，居然还带了个姑娘，就叫聂小倩。因为帮她埋了骸骨，摆脱了妖怪侵扰，聂小倩恢复自由身便跟着宁采臣，宁采臣拒绝不成只好由她。小倩一路跟到宁家，吓了宁母一跳，小倩跪拜，说自己愿终身留在宁家照顾宁家上下，报答宁采臣的恩情。宁母对她很害怕，更不肯让自己儿子娶个鬼妻，小倩也无所谓，只说留在这里当宁采臣为兄长，当宁母为母亲，听候差遣。宁母无奈只好应允，对外只说是仆人，而且不敢惊动宁采臣的病妻。

这小倩行事乖巧认真。本来自从宁妻病倒后家里上下都是宁母操持，早就疲惫不堪，如今小倩来了，手脚轻快减轻了宁母不少负担，清闲时日多了起来，宁母就开始观察小倩，越看她越不像鬼魅，白天竟也可以出现，行事话语与平常人无异，初来的半年不吃不喝，直到半年后才开始喝些稀粥，宁家母子对其齐口称赞绝不提她是鬼。

但这事还是慢慢传了出去，周围的人渐渐知道宁采臣家里来了个女鬼，还特别漂亮。

再过了些时日，宁妻久病不愈，终于病逝，宁母打算把小倩许给宁采臣，但又担心鬼妻没办法生育。小倩笑道，古往今来也有鬼妻育子的佳话，并告诉宁母宁采臣将有三个男孩。宁之旧妻没有生育子嗣，所以宁母很高兴地为两人操办婚事，并且风光大办，惊动了很多人，大家都来看热闹，看看传说中的鬼妻。

“风光大办？”我忍不住问道，衙役眼里充满羡慕，像是在回忆什么。

“是啊，当时我也去了，人山人海啊。聂小倩穿戴一新走出来，简直像仙女一样，大方得体，大家都称赞宁家好福气，哪里是鬼妻，分明是仙女。”

“你们不害怕吗？她可是鬼魅。鬼就是鬼，阴阳殊途，怎能和人结婚，还大张旗鼓？”

衙役似有不快，却不好发作。

“燕捕头平日只关心捉贼捕人，却不知人间男女相爱，只要是心善慈悲，妖也好，鬼也罢，都一样啊，白娘子、七仙女又有何不同？”

我不再反驳，正说话间衙役带我来到宁家，果然是深宅大院，比我想象的还要富贵。

心中疑问骤增，衙役带着我敲响大门，下人一听是我，脸上大喜。

“我家主人和奶奶日夜叮嘱，说是只要有一位姓燕的捕头来访，无须通报，好生迎进来贵客款待，捕头请随我来。”

衙役听完，这才上下打量我起来。

“想不到燕捕头真的和宁家少爷是兄弟啊，我也沾点捕头的光，混点茶水糕点了。”

我一听这话，没想到宁采臣居然时刻惦记着我，心头倒也一暖，只不过没想到他居然料定我会做捕头，却又有些落寞。

宁府奢华，我在正厅刚刚坐下，下人刚上了茶，宁采臣便走了出来。

两年不见，风采依旧，不，看上去更加成熟稳重，只不过仍然是那张爽朗的笑脸。

“兄长让我想得好苦，我只道是你忙于公事不好打扰，不想一晃便是两年。”

宁采臣很热情地招待我和衙役，闲聊几句后，衙役感觉不便打扰我们叙旧便起身告辞，见衙役走后，宁采臣拉着我居然进了内屋。

“这是你家中内房，想必弟妹还在里面，我不太方便。”我打算拒绝，但宁采臣似乎非常执著。

“非你不可，必须见见她。”

我知道，这时候的弟妹已不是两年前那位病床上的了，只不过出于职业习惯，我始终无法接受和一个鬼面对面。

房间里一阵幽香，我第一次看到了聂小倩。

长发如缎，散落香肩，身形很是消瘦，不过脸上气色还可以，怀中还抱着个婴孩，半岁多，半坐在床上。

“燕大侠，小女子身有不便，不能行礼还望见谅。”

聂小倩开口说话，竟如春风过耳，耳尖居然也有些微痒。这样的女人，的确不像是鬼，和我祖父父亲口中的女鬼相比，真的让人无法接受。

“这是怎么了？”

“就算兄长不来，再过些日子我也要去请兄长了。”宁采臣长叹一声，坐到小倩身边。

“不，我指的是那孩子。”

我走了过去，伸出手放在那孩子额头上。

“这是我和小倩的。”宁采臣解释说。

“女鬼，死了多年骸骨都腐烂的女鬼能生出这样的孩子？”

我冷笑一声。

聂小倩微微一笑。

“当年寺内所发生一切，捕头亲眼所见，小倩得公子和大侠相助逃离那老妖控制，骸骨挖了出来得以重见天日，上苍念我可怜，公子一片痴心，两年来我慢慢重塑人形，本打算这样过日子，可是……”

我没打算听小倩的解释，倒是很奇怪她在可是什么？欲言又止。

宁采臣看妻子不说话，便和我解释起来。

“兄长还记得当日那被你飞剑射伤的老妖吗？”

我想了想。原来是那家伙。

“记得，我知道它还未死，只是受了重伤。”

“那妖怪已经恢复，它不敢找燕捕头报仇，将所有的怨气怪在小倩头上，时时刻刻想要报复，杀了我儿子，所以最近几日闹得府上鸡犬不宁，老妖还说这几日便要让我家破人亡！”

宁采臣说到恨处，紧咬龈牙，眼中允血。

还有这种事？妖怪还会来报仇？我倒是第一次听说。

“你的意思？”

“也是天助我也，兄长来得及时，不如住上几日，把那老妖彻底消灭，以除我心头之患啊。”

我点了点头，答应了，便留在宁府住了下来。

这几天，我经常观察聂小倩，发现她除了少言寡语面色略白，也没什么奇怪的地方。

受了生人的气慢慢由鬼转人倒也不是没听过。只不过……

算了，看看那老妖到底是怎么回事。

以防万一，我还是将飞剑盒子放在聂小倩和孩子房间的窗台上，我和宁采臣则住在门外旁边的偏房，饮酒论文。

“你怎知道我会放弃科举继续做捕头？”酒过三巡，我想起来这事。

“记得兄台当日说我虽有侠义之心，却始终不适合练剑吗？”宁采臣嘴角耸动。

我哑然失笑，不再问下去。

“兄长这次来浙江，到底是为了何事？”

“一件旧案。”

“有多旧？”

“两年。”

我继续喝着酒，宁采臣不再问下去。

“我听别人说，你以前的妻子，嗯，就是那位久卧病床的妻子，还是礼部侍郎之女？”

宁采臣只是喝酒，半天才放下酒杯。

“嗯，我们是指腹为婚，我和你差不多，家中原本三代为官，到我这里反而只对经商感兴趣。不过侍郎并不嫌弃，还是把女儿嫁了过来。”

“倒也是遵守信义之人。”

我感叹道。

“不过我最近又想做官了。”

“哦？”

“人是会变的，以前觉得自己放荡不羁，不屑与那些行尸走肉同朝为官，现在有娇妻幼子，反而想的是如何光宗耀祖了。我与小倩成婚，我老岳丈知道，虽然不说什么，但还是有些不快吧。”

宁采臣露出了少见的忧虑之色，很难想象当年那个在鬼寺里天不怕地不怕的小子也会变成这样。

果然男人不能有家室吗？还是说，像我这样铁石心肠的人根本不配有妻子儿女。

忽然觉得自己有些难过起来。

房间忽然传来一阵尖叫，撕心裂肺。

5

“不好！”宁采臣抛下酒杯，酒洒了半桌子。我也跟着他朝小倩的房间赶去。

推开房门，聂小倩紧紧抱着孩子，窗户那里完全坏了，一个大洞，地上血迹斑斑。

“那老妖？”我问道。

聂小倩哭得满脸都是泪水，拼命点头。

“受了伤。”我看了看地上血迹的情况，可是并不重，看来他有所防范了。

“他中了飞剑，但还是从窗户跑出去了。”聂小倩指了指窗户。

我立即跑出屋子，转到窗户下，小倩房间背对假山水池，只有一条石头小径，穿过水池便是后院高墙，我一路走到墙下，发现墙角有些血便没了踪迹。

又跑掉了！

飞剑盒第二次失手了。我听父亲说过，这是家传之宝，妖魔鬼怪中了必死无疑。

我回到屋子，宁采臣和聂小倩相拥在一起。

他们的脸很苍白，我想我的脸色也很难看。

火烛之下，我们三人在房间里都不说话。

“又跑了。”我终于还是开口了。

“又跑了？除恶务尽，这老妖会不会卷土重来？”

小倩睁大眼睛焦急地看着我们。

我眯着眼睛看着宁采臣。

“这样吧，这飞剑盒就留在你这里，就放在床头边，妖怪必然不可近身，吃了两次亏，谅他也没有这个胆子再来侵扰你们。”我拿出飞剑盒递给宁采臣。

“这怎么行？”宁采臣连忙推辞。

“燕大哥数次出手帮我和公子，这飞剑是您家传之宝，放在我们家怎么可以？大哥行走江湖，没了这法宝岂不是很危险？”小倩挣扎着想从床上爬起来。

我连忙走过去做了个让她平静下来的手势，宁采臣走过去按住她。

“别再说了。盒子要与不要，我都留在这里。至于我，不用担心，没了飞剑我还有一身本事，所谓家传之宝也只是外界传闻。再说了，这盒子跟了我多年，也就用过两次，两次都没杀了那妖精，看来是和我无缘了。”

“大哥一身本事，没了盒子，人鬼一样惧你。”宁采臣终于拿过了盒子，放在小倩床头。

怀里的孩子甚是可爱，大眼睛长得很像小倩，对那盒子很感兴趣似的。

“你们要当心。”我闭上眼，看着那盒子。

“当心？”小倩和宁采臣同问。

“这盒子，人鬼不分，人也好，鬼也罢，只要作了孽，都会被收了去，小心孩子，千万别让他碰到盒子。”

说完我转身离开，宁采臣追了出来。

“兄长累了，不如早点休息。”

“不累，明天忙完就走。你陪我去后院赏赏月吧。”

长廊上我走在前面，宁采臣跟在身后。月光如银，竟照得外面一片雪白。

“兄长这么急？”

“事情已经办完，你的忙也帮了，没有留下来的理由了。”我背着双手停住了脚步，转过身来，宁采臣面无表情地看着我。

我看了他很久，想要发现些什么，但又发现不出什么。

“朱大，你还记得吗？”

“朱大？那个贪图小倩美色结果被妖怪吸了血的秀才？”宁采臣略微思考一下答道。

“寺庙出事后，府衙询问了我们一番，因为那些人和我祖辈都是旧识，便也没有为难我们，后来你便带着小倩的尸骸回家了，对吧？”

宁采臣点点头。

“我没有继续参加科举，而是做了捕头，一个月前，我接到一个人命案子。”

我继续说道。宁采臣继续听。

我不想说，但不得不说。

“和朱大一样，脚底有个细孔，血尽而死，对外说是病死，后来仵作发现了脚底的细孔，死者的细孔比朱大的还要细小，如发丝般，不仔细看根本看不出来。”

宁采臣依旧不说话，背负双手，脸上依旧是笑。

但一片惨白，月亮照在他脸上，我觉得有些陌生。

“我很快破了案，抓了犯人。是一个二十来岁的外地女人，和死者结婚不久，看来是谋财害命。一番审问下，这女人招供，用这手法害人，不是她首创，和她一样，有数十个这样的女子。”

“哦？那兄长岂不是一网打尽了？”

“不，我只抓到了大部分，漏了两个，一个是十七八岁，还有个四十来岁的中年女子。听说她们曾经专门待在郊外寺院，迷惑赶考的举子，要么放血害死，谋了钱财，要么挖了心肝，卖去给别人做药引。”

我继续说着，月光从宁采臣脸上慢慢退去，变黑。

“后来呢？”

“没有了，没有后来了。这两人据说死了，没再出现。我听说，朱大和你是同乡？”

我说出了最后一句话。站在黑影里的宁采臣笑了起来。

“他是兰溪人，要说的话，倒也算半个。有什么不对吗？”

我看不清他的脸了，那张爽朗的笑脸。

什么也没有说，什么都不用说。

我叹了口气。

“朱大的确是兰溪人，但他是在这里念的私塾。这种小镇，两个同年赶考的秀才如果说不认识就说不过去了，但当日在庙里你们却装作不认识？”

宁采臣咳嗽了一声。

“此人贪财好色，咎由自取而已。”

“我查过朱大，此人出身一般，根本谈不上有钱，进京赶考却出手阔绰，他是不是知道你什么秘密，借此要挟勒索？”

我真的很希望宁采臣老实告诉我，别逼我说出来。

“我早该知道，你这么有钱，何必住在寺庙；我早该知道，有人包下所有客栈，不过是赶朱大来寺庙送死而已。说不定，我在寺庙住着，也早有人知道了。燕赤霞抓鬼除妖，不说路人皆知，却也声名在外。”

宁采臣的呼吸终于稳定下来。

“世间以后只知道兰若寺内闹鬼，有你燕赤霞助可怜女鬼摆脱妖精控制，成就她和书生一段千古佳话，至于真相是什么，重要吗？”

这种理由很可笑，却很实在。

“罢了罢了。这世间原本就是如此，我祖父、我父亲抓了一辈子人，除了一辈子鬼，人是什么，鬼是什么，他们都分不清，我又怎能分得清楚？人也好鬼也罢，不过是在世间人黄口白牙之间而已。”

“你要走？”宁采臣喊道。

“兄弟情分已尽，留下何用？”我叹了口气。

我们在黑暗之中对峙着，直到月亮再次出来。我看到宁采臣额头全是汗，手中紧紧握着我给他的飞剑盒子，一只手压在机关之上。

我低下头，不再说话，大步朝前走去。第二天，我离开宁家，没有打招呼，只是留下一张字条。

“好自为之。”

至于到底有没有用，我就不知道了。

又过了几年，我听说宁采臣高中进士，入朝为官，拜的正是他当年老丈人门下，我在他家抓鬼的事传得天下人皆知。

很多年以后，我依然记得那个躺在我的草席上看《西厢记》，有着爽朗笑容的秀才，那个随身带着香每天准时为病妻祈福的好丈夫。

也许父亲说得对，我真的看不清楚人和鬼的分别。

又过了两年，宁采臣入刑部，我立即被父亲昔日同僚好友告知上面要查办我，说是装神弄鬼惊扰民心图谋不轨，私通囚犯勒索良商，罪名不小。我连夜收拾包袱浪迹江湖，看来这辈子只能和鬼为伍，不可与人做友。悬疑志

作者的话：

相信关于《聂小倩》的故事，大家通过《倩女幽魂》已经十分熟悉了，但如同徐老怪缩编的《笑傲江湖》一样，他老人家对这个故事也进行了很大改动的，而当我真正看到《聊斋志异》里的《聂小倩》原篇故事的时候，我感到非常惊奇，因为整事件在蒲松龄的叙述中透露着层层迷惑，令我产生了一些不同的解读，于是就有了这个故事，当然这并不是哗众取宠地去制造一些自以为是的观点，而是我觉得从另一个角度推测出来的结果也许会更值得玩味和有意思。

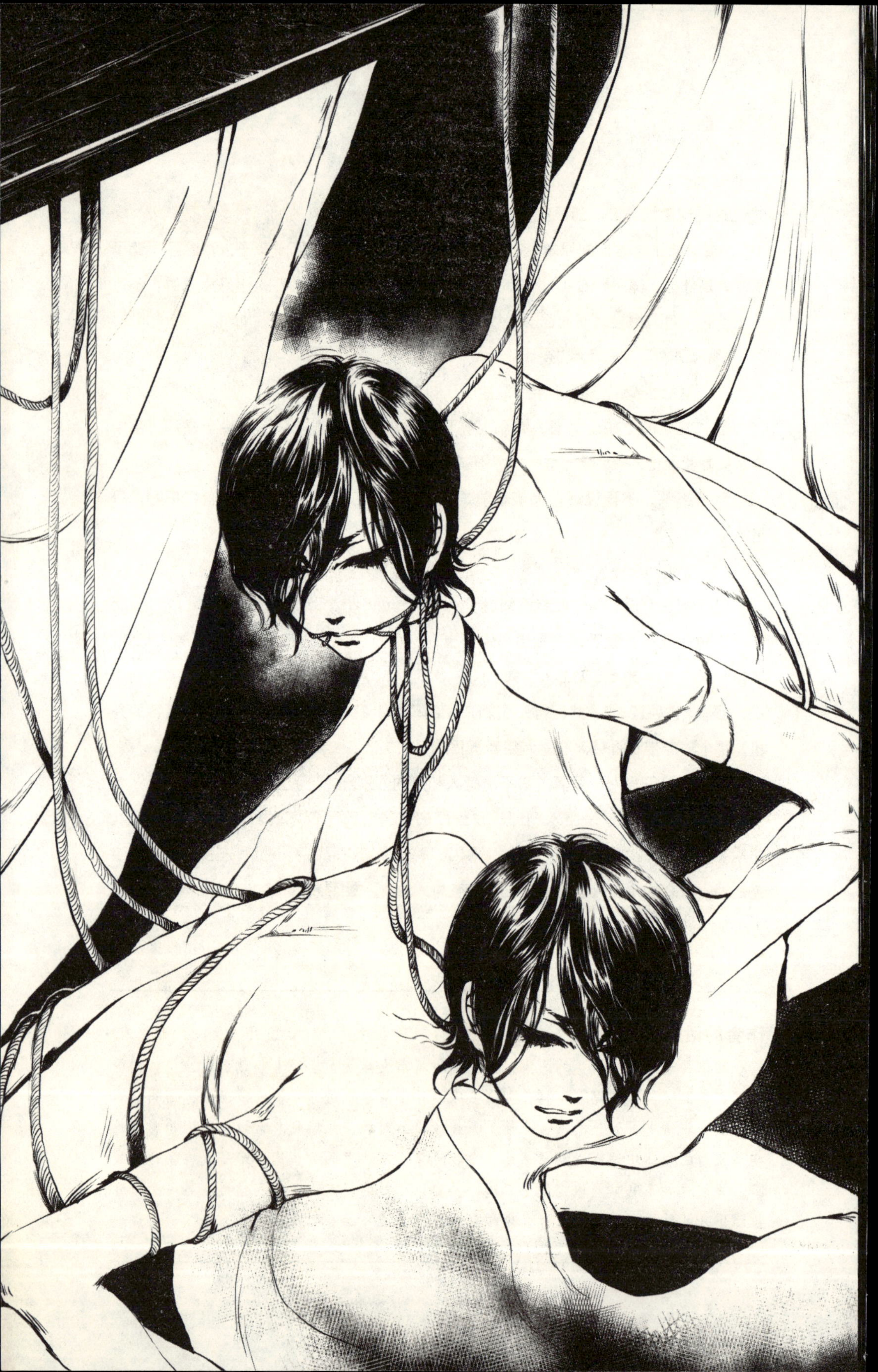

Jiu Dian

酒店

文/青丘 图/玉烟先生

半月湾酒店

曾经有人说过，当你觉得某一个陌生的场景仿佛经历过的时候，那是一种暗示，无论是好的，还是坏的，总之那一刻你就要注意了。因为接下去的事情会像梦一样迷离。

我过去也有过很多次仿佛在梦中经过的地方，一家小工厂、一家小巷或者是某一家商店。总之走入的那一刻，我会有一种来过的感觉，而那种感觉就像大脑被电击过一样，但要问为什么，我却又说不清楚……

“各位旅客注意了，我们即将到达目的地，各位请把所有行李都检查一下。”

我动了动僵硬的关节，把行李架上的旅行包搬了下来，正好看到边上的一个小女孩也在踮着脚拿行李，顺手也替她搬了一下，她朝我甜甜地笑了笑。我也笑着把旅行包递给她。

白翌板着一张脸，抱着手臂说:“喂，快点儿走，别挡道。”

女孩子看到白翌，再看了看我，不知道为什么笑得更加灿烂了……

我连忙抱着行李冲了下去，一下来就看到几辆大巴纵横交错地停着，我看了看手表说:“我们早到了，至少还有二十多分钟呢。”

白翌看着四周说:“现在是旅游淡季。”

我皱着眉说:“可不是，你还能指望六子旺季放我出来？不过，这次我还有点儿必须要干的事。”

白翌看了我一眼，他拿出手机道:“我是纯粹来旅游的，有什么事情你负责就可以了。”

我笑道:“哈，就知道你会那么说。”

此时，一个长相颇为猥琐的中年男子朝我们这边走来，他穿着一身估计半年没洗的黑色夹克衫，笑嘻嘻地说："二位是来旅游的？"

我看着手表，简明扼要地说："等人。"

男人没有走的意思，他笑嘻嘻地说："两位是等商老板吧？他要我来接二位老板的。"

我放下手，看着他。他继续说："两位跟我走吧，商老板暂时不能来，他给你们准备了酒店。"

我刚想要拿起行李，白翌出手拦住我道："给六子打个电话，先问清楚。"

中年男子看了一眼白翌，然后笑着等我们打电话。但是不知道怎么搞的，六子的电话老是无法打通。

五分钟后，这个男人等得有些不耐烦了，他指着边上一辆又破又脏的黑色普桑说："要不我们先去酒店，商老板中午说过会联系二位。"

白翌和我对看一眼，点了点头，我对那男人说："走吧。"

男人露出了一个非常难看的笑容，他说："二位第一次来这小地方吧。"

我们坐上车，白翌没有搭腔，看着窗户外面。我不太上心地和那个男人聊了起来，其间聊了什么内容我也不记得了，男人见我们都不怎么理他，也不再说笑，专心开着车。我们沿着山路绕了好几个弯，穿过两三个山洞隧道后，进入了大山的深处，他把我们送到了一家半山腰的酒店。这是一家淹没在棕色的树林中的酒店，如果不是有专人带路，估计这辈子都不会有上门生意。男人好像和这家店非常熟悉，他一个转弯将车停到门口说："我们到了。"

酒店有一个非常有诗情画意的名字，叫半月湾酒店。

男人替我们把行李拖下车，他指着酒店内说："我就送到这里了，我还有生意，你们的身份证都准备好了吧？"

我正要应答，就在这时，我的手机响了，那个男人也没有再和我们说什么，就把车开走了。

电话那头传来了六子的声音。但是因为山区内信号不好，声音断断续续的，听着感觉不像是六子的声音。六子说让我们在酒店里待一天，他那里还有货没有拿到手，不放心，所以走不开。

我结束了那种简直像是和外星球联络的通话，对白翌说："这里的信号和防空洞一样差，六子估计还得晚一天，我把这里的情况用短消息发给他了。估计他两天后过来。"

白翌说："我觉得好像来过这里，而且是和你一起来的。"

我看着四周，安静得像是墓场，连树叶的摇曳都是静默的。我说："我是没这个感觉，你记错了吧？"

白翌看着那已经褪色的金属招牌说："嗯，有可能。"

当我们拿着行李进入这寂静的酒店

时，身后忽然响起了一阵吵闹声，就像是瞬间打破了香槟酒，周围的气氛一下子活跃起来。

身后一群大学生模样的年轻人，和我们一样拿着行李嘻嘻哈哈地往里面赶，脸上都是出游的兴奋。我被这样的气氛感染，觉得这家安静的酒店其实也有其活力的一面。

白翌推了推我，于是我们混在这群大学生中一起进入了酒店。门口没有那种大酒店固有的大型花盆，空荡荡的大厅里只有一盏巨大的吊灯，被风一吹，吊灯就会摇摇欲坠地发出玻璃敲击的声音。地毯并不是那种俗气的大红色，而是一种非常典雅的深蓝色，就像是深海的颜色，走近大厅就有一种被吸进去的感觉。

大堂登记处只有一个女服务生，化了很重的眼妆，远远看过去就像是两个巨大的窟窿。虽然烟熏妆很流行，但是远看真的有些恐怖。

大学生们分别开始从包里翻身份证，而我的身份证早就交给白翌了，他拿到服务台做了登记。那个眼妆非常夸张的服务生机械地看了我们两眼，说:“一间标房，只能住两个人，不接受加床，二位确定一下，就在这里签字，两百块押金。”

白翌掏钱拿到了磁卡，这时身后的大学生们才凑齐身份证，而我则一直都在边上看行李。其中一个长得非常小巧的小姑娘一直往我这儿看，我朝她笑了笑，她不好意思地别过头又和同学嘻嘻哈哈地笑，但是时不时地往我这瞟两眼，至少我觉得眼神非常具有挑逗性。

白翌走了过来，说:“好了，我们去房间吧。”

我点了点头，背上行李袋，就在这个时候，那个小巧的姑娘喊住了我。我回过头，发现她被其他同学给推了出来，然后红着脸说:“能请你帮个忙吗？”

我指了指自己，她点了点头，白翌站在边上没发话。小巧的姑娘看了看白翌，然后又看了看我笑着说:“能请你们两个帮个忙吗？”

白翌淡淡地说:“我们还有事。”

女孩子拉住我道:“请你们帮一个忙，我们要拍一个短剧，但是我们缺少演员。”

我被女孩子一拉住，白翌就皱着眉头，他抽出我的胳膊说:“抱歉，我们不是演员。”

边上的同学终于按捺不住了，道:“我们有演员，但是我们需要群众演员。”

我“嗯”了一声，边上那个方脸的女生说:“我们想在这家酒店里拍短片，但是只有我们太单调了，所以我们想要些群众演员，露露脸就可以了。”

我问道:“需要我做什么？”

那孩子说:“无论发生什么事情，你们只围观就可以了。为了需要最逼真的效果，我们不会告诉你们我们的剧情，就算你们问我们，我们也不会说的，但你们是剧情中不可缺少的元素。”

当她说完，我注意到那些孩子的脸上各种神情都有，有兴奋、焦急、忐忑、不安，几种情绪混合在一起，让我有一种莫名的诡异。

白翌看了他们一眼，他拉着我对他们说："抱歉，我们没兴趣。"

那些孩子显得很失望，当中那个较小的姑娘甚至怨恨地瞪了白翌一眼，那眼神简直像冰刀一样，不太像是一个大学女生能有的……

白翌拉着我走到电梯前，正巧电梯就在一层，白翌按了上楼键，他拉着我进了电梯，直接按了三楼后，然后开始没好气地说："不要每次女孩子一对你笑，你就什么都点头。我们只是暂时在这儿待一天，你和他们瞎起劲什么？"

我看着白翌那张不太高兴的脸，懒散地提了提包说："是，是，是，白老师教训的是。我是没什么女人缘，基本上除了推销员和卖保险的，没女孩会对我微笑，不像某人。"

白翌拉长着脸，一言不发地看着我。我觉得有些说过头了，嬉皮笑脸道："开玩笑嘛，你还以为我真的会帮忙演什么群众演员？你以为我是小孩子啊。"

白翌叹了一口气，他低声说："真败给你了，我只是……不放心而已。"

我顿了顿，看着他说："你放一万个心，只要你在我边上一站，基本上是我不放心才对。"

他还想要说什么，但是电梯已经打开了。这家酒店的客房部非常暗，除了自然光源外，就是那种惨绿色的紧急通道灯，所以我们几乎只能通过手机的灯光来查看门牌号。门牌号是那种银质的金属数字，搭配着朱红色的房门，显得非常冰冷。

这里的地毯依然是那种深蓝色的，但是上面有着一个个扭曲的圆圈似的图案，看上去有些恶心。

雨　夜

白翌对前面的事情非常介怀，他一直没有说话，我知道他还有些不开心，我想要开口挑起话题。就在此时，身后传来了脚步声，我以为是那些大学生，转过头发现是一个穿着米黄色工作服的中年妇女。她推着手推车，车上都是堆得像小山似的白色床单和毛巾。她推着车子看也不看我们一眼，就往走廊最深处走去，那里黑得几乎看不见任何东西。随后我听到一声刺耳的开门声。

忽然，身后传来了一个声音："你们第一次来这里？"

我回头一看，发现是那个方脸的女孩子，她有着一头俏皮的鬈发，看上去非常的调皮。她笑着凑近我们说："据说这家酒店闹过鬼，所以房价很便宜哟。我们也是冲着这个来的。"

她缓慢地走了过来，我发现她的脸

太白了，看上去像纸一样，在微弱的绿光下显得有些骇人。

女孩子继续说："据说这里过去发生过山体滑坡，然后每年的冬季就会经常死人，呵呵，酒店嘛，用一句《闪灵》的话来说——'人来人往'的。不过这里是山区，每天只有两班车会来这里，如果没有私家车的话，只有等早上八点和下午四点的班车。也就是说，这里是一家封闭的酒店。我们的故事就是从这里开始的。"

我对他们的短剧产生了兴趣，虽然说不上有多大的好奇，我问道："你们在拍什么？"

女孩子显得有些兴奋，她舔着嘴唇说："一个短片，关于所谓的连续性问题的探讨，呵呵，非常带感，像噩梦一样，会让你怀疑一切的短片。"

就在她想要继续靠近的时候，老式的屋顶忽然掉落下一大块石膏，石膏砸在那女孩子的肩膀上。她像一只猫一样缩了一下，接着烦躁地拍开那些石灰，然后恶狠狠地瞪了一眼天花板说："真是一家破酒店。"

说完她意有所指地看了一眼白翌，坏笑着继续说："呵呵，我们要开始了哦。"

白翌没有答理她，而是心有所想地看着我说："我真的觉得我们过去来过这里，总觉得这里发生过什么。"

此时，过道中忽然吹来一股冷风，然后"嘭"的一声，我听到在最深处的那扇门一下子关上了。那个穿着米黄色工作服的女人又推着那辆车走了过来，她看也不看我们，仿佛是一个瞎子。我摸着胳膊说："兄弟别再说了，越说越寒战。"

我和白翌找到了我们的房间，房号是3011，不是最尽头的那间屋子。也许有些迷信，但不是最后一间屋子真的让人松了一口气，否则真的变成鬼片了。

那最里面的屋子是3012，估计是因为不想要有13这个数字，所以这里最里面的那间房间非常宽阔，它占用了两间屋子的宽度，宽得有些比例失调。

白翌刷了下门卡，推了进去，房间也是一片漆黑，仿佛这黑暗中有什么东西滚动了一下，随后声音便迅速消失，就像是净水器的声音一样。白翌插上房卡，电源终于通了。房间非常简单，只是在两张床中间的装饰画有些怪，是一口古怪的井，而且还是黑白色的。而那张梳妆台又显得非常的突兀，因为镜子太大了。

白翌说："还算干净。"他走到窗台拉开窗帘，映入眼帘的是那一大片的山壁和茂盛的树林。现在已经是隆冬了，但是还可以看到一大片的红棕色树林。

白翌刚想要拉上窗帘，但是窗帘却被卡住不能动了。白翌试着拉了几下，依然无法拉上。

我走过去帮忙，还是不行，我抬头看着窗户的卡槽，就在此时，我仿佛听到窗户被敲打的声音。我纳闷地转过头，忽然发现从窗户外面掉下去一个人，那一瞬间我正好和他面面相对，下一秒他就掉了下去，我吓得差一点儿撞倒白翌。白翌一把拉住我，解释道："是树枝。"

我又看了一下，发现的确是树枝，但是在回头的那一刹那，我看到的绝对是人。他朝着我张开了嘴，这绝对没错。白翌又拉了几下窗帘，但是窗帘依然无法拉上。

我们只能打电话给酒店客服，希望换个房间，但酒店客服表示因为是淡季，所以客房左边大楼的房间没有开放，而其他房间都满了。我和白翌毫无选择的余地，而此时门口又吵闹了起来，那群大学生表情焦急，一窝蜂地挤进了那间3012客房，随后重重地把门关上了。

我和白翌看着窗户，我苦笑说："很带感，不是吗？……"

冬天的太阳落得早，当最后一丝阳光也被收回西山时，阴霾的天空开始飘起了雨，这里是丘陵地带，大冬天不下雨就会下雪。

酒店一楼有专门供应吃饭的饭厅，虽然没什么可挑选的，但是依然会让你吃饱。我和白翌随便叫了点儿东西，现在是旅游淡季，吃饭的旅客十根手指都数得过来，安静得能够清楚地听到餐具碰撞的声音，让人有一种以为是在手术室吃饭的错觉。

白翌看着盘子里的炒面说："我总觉得好像来过这儿，这一切有些怪，但是我说不上哪里出了问题。"

我吃了一口面，抬头看着他说："哥们儿，现在不流行文艺青年，你快点儿吃吧。我都听你说了三遍来过这里，真的来过这里，我会不记得？这么破的一家酒店绝对是独一无二的。"

白翌看着盘子里的炒面，皱了皱鼻子说："这么难吃的食物他们也拿得出手……"

这时，门口突然发出一声轰然巨响，像是什么东西坍塌了。

原本不多的酒店服务生一股脑地冲了出去，我和白翌对看了一眼，忽然饭店的落地窗户上出现了一张血淋淋的人脸。我再仔细一看，赫然发现是那个方脸的姑娘，不过她的脸上都是血，她贴在离我们最近的玻璃上，缓慢地滑了下去，她痛苦地想要喊出来，但是从她的脖子后伸出了一双手，直接把她往下拖。

我张着嘴忘记了咀嚼，一口面呛在了喉咙里直咳嗽，白翌已经冲了出去。外面的雨势非常大，原本不多的人都冲到了门口，但是除了工作人员没有人愿意踏出酒店。我们发现那个女孩就那么趴在了窗户边上，她的身边只有一部手机。

我和白翌冲了出去，白翌检查了下女孩的脉搏，说："快，叫救护车。"

此时，那部手机的屏幕忽然亮了起来，闪着古怪的绿光。我发现上面有一条短消息，写着：故事开始在一个雨夜，也结束在一个雨夜。

我转过头找那女孩的同伴，但是连

一个人影也没有。女孩子的后脑勺被巨大的石块砸了一个巨大的窟窿，整个脑袋都凹了进去，雨水冲刷着她的尸体，血水顺着雨流入了下水道。看样子是山上的石头滑落正好砸到她的脑袋，但是这个角度根本不可能被山石砸到，而这里也不会有山体滑坡的危险，否则怎么可能在这里建一栋酒店呢？周围的旅客都窃窃私语。

就在我纳闷的时候，一个矮胖的女人穿着不合身的旗袍从人群中挤了过来，她看着尸体，尖声叫道："快，报警，小张小张，快点儿报警。"

从人群中挤出了一个瘦得跟火柴杆儿似的男人，他紧张地拿着手机报警，过了一会儿，他道："李总，警察至少要明天早上才能到啊。"

此时又走过来一个看上去像是医生的家伙，他摇头道："没救了，等警察吧。"

矮胖的女人摇着身体报了几个服务生的名字，随后让他们看着尸体，而我们这群闲杂人等就被赶回了酒店。我捏着手机刚想要放回去，发现手机又响了起来，上面有一条新的短消息："雨夜，完。"

我打开短消息信息箱，这个手机内居然只有这一个人的号码。白翌从我手里接过手机，他默念了一遍手机号码，然后对我说："放回去，不要惹事。"

我把手机放回原位，忽然那方脸女孩的尸体猛地动了一下，翻了一个身，她由原先的俯卧变成仰面躺在地上的姿势。女孩的脸上居然在笑，而且笑得非常的怪异，她的眼神中透着一股自豪和圆满。这一刻，我突然觉得她是不是被什么附身了。我注视了她很久，但在那之后她便一动不动。

此时，那个推车的中年妇女摇摇晃晃地走了过来，她推开我们说："客人先回房间吧。"

说完，她拿着一块巨大的白色床单盖在了女孩的身上，但是雨很快就打湿了床单，白色的床单勾勒出那女尸的轮廓。虽然盖着白布，但是我总觉得那个女尸一直在盯着我们看。

白翌撞了我一下，我发现在角落里躲着一个男生，那个男生也是那群大学生中的一个，是负责收集身份证的。他看着那具尸体，眼神中透着兴奋，他发现我们注意到他，就像触电般地往回逃走了。

我们浑身都湿透了，白翌从酒店服务台那儿买了两瓶酒。我们回到自己的房间，白翌说："快洗澡吧，否则会感冒的。"

我哆嗦着快速脱掉湿掉的外套，快速转动淋浴器，但是怎么拧都不出水，我郁闷地吼道："搞毛啊，这算什么酒店啊。"

白翌见我没拧出水来，他当机立断拿了块毛巾，扔给我说："擦干了。"

我不知道是气的还是冻的，浑身直哆嗦，问道："然后呢？"

他冷着一张要杀人的脸道："投诉。"

我们两个只能把暖气开大，换上干

衣服。但是被雨水打湿的那种阴冷怎么都无法驱除。

白翌一边擦着头发，一边打电话给客服。客服小姐语气非常公式化，最后居然让我们到隔壁洗澡。她完全不考虑我们两个大男人冲到隔壁洗澡，人家会开门吗？白翌非常难得地摔了一次电话。

他看着酒店的毛巾说："下次订酒店绝对不能交给六子这白痴。"

白翌凑过来闻了闻我的头发，我吓得往后仰问道："干什么？"

他皱着眉摇头道："没事，我只是觉得我们身上有股怪味。"

我也凑近闻了闻他，我们的身上的确有一股非常奇怪的腥味，但是不臭。

见　鬼

半夜山里刮起了风，雨势变得小了许多，我躺在床上看着窗外。因为无法拉上窗帘，对面一片漆黑，已经根本看不出原本的样子，但可以听到动物的叫声，那声音非常远。

半夜，我忽然被一声古怪的动物叫声吵醒，那声音有点儿像喇叭。我翻了一个身，洗手间的灯没有关掉，我打开洗手间的门，发现里面的淋浴器居然一直都是开着的，也不知道开了多久，我想起来之前我并没有拧回去。

我调了一下水温，发现又可以用了，于是干脆脱掉衣服冲起澡来。我拉起淋浴门，尽量把温度调高了些。

忽然那古怪的滚动声音又来了，我停下动作，屋外依然非常安静。我咽了下口水，总觉得哪里不对。大门忽然发出转动的声音，我屏息着门口的动静，但是门把手被急促地转动了几下后又安静了。我呼了一口气，觉得可能是晚饭时那女孩的死亡和这家酒店的气氛让我产生了一个古怪的念头，暗自想："可能……是有人走错房间了。"

我洗完澡，穿上浴衣，给自己倒了一杯热水，坐在床边看着窗外，大脑不知道为什么毫无睡意。我开始思考着来到酒店后所发生的一切，既然已经死了一个同伴，那些学生应该有所反应，怎么会一点儿动静都没有？他们说的剧情到底是什么样的剧情呢？

我喝了一口水，觉得舒服许多，捏着额头，我忽然发现窗外的角落里不知什么时候居然缩着一个人，我吓得连忙站了起来。那姿势如果不注意看还以为只是一堆垃圾，而且那个人居然还是侧躺在地上，看上去浑身都湿透了。我吓得一头冷汗，而那个人一动也不动。此时白翌被我吵醒了，他坐起来问我怎么了。

我低声道："窗外有一个人……"

白翌从床上起来，他看着外面说："没有人。"

我放下杯子，站到他的身边一看，居然真的没有人。我摸着头发说："不对啊，我刚才还看到呢，怎么回事啊？！”

白翌拿出烟，刚要点燃，忽然他的手停住了。我问道：“怎么了？”

白翌叼着烟看着我说：“你说得没错。”

白翌没多说，一把将我拽了过去，他捧住我的脑袋，让我面朝镜子，我赫然发现在镜子里居然蜷缩着一个男人。而我前面看到的窗户中的男人就是镜子与窗户玻璃的反光。

那个男人在镜子里一直侧躺在这房间的角落里，大睁着眼睛，眼神中透着一丝狂喜。我张大着嘴说：“不是吧，这都可以？”

白翌看着镜子，他猛地回头，但是我们的床脚边只是一片空白。

我拉着白翌，虽然说鬼见多了，但就是没法习惯。我捂着狂跳的胸口说：“见鬼了……”

白翌凑近我的耳边说：“那个男的有些眼熟。”

我眯着眼睛看着缩成一团的男人，随后说：“有点儿像……是那收身份证的大学生！”

虽然我说得非常轻，但就在我话音刚落之后，那蜷缩在角落的大学生就慢慢地倒了下去，而就在他倒下的那一瞬间，我听到隔壁屋子发出了一声闷响，就像是什么东西倒了一样。

我和白翌对望了一眼，我连忙说：“隔壁有动静。”

白翌连忙抄起客服电话，但是晚上怎么打都没办法打通。而就在这个时候，大门的门把手又开始疯狂地转动，这一次更加疯狂，随即是急促的敲门声。

我不知道要不要去开门，白翌快速地穿上衣服，他慢慢地走到门口，就在白翌的手即将碰到门把手的那一刻，门把手不再动了。

而门的外头传来了一个非常沙哑的声音，就像是卡着喉咙说话似的。

“浴室，结束……”

白翌猛地打开门，但是门口什么都没有。白翌低头一看，发现那原本在女尸边上的手机居然留在了我们的门口。

手机依然发着惨绿色的灯光，和边上那紧急通道的光线融为一体。白翌蹲下身拿起手机，手机的短消息中，果然又有了一条新的消息：没有人知道那纵横交错的下水道里到底有什么，即使他一直都生活在那里……”

我看着他道：“那是什么意思？”

白翌看着手机说：“应该是一篇小说的情节……也许就是那些学生口中的短剧。雨夜、浴室，仿佛是短剧的名字。

就在这个时候，那3012的门打开了，从门内探出了一个脑袋，是那群学生中的一个。她看着我们两个，脸惨白得像是白蜡一样，她问：“你们在干什么？”

白翌拿着手机说：“这是你们的东西吗？”

那个学生探出了身体，她身上穿着印有凯蒂猫的睡衣，她回头看了看，道：

“不是我的。”

忽然从她的屋子里传出了非常吵闹的声音，我好奇地伸长了脖子，从门里又走出了那个身材娇小的女孩，她说：“你们有什么事吗？”

白翌开口道：“我们捡到了一部手机，以为是你们的东西。”

娇小的女孩看都不看，直接摇着头说：“这不是我们的。”

说完就拽着另外一个女生走进屋子，猛地关上了房门。就在那一瞬间，我发现那个身材娇小的女孩又瞪了白翌一眼，眼神恶毒得就像是白翌杀了她全家似的。

我看着白翌说：“这群孩子太怪了，同伴死了怎么会那么镇定啊？”

白翌摇着头，他说：“不，就是因为死人了，才会那么古怪，这不是镇定的表现。”

就在这个时候，从楼上忽然冲下来一批人，其中一个喊道：“见鬼了，怎么又死人了。这个酒店真的是疯了。”

我和白翌冲到四楼，我们刚走到楼梯口，就有人抬着一个担架往楼下走。担架上躺着一个男的，看样子是死了，他浑身都湿透了，但是表面上看不出有什么伤痕。

其中一个抬尸体的服务员恐惧地说：“怎么会这样，这个男的居然死在浴缸里。

另外一个人说：“是啊，这下酒店麻烦大了，排水口被堵住了。这个白痴也够可以的，居然窝在浴缸里，活活地被淹死了。不知道怎么搞的，这真不知道算是谁的责任。”

服务员说：“可怜啊，第二个人了，今天到底怎么了……”

另外一个人拉住服务员，看到我们过来就停止了谈话，他们迅速地将床单盖在了尸体上。我们只能看到尸体的手垂在担架外面，水顺着他的手不停地往下淌，把那蓝色的地毯都打湿了。巧合的是，所有的水滴都滴落在那地毯扭曲的圆圈中。

我们被工作人员赶回了房间，对方声称这是两起意外，并表示将会退回百分之五十的房费。看上去是想要封住我们的口，而其他的旅客虽然不安，但是也没有办法。

因为我们现在根本不可能离开这家酒店……

白翌和我回到房间，这里的暖气很足，让我稍微安心了不少，但是无法拉上的窗帘依然让我觉得很难受，仿佛窗外的世界随时都会崩塌。

白翌终于抽上了一根烟，他掏出那部手机扔在桌子上。我坐在床边看着他说：“到底怎么回事？我觉得一开始就有点儿不对劲。”

白翌说：“当然，那些大学生的表现太奇怪，他们说他们是要演短片？”

我皱着眉说：“是，而且我们是群众演员呢。”

白翌吸了一口烟说：“那代表什么？”

我摇着头，说："如果只是在演戏，那么根本不会死人，就算是巧合，现在死人了，但是他们连一点儿动作都没有，这太奇怪了。"

白翌扔给我一根烟，他继续说道："这不是最怪的，最怪的是他们的死亡好像有什么联系。还有这一部手机，简直就像是报幕员一样。"

我点燃烟，猛吸了一口，大脑稍微清晰了些，我说："要么直接问隔壁，他们的剧情到底是什么，敞开了问？"

白翌说："你觉得可行吗？"

我说："有什么不可的呢？"

白翌看着手机说："好吧，既然你那么想，我们就去问问。但是有一点我要说明的是，剧情已经发展到了第二幕，那么第三、第四幕也会开始。"

我抽着烟点头，白翌继续说："你还记得他们一共有几个人吗？"

我抬头说："没仔细数过，好像是五个人。"

白翌点头道："没错，已经死掉了两个，也就是说，他们还有三个人……"

我看着白翌，顿时有一种不祥的预感。我说："一间客房住两个人，死掉了两个，还有两个分别是那个凯蒂猫睡衣和那个瘦女孩……那么还有一个人是谁呢？"

白翌盯着我看，我被他盯得发毛，我抓着头发说："不对不对，应该只有四个人……否则那个人我怎么会想不起来呢？"

白翌敲着桌子，他说："没错，我印象中也是五个人，但是除了这四个人以外，那第五个人怎么都没有印象。"

白翌停止了敲打桌子，他抬头看着我说："但是他们的死都有联系。"

我问道："什么意思？"

白翌抽了一口烟，他看着卧室墙上的装饰画说："细节。"

他继续解释道："第一个女孩是被石头砸死的，而一开始的暗示是天花板掉落的石灰，因为我前面看过，天花板的材质根本不是石灰，而是复合板；而那男人的死亡暗示是洗手间无法出水，别忘了我们正好在他房间的下面，也就是说，我们无法出水的时候，就暗示着他上面的下水口被堵住了。"

我舔着嘴唇，问道："老白，你看会不会是这样的？"

他挑了挑眉毛，意思让我继续说。我说："就是其实那些人没死，他们真的只是在演戏？"

白翌愣住了，他说："你怎么会那么想？依据是什么？"

我抱着手臂说："他们让我们当群众演员，也就是说他们在演戏，演戏应该都是假的。所以他们没有死。"

白翌问道："那么其他人怎么解释？"

我一时间无法回答，白翌继续问道："好，就算你前面所说的能够成立，他们是在演戏，但是不可能整个酒店的人都陪着他们演吧……"

我摇头道："的确不太可能，那么到

底是怎么回事呢？”

白翌刚要继续说，门口就传来了敲门声，白翌指了指门口，意思让我去看看。我没有拉开保险链，只是把门开了一条缝。此时门口站着那个穿着凯蒂猫睡衣的女生，她说道：“我……可以进来吗？”

我点了点头，拉开保险链。女孩看了看我们房间里面，随后快速地蹿了进来，动作之快简直就像是一只猴子，她“嘭”的关上了门，这才稍微平复了一些情绪。

白翌给她倒了一杯茶，女孩接过茶杯，她说：“你们是不是明天一早离开这里？”

我看着白翌，他点了点头，女孩好像非常的急切，她说：“我想和你们一起走！”

白翌问道：“为什么？”

女孩捏得玻璃杯嘎吱作响，她说：“我们本来要拍一个短片，问题是当我们开拍的时候，所有的事情都会按照剧本上的内容来，简直就像是自动在播放一样。现在大家一个一个都死了……”

白翌蹲下身体，轻声问道：“你们演的短片是什么？”

女孩猛地抬起头，她摇头道：“我不知道……我只知道我的剧情。”

我越听越糊涂，女孩因为情绪波动太大，无法把话说得太利索。她说道：“我们只知道属于自己的剧本，其他人的内容都只有自己才知道。我们把自己的剧情通过短消息的方法传到一部我们事先准备好的手机内，然后这部手机最后只有导演才能拥有。”

白翌问道：“那么，你是什么剧本？”

女孩低下头，她低声说：“我会被勒死……”

她有些控制不住，哭了起来，道：“也许我是下一个……”

白翌问道：“你们一共有多少人，一共有多少场？”

女孩说：“我们一共有五个人，但是其中一个是不出演的，因为他是导演。”

我问道：“导演是谁？”

女孩哭诉说：“我不知道，因为我只知道我自己的内容，其他人的都是秘密，所以我不知道哪个才是导演啊。”

我抽出一根烟，女孩表示她不介意，我点燃说：“你们不是只有五个人吗？死了两个，如果你不是，那么另外两人中的一个就是导演。”

女孩捏着衣角，眼神开始飘忽，她说：“不知道，我感觉都像，但是又都不像。我问小绵，但是她不肯说……”

我问道：“小绵就是那个小个子的女生？”

她点了点头。白翌站了起来，他抱着手臂说：“那么，你说说你的死亡方式吧。”

女孩抬头说：“我的方式就是被勒死。”

我和白翌对看一眼，女孩继续解释道：“我们只有一个大概的框架，细节是现场编的。”

我捂着额头说：“你们这样都可以拍片子？果然是搞艺术的……”

白翌说：“那么，第五个人是谁？”

女孩刚想要开口，却猛地站了起来。

我发现大门不知道为什么被打开了，门口站着那个小巧的女孩子。

她死盯着我们，穿睡衣的女孩压着嗓子喊了一声："小绵……"

她冷着一张脸开口道："小柯，回去了。"

女孩头都不敢回，就跟着她走了出去，她临走的时候塞了一张纸在我的手心。

就这样，她们关上了房门。我打开手上的那张纸，上面写着：1221526。

白翌拿着那张纸横看竖看，但是依然没办法看懂。

我有些担心，问道："下一个会是谁？"

白翌把纸条放在茶几上，他坐在椅子上说："五个人中有一个是导演，其余四个都是演员，而我们是群众演员，也就是围观者，这部戏其实可以成立。如果说只有导演能活着的话，那么我们也有危险。"

我抬头看着他，他没有看我，而是拿起了那部手机，他给我看说："手机号码只有10位数。"

我捂着额头说："你的意思是，这个酒店闹鬼吗？"

白翌放下手里的手机说："不知道，但是最快的解决方式就是找到导演，然后问出所有的剧情。因为只有导演知道。"

我看着那部手机说："会是这部手机吗？里面有信息吗？"

白翌说："显然没有，否则我也不会问了。如果说那个叫小绵的是导演，那么手机应该在她的手里。这一部不是那部手机。"

我说："我觉得她很可疑，最镇定的就是她了。谁死了两个同学还那么自在？"

白翌没有回答我的话，他自言自语："我还是觉得所有的死亡都是有联系的。"

接下去我们就像是这样，不停地提出解答，然后不停地否定它，通过这种方式得到一个可以自圆其说的解释。

篮 圈

渐渐地，天开始亮了，埋藏在我心中的问题却一个也没有得到解答。白翌也只是在空白的信纸上无意义地涂抹着，每次陷入思考的时候，他就会那样做。

忽然他停住了笔，说："你还记得第一个死去的那个女孩所说的话吗？她说他们也是冲着这家酒店才来的，我们是因为价格低，而他们是因为这里闹鬼。"

我点了点头，他刚想要开口，忽然大门又被猛烈地敲击着。我们冲到门口，发现几名酒店服务生站在我们的外头，他们极力克制着自己的情绪，攥着拳头说："打扰两位了。"

说完，他们不管三七二十一冲进了我们的房间，我有一种被打劫的错觉，但是接下去的一幕让我觉得，这不是警匪片，而是恐怖片。

我们隔壁的窗户上居然吊着一个人，估计已经有些时候了，身体像是木头模型一样来回撞击着玻璃窗户，发出沉闷的声音。

我喊道："小柯？"

但是那头根本没有回应，她已经死了。

服务员一把推开我，然后放下架子，绑住绳子，另外一个工作人员对我们解释道："我们也是在外面洗床单的时候看到的，但是门怎么都打不开，用万能钥匙也没用，所以我们只能从你们这里爬进去。"

白翌帮着他们扶住梯子，一个身材较为瘦小的工作人员从梯子上爬了过去。他迅速地放下尸体，另外一个工作人员对着他喊道："小张，快开门啊。"

小张朝我们点了点头，随后冲进了房间。接着房间便传出一声刺耳的尖叫。

我们听到了隔壁的开门声，所有人一股脑地冲了进去。随后我们发现小柯蜷缩在电视柜的角落，她像是受到了极大的惊吓，一只拖鞋扔在大门口，而吊在窗台上的却是那个娇小的女孩。她披散着头发看不清脸，但是那眼神显得非常恶毒，这让我想到她几次都朝着白翌射出的恶毒目光。

小柯蜷缩在角落里，嘴巴不停地在抖，不停地说："停不下来，停不下来……"只要有人碰到她，她就会失控地大喊大叫。

我只能抱住她，不停地拍着她的背让她看上去镇定一些。这个房间的空间明显要比我们那间大许多。在空余的地方堆着许多摄像机和三脚架，行李没有拿出来，衣服胡乱地堆在包上面，边上还有杂乱的充电器。

白翌和那些工作人员已经把小绵的尸体搬了下来，尸体依然没有外伤，看样子像是自杀，但是白翌说："她自己是套不上去的，高度达不到。"

的确，她怎么会吊在那么高的位置，而且还没有任何攀爬的痕迹。

我把小柯交给了一位女性工作人员后走到阳台，我发现在尸体的下方有一摊水，在深蓝色的地砖上形成了一个不规则的圆圈。我的大脑里忽然想到了酒店过道中的那块地毯，无论是圆圈的大小还是形状，一模一样。

白翌拿起手机，手机的时间正好显示为 5 点 26 分，而今天的日期是 12 月 21 日。这个时间和小柯留给我们纸条的数字正好相吻合，我把目光投向了那个抖成一团的小柯。这应该是她的死法，为什么死的会是那个瘦女孩呢？

工作人员把小绵的尸体收拾了一下，我快速地走到小柯的身边，她咬着嘴唇，像是极力克制不要颤抖一样。

她喃喃道："小绵死了……她真的死了……"

我抓着她的手问道："到底是怎么回事？"

小柯看着我，她的眼神基本上已经没有焦点，她说："不对……我们只是要拍一个片子，但是现在大家一个一个都死了，怎么办？我要回家……我要回家……"

小柯不停地重复着那句话，所有的

工作人员都盯着她看。我怕她引起太大的骚动，便抱住她的脑袋，对白翌说："先让她安静一下吧。"

白翌此时一直都在房间四处转悠，他听到我说这话便回头看了一眼小柯，他对大堂经理说："我是一名教师，要不然带她去我们房间吧。"

酒店经理依然穿着她那身不合身的旗袍，走过来说："那再好不过了，现在这批人出事，我也觉得很棘手。小姐，你看再过三小时，我们就有班车下山，你看，你要不要和你的家人联系一下，然后尽快下山回家？"

小柯抬头看了看我们，又看了看已经被被单盖住的尸体，点头道："我要走的……现在就走……"

小柯挣脱开工作人员的手，随后像发疯一样地整理行李，什么东西都胡乱地往包里面塞。

白翌拉住我，随后掏出那部手机给我偷偷看了一眼，上面写道："夜晚和白昼交汇的那一刻，就是灵魂回到大地的时刻，但并非所有……"

接着，他悄悄地指着窗户边上的灰尘，上面模糊地写着：篮圈，完。

我抬头看着白翌，白翌说："回去再说。"

小柯带着所有的行李来到我们这儿，估计是看白翌出示过他的教师证，所以我们理所当然地成了酒店委托代理人。白翌把行李放在边上，他现在终于开口说："你们一开始就有一个人死了，对吗？"

小柯猛地抬头，她缓缓地点了点头说："你为什么那么说？"

白翌看了看我，我知道他只是说出自己的猜测，但是显然他第一关过了。他笑着说："因为你们一共有五个人，但是现在只有你一个人，另外一个始终没有出现过。所以，我认为他其实已经死了。"

小柯的表情显得非常古怪，她皱着眉头盯着白翌看，接着她靠近白翌低声道："其实我不知道他到底是死了还是没死。"

我插嘴道："为什么？"

小柯看着我古怪地笑道："因为他就是导演，他如果死了我们根本不用继续，但是小绵一直说导演在的，所以我们要继续演下去。"

白翌问道："也就是说，是小绵坚持要来这里的？她知道导演是哪个？"

小柯点了点头，她说："小绵说，如果导演没有死，我们演完也无所谓，但是如果导演死了，我们没有继续下去，那么我们就会被导演杀掉。"

我抱着手臂说："她骗你们来到这里，然而来到这里你们依然有人死了，而且连那个叫小绵的组织者也死了。但是……"我看了看白翌，压低声音说，"当初我看你们进来的时候就有五个人了。"

当我说完这句话，我觉得好像什么地方不对劲，我看着小柯，而白翌在边上并没有说话。小柯一句话都没有说，她抬着头看着我，我读不出她眼神中的含义。

她说:“我们来的只有四个人，我们只开了两个房间而已。”

此时那部手机又响了起来，每一次来消息几乎都会有一个人丧命，但是现在只剩下我们眼前的这个女孩了。

白翌打开手机，上面写道:“最优雅的死亡就像是一次旅程，你以为是终点，那反而才是起点。”

当白翌念出这句话，小柯忽然像触电一样地跳了起来，她说:“这不是终点……我来过这里！我想起来了！”说完她看都不看我们一眼，直接冲了出去。白翌看了我一眼，他说:“跟上。”

结　束

我们跟着她冲出了客房，来到了走道口，这里依然很暗，一间间的客房门紧闭着，但是我们怎么都找不到小柯的人影，她就像是突然消失了一样。

忽然在我的左侧，我看到了那粉红色睡衣的人影。我迅速地冲了过去，拐了一个弯，来到一个和我前面一模一样的通道。白翌跟了上来，他看着边上的门牌数说:“这里应该是左边的客房部。”

地毯上那些古怪的圆圈让我看得头晕，白翌一把拉住我，指着前面的一扇门，那扇门被打开了一条缝，但是我记得客服说过，左边的住房部冬季是不住人的。

白翌慢慢地推开房门，这里所有房间的格局都是一样的，出乎我们意料的是，这里的装饰画依然是一口枯井。

白翌看着这里说:“不对，这间屋子是我们的房间。”

忽然门口再一次热闹起来，我和白翌回头冲了出去，迎面就撞到了那个已经死掉的方脸姑娘。她笑嘻嘻地朝我们看了两眼，随后招呼着一帮人进去，那些人走得很快，我根本看不清他们是谁和谁。

最后我发现小柯也跟着走了进去，不过此时她没有穿着那身睡衣，她跟在最后，看了我们两眼，眼神依然非常的古怪，我依然看不出她眼里的含义。

他们全部都进了那间房间，但是并没有关门，于是我和白翌也跟了进去。他们看到我们进来没有抗议，反而非常的开心。小绵朝我们笑着说:“就知道你们会来的，大家开始吧，群众演员也到齐了。”

于是那些人一哄而散，我发现这些人中的确有一个陌生人，但是那个陌生的年轻人让我觉得非常眼熟，我发现他就是那个从楼上掉下来的男人。此时他居然在冲着我们笑，那笑容让我想到他的最后一个表情。

我拉着白翌悄悄地说:“就是这个人，你开窗的时候，我看到的就是他掉下来的。”

那群人非常兴奋，他们不停地互相探讨，摆弄着手里的照相机和三脚架。那个男人非常兴奋地说:“我们会拍一部非常给力的片子，让Q群里的那群家伙惊艳一把，兄弟姐妹们大家要加油啊。”

方脸的姑娘说:“就你还能给力到什么程度，得了吧，我们接下去怎么做?”

那个人笑着转过头，他看着我们的眼神变得有些古怪，笑得也非常诡异，他发出非常机械的声音说:“就让小柯导演，为我们说明吧……”

他的话音刚落，我发现那些人的脸都开始发生变化，他们变成了他们死之前的样子。而小柯，对！那个小柯，她始终站在门口，因为太暗了，我看不清她的表情。

我犹豫了一下，还是开口问道:“其实，你才是导演。”

小柯笑了笑，说:“否则我怎么能够告诉你们小绵的死法和时间呢?”

白翌插嘴道:“你杀了他们?”

小柯摇头道:“是他们自己选择这样的死亡方式的，我只是一个导演，安排他们的顺序罢了。”

她向我们走了过来，我愕然发现这个小柯居然整张脸都腐烂了，她的下颌已经烂穿了，根本看不出是原来那个可爱的小女生。

她凸着一个眼珠子说:“我们都是在网上认识的。他们说要找刺激，我就答应他们的要求，让他们自己选择自己的死法，然后由我来进行安排，送他们上路……”

说完，她抬起了头，那么近的距离，那种腐臭的尸体味道直接冲入我的鼻腔，我差一点儿就要吐了出来。她笑着说:“接下来就是你们了，第一幕高楼，第二幕雨夜，第三幕浴室，第四幕篮圈……接着就是你们了。你们要怎么死呢?”

白翌把我拉到身边，他看着小柯说:“我们不想死，也没有答应做你的演员。”

小柯摇着脑袋，她一晃就把腐烂的肉甩了出来。她笑着说:“没用的，既然来了为什么不参加呢?你看他们玩得多开心啊。”

我回头一看，发现那些已经死掉的人像动物一样不停地爬动着，他们嘴里不停地念着自己的死亡剧本，我和白翌被夹在当中，退无可退。

白翌拉住我的手，小柯像青蛙一样跳了过来，白翌猛地移动了身体，她扑了一个空，白翌拽住我说:“快跑！”

我们飞快地离开了房间，不停地往前跑，但是此时酒店就像一个迷宫一样，无论我们如何转弯都没有出口，蓝色的地毯就像一个无尽头的通道，我们也不知道会走到哪里。而在我们的身后，那个怪东西还跟着。

我拉着白翌说:“那到底是什么鬼东西?鬼吗?”

白翌喘着气说:“八成是，她应该是第一个死掉的，然后其他人以为她是网

友，在网上制定了这样一个脑残的游戏，最后被这东西害死了。”

我皱着眉说：“那……那个小绵干吗不逃走？我想小绵应该已经被她控制了，她现在的目的就是要把我们这两个局外人也弄死。”

我喘着气，扶着膝盖说：“跑，跑不动了。想办法吧……实在出不去啊。”

而身后那种沉闷的脚步声越来越近，小柯的笑声也越来越毛骨悚然。

白翌看着地毯，又看了看门，他说：“这栋楼只有这一排客房，没有什么北大楼，也没有什么南大楼。”

我扶着额头，因为一个晚上没有睡觉，还那么拼命地奔跑，我的神经和体力都到了临界点。我扶着墙壁说：“这到底是怎么回事？还有，我们又没有什么死亡剧本，她怎么杀我们呢？”

忽然一个转身，那个小柯居然已经来到我的身后，她一把抓住了我的脖子，我奋力地挣扎，但是她的手就像钢爪一样掐着我，我感觉脖子都要被她掐断了。

我艰难地喊道：“老白，快跑啊……”

但是白翌根本没有办法跑，此时那些死去的演员都冲着他爬了过来，眼神就像狼看到了猎物一样。

那个小柯说：“死吧，死了剧情就完整了……你们就可以和我们一样了。”

我拉住她的手，但是她的手上都是腐烂的肉，我几乎抠掉了她手臂上所有的肉，但那骨头就像是钢做的一样。

我感觉两只眼睛越来越看不清前方，白翌几乎已经被那四个怪物包围了。我觉得我们要完了，死在这里，死在一家莫名其妙的酒店？这一切都不是真的吧？

我大脑中不停地回想这一切：白翌不祥的预感，那鬼魅般的手机，还有这家酒店……

忽然，远处传来了开门的声音，那刺耳的声音让我为之一振，我疯狂地扭开那怪物的手，就在最后一瞬间我终于脱离了它，白翌也终于摆脱了那四个怪物。我们喘着气点了点头，只用了一秒钟的时间确认对方是否没事，白翌拉着我的手说：“继续，不要停，往有声音的地方跑，快跑！”

我和白翌几乎是一路摔一路跑，忽然，我们终于发现有一扇打开的房门，我们急促地往那个房门冲过去。我们一进门就关上大门，几乎下一秒，我就听到了门口那怪物的吼叫声和指甲抓门的刺耳声音。

我和白翌上气不接下气，他抹了一把脸说：“我就猜到会是这样的结果……”

我说：“你要真的那么有先见之明，我们现在也不会被困。”

白翌拉着我走进房间，这里居然还是我们的那间屋子，那口古怪的枯井，还有两瓶白翌晚上买来还没来得及喝的酒，以及我们的行李。忽然白翌一顿，停住了脚步，我说：“怎么了？”

白翌指着床上说：“看来我们还没脱

险……”

床上居然躺着四具像尸体一样的东西，他们被白色的床单覆盖，看上去就像停尸间里的尸体一样。

我和白翌连连后退，我说：“怎么会这样……”

就在此时，窗玻璃外面突然出现了一张腐烂的人脸，那是小柯的脸！她疯狂地朝着我们笑着、吼着。

而我发现白翌也发出了古怪的笑声，那四具尸体开始剧烈地抖动。我大脑所有的思考都无法再继续，恐惧占满了我所有的思维。我无法思考，也没有办法逃，因为白翌也开始不正常了，我不能丢下他，哪怕和他一起去死。

我闭上眼睛，等待着接下去的事情……

忽然我又听到了一声古怪的咕咚声，就像是净水器的声音，随后房间开始剧烈地摇动，越来越剧烈，直到我睁开眼睛。

白翌的脸出现在我的面前，我惊恐地看着他。他看上去除了有些担心以外，并没有什么不对劲，他拍着我的脸颊说：“小安，你怎么了？”

我看了看四周，发现我依然在客车上，那咕咚的声音其实就是汽车所发出的声音。我擦着额头上的冷汗说：“我做了一个噩梦，太真实了……我以为我们都要死了。”

白翌递给我一瓶矿泉水，他说：“我猜也是，你不停地说着梦话，看上去还很难受。昨天，咳咳，没让你睡好吗？”

我咽下矿泉水，冰冷的水流到胃里让我觉得浑身冰冷，我的手还有些麻木。我说：“不，我只是做了一个非常诡异的噩梦而已。”

白翌问道：“梦到什么？”

我看着他说：“一只鬼，她骗了四个大学生去拍所谓的死亡短片，最后大学生一个一个都死了，那个鬼要作为围观者的我们也死……”我捂着额头说，“还有那家该死的酒店……太可怕了，那酒店叫什么……半月湾……对，是叫那个名字。”

白翌拍了拍我的肩膀，捏了捏我的手说：“你估计太累了，这样的梦很多人都做过。这不稀奇，休息一下，我们很快就要到站了。”

我舔着嘴唇，觉得还是口渴，我喝了一口水说：“好的，可能是有点儿累了……”

白翌担心地看了看我，我笑着说没事。

接着，客车导游喊道：“各位旅客注意了，我们即将到达目的地，各位请把所有行李都检查一下。”

我们下车后，六子已经在等我们了，他朝我们挥了挥手，高兴地说：“哎，终于来了！这次是公费旅游，我可是非常大方的啊。哥们儿尽管玩，费用算我的。”

说完，他拦了一辆出租说：“走！去酒店，然后洗个桑拿什么的，再好好大吃一顿野味。这一次我可是谈了一笔大生意啊。哈哈。”

六子的笑声终于让我从那恐怖而真实的梦中走了出来，我笑着说:“你说的，那我可就不客气了。”

六子阔绰地摆了摆手，笑着说:“小意思。”

我们坐上出租，然后来到了酒店。六子说:“我去给你们登记，老白，一间房对吗？”

白翌点了点头说:“明知故问。”

六子笑着往登记处走，就在此时从里面走出了一群人。当看到他们的时候，我整个人就像浸入了冰水中一样，那种恐怖眩晕的感觉又涌了上来。

“小绵，你说你在网上认识了一个很厉害的编导？”

“是啊，我叫她小柯，她非常厉害，她说要给我们安排一部绝无仅有的短片，肯定给力。”

“真的？太好了，我就喜欢那种感觉！”

“对了，你们要先想好自己在片子中的死法，然后发到这个手机号码里面。还有，小柯说她给我们选了一家酒店作为拍摄场地。”

“什么酒店？”

“半月湾酒店。”

我猛地回头，发现那个女孩正好抬头看着我，她的笑容让我感觉非常的不舒服。随后他们就一股脑地走了出去，我不知道为什么也跑了出去。在那里，我看到了那个穿着黑色夹克的中年男人，他朝着那些学生招了招手。在他的身边，停着一辆又破又脏的普桑。

远远的，我听见中年男人笑着说:“要去半月湾酒店，对吗？” 悬疑志

作者的话：

Hello，我又来了……

《酒店》这篇文章，我首先得谢谢我那一群玩COS的朋友，是他们给了我灵感，其次要感谢的是黄山温泉的那次旅游，那天我住的宾馆跟小说里写的那种感觉很像，而且我的房间里也正好有一张看上去有些奇怪的枯井照片。因为这些，我萌生了写一个关于拍短片、连续死亡、悬疑以及关于记忆循环的故事。就这样子，《酒店》诞生啦！

Tong Tian Mi Ma

通天密码

文/漆雕醒　图/辰轩

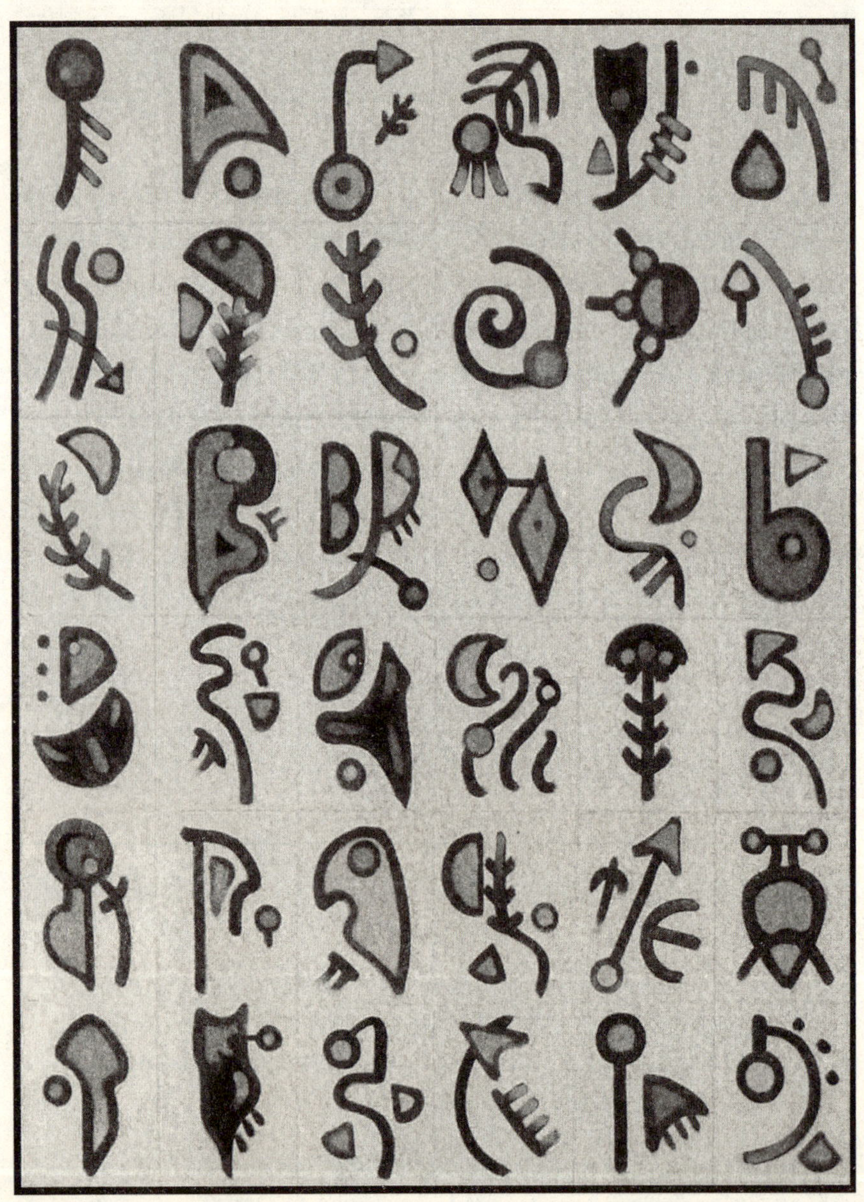

1

我躺在床上，一动也不动，把自己当做死物，把一屋子的黑暗当做棺材。

天花板左侧上方安装着一个具有红外线功能的摄像头，此时它正居高临下地俯视着我的一举一动。

空气里弥漫着盐酸氯丙嗪的味道。

精神病院特有的味道。

今天是八月十四日，阴历七月十五。

在传说中，这一日是所有被释出放风的鬼魂在人世间的最后一日，窗外依稀传来细雨敲打地面的声音，像是无数冤魂在不甘地饮泣。

还没到晚上九点，病房门已经锁上，房内的灯已经被熄灭，数双皮鞋在门外焦虑地走来走去——今夜的守卫翻了一倍。

这一番如临大敌与传说中的鬼节没有任何关系。事实上，每逢阴历十五月圆之日，都是精神病院的“一级戒备日”。美国精神病学家利伯在《月球作用——生物潮与人的情绪》解释说：人体内约有80％是液体，而月球引力也能像引起海洋潮汐那样对人体中的液体发生作用。满月时，人的头部和胸部的电位差比较大，因此容易引起激动和亢奋。调查表明，精神病人的暴力倾向和爆发性行为在月圆之时会激增。

事实上，英语里表示“疯狂”的“lunatic”一词索性就是从“lunar”——“月亮”这个词根衍生出来的……

今夜有雨，无月。不，应该说只是我们看不见它，正如这世界上的大多数事情一样——看不见，并不代表它不存在。

我没有丝毫困意，并非今夜注射的镇静剂对我不起作用，这多亏我的搭档“战车”，他在三个月前应征做了这家精神病院的护工，所以有机会换掉我的药。

是的，我不是精神病人，我混入精神病院，其实是为了执行一项特别任务。

我叫做沐离，代号“木蝎子”，和“战车”同属于一个名为秘录社的组织。秘录社简称 SFO，是秘密记录隐秘事件或真相的专门机构，每一个记录员都必须经过严苛的考核和魔鬼式的培训才会被聘用。直到现在我想起当年初进社时候的情景都会头皮发麻。

其实我从来没想到自己能被秘录社录取，因为在考核时，我的智力测试和体能测试都只是勉强及格，而其他成员无一例外全都是胸前挂满了“优”的家伙，其中有些人更是身怀绝技。

据我所知，有顶级黑客、射击冠军、潜水高手……原本我还自我感觉良好，觉得自己发表了些短篇小说，也算是小有名气了，可是跳出自己的那个小圈子，跟这些人一比——仰视到自己的后脖子发酸，真应了那句古话：天外有天，人外有人。

战车对此的解释是四个字：漏网之鱼。

“真不知道他们看上你什么了？写小说？网上十个有八个都说自己是写小说的！……算了，看在你还算有自知之明，懂得勤能补拙这个道理的份儿上，将就凑合吧。”

战车在我面前永远是一副居高临下、颐指气使的模样，与其说我是他的搭档，不如说我是他的跟班、秘书外加女佣。

当然，他确实有骄傲的资本，除了对祖传的风水堪舆术炉火纯青之外，他还是麻省理工学院的化学和病理学双硕士，擅长搏击，精通四国外语——可惜如此一个极品男子，却一点儿绅士风度都没有，指使我做粗活重活的时候绝没有半分怜香惜玉，说话也是直来直去，从不考虑人家幼小脆弱的心灵。

职场上有句流行的话：你工资中至少有一半是用来补偿你在老板处所受的气。

不管怎么样，这是一个十分难得的工作，而且我也很喜欢这与众不同的生活体验，既然如此，那就不能因为别人的刁难就轻言放弃。

“嗷——”

隐隐约约的，类似狼嗥的声音从气窗孔里飘了进来。

一声、两声、三声……此起彼伏。

我打了个寒战，这里并不是郊外，发出这些怪声的其实都是住在这里的病人——真是奇怪，自然界有那么多野兽的声音，为什么他们都不约而同地选择了狼嗥这种音调呢？在国外，有“狼人”的传说，这种怪物平时从外表看与常人并无不同，但一到月圆之夜就会变身，失去理智，狂暴嗜杀。难不成，这月圆、狼和人的大脑真有着某种神秘的联系？

正胡思乱想着，只听见外面“啪”的一声，门下缝隙的光亮消失了，紧接着是一些慌乱的脚步聚到一起。

我立刻从床上跳起来，贴耳到门板。

保安们正在小声嘀咕着。

“怎么停电了？”

“备用电也不行吗？”

“这些病人都怎么了？不是都打了针了吗？！”

“我觉得心慌慌的，今晚会不会出事啊？！这日子本来就邪门，现在是邪上加邪嘛！”

“各位，三楼出事了，上面说让我们全部都上去，有几个病人在发狂撞门，”一个声音插入这群人中，我听出那正是战车，“我们要协助护士再给他们打针。”

“妈的，真是倒霉催的！”

保安们陆陆续续地离开了。

“咔！”我听见房门发出了一声脆响。

扭动门把手，门隙开了一道缝。

走廊上已经空无一人。

计划的第一步成功了。战车负责制造混乱，而我则负责趁乱进入201号病房。

在201号病房里，住着一个特殊的病人。

此人名叫袁洛罡，三十四岁，四川遂宁人，建筑工地的包工头，于今年四月突然发病。他的症状十分特殊，在一次生病发高烧之后，竟然不会说汉语了，而改说一种谁也听不懂的语言。

接着他便开始不眠不休地作画，若是有人阻止他，他便会发狂、打人甚至拔刀砍人，若无人理他，他便会十几二十几小时不吃不喝直到虚脱晕倒。其妻把他送到医院就诊，但是精神科的大夫和学者谁也无法解释这种现象，各项检查指标都正常，而各种抑制妄想狂躁的精神科用药都无济于事。由于袁洛罡有药物无法缓解的暴力倾向，心理疏导也无法进行（因为他说的话根本没有人能听懂），最后他的家人不得不把他送入精神病院。

之前有人曾偷偷拍下了袁洛罡的画，并将照片发布到了网上——秘录社里的文字专家发现其中有五个文字样图纹与秘录社最近从英国拍卖会上以天价购得的一尊神像上的文字有九成相似，五个字中有两个字与神像上的文字一模一样，都属于一种全新的象形文字体系。

这件神像经同位素测定年份证明是1600百年前的产物，高30厘米，重6.8公斤。造型十分特别，双脚盘坐，有四只手三只眼，两只手在胸前合十，两只手在头顶做飞天舞姿，双目紧闭，眉心有一眼独睁，背面则刻满了各种象形文字。此物的原主人是英国一个探险家的后裔，其祖曾于30年代到过中国敦煌，当时的敦煌有大量文物因偷盗抢劫而流失到国外，可以想象这神像必然也是其中的一件。

秘录社的专家经过研究认为，这尊神像与敦煌消失的楼兰文明有着千丝万缕的联系，一直苦于无法破译神像后背的象形文字。

现在，居然有一个现代人写出了同样的文字，自然是要探个究竟的。

我蹲下身，伸手在左边的墙侧摸到一个小小的圆筒形金属物——这是秘录社为成员特制的微型多功能设备，有照明、摄像、拍照、录音、投影、通信和定位等功能，相当于数码设备中的“瑞士军刀”。作为“精神病人”，我是不能拥有私人物品的，因此只好由战车临时把它放在我们约定好的地方。

我站起身，忽然觉得不对劲，头晕得厉害，心跳的频率也变得十分混乱，难道是旧病复发？不会的，我摇摇头，肿瘤在十年前就被切除了，上周才做过体检，没有复发的迹象啊！

也许是贫血，或者思虑过度？抑或是心肌缺血？植物性神经功能紊乱？或者是……

不，不管怎么样，现在不是时候，我必须挺住，不能被人看扁。

我咬紧牙关，艰难地挪出了第一步。

201 号房就在我的房门左侧三十二步处，每天我都会趁着放风的时候步测，为的就是在黑暗中能够准确到达目的地。为了不引起注意，我绝不能在走廊上使用电筒或任何光源。

我扶着墙壁，每一步都像是走在棉花堆里，身体似乎随时会倒下去，好在三十二并不是一个遥不可及的数字。

终于到了。

我抹了抹一头的冷汗，拉了拉门把手，房门纹丝不动，这说明战车并没有弄到201 号房的钥匙。这并非战车无能，201 号房的钥匙是由院长亲自保管的，一般人是不可能拿到的。

这也是十分蹊跷的一点，自被送入精神病院之后，袁洛罡就一直被禁闭在201 室，不像其他病人一样每日有放风的机会，而最古怪的，院方竟然禁止任何人探视这个病人——包括袁洛罡的家人，而且任何人情和关系都没用。如果不是这样，秘录社也不必让我们采用这种极端的方式来与袁洛罡见面了。

我拿出战车为我准备的金属筒，从里面抽出一根带钩的铁丝，插入锁孔。开锁技能是秘录社的首要培训课程——百分之九十九的秘密都被藏在锁的后面。虽然我的考核成绩只是B，但应付眼前这门锁也算是绰绰有余了，三分钟后，我顺利进入201 室。

关上门，我按下手里金属筒上的照明键，一道小小的手电光束窜了出来，我扫视后发现袁洛罡被特制的病服固定在床上——此刻，他的眼睛竟然是睁着的！听见我走近，他的眼神立刻凌厉地落到了我的身上。

“你是谁？”他问。

我吃了一惊，不是说他已经不会说汉语了吗？情报难道有误？

从他的问话来看，他似乎并不完全

是失去神志的。

“我见过你的画，我想知道那些画是什么意思……”既然已经来了，那就得把任务继续下去，我咬咬牙，又按下金属筒上的录音键，现在我全身都开始隐隐作痛了，“我想知道，你为什么会画这些画？你能告诉我吗？”

袁洛罡的情绪激动起来，开始在那病服里乱扭乱动：“你到底是谁？！谁让你来的？”

我摁住袁洛罡的肩膀，阻止他继续做出大的动静：“嘘——你安静一点儿，我是谁并不重要，我不想伤害你，我只是想知道那些画……你为什么要画那些画，那些图案有什么特别的意义吗？”

“哈！哈！”袁洛罡大笑了起来，“哈哈哈……”

“别笑，他们进来会给你打针的！”我一面紧张地捂住他的嘴，一面又紧张地看看身后的那道门。不知道它是否隔音。真是的，我怎么能奢望自己跟一个疯子交流无障碍？

袁洛罡止住了笑，嘴里发出含糊的声音：“我等你很久了。”

我愣住了，松开手：“你说什么？”

“桌子上。”袁洛罡平静地说，“把桌子上的画拿过来。”

他眼神所指处的确有一张桌子，放着一沓绘了图的白纸，还有几支铅笔。

奇怪，为了防止意外，精神病人的病房里是不应该有这些东西的。而且，据我所知，对付这种过分痴迷于某件事情甚至有了强迫行为的病人，一般来讲会采用隔离疗法或厌恶疗法——不让其接触那种事物或者刻意制造环境让其对强迫行为产生恐惧感或厌恶感，可是这里怎么会反其道而行之，还给他提供纸笔让其作画？

这还是我第一次见到袁洛罡的绘画实物，其实光是照片已经让我震撼过一次了。现在这些完整的画图简直让我目瞪口呆。不能用杰作或是佳作来形容它们，因为它们肯定不能被归为艺术品的范畴，但是它们带给人的感官冲击力丝毫不亚于任何一幅大师级的作品。那些可以被称为古怪的文字和符号，那些细致古朴的图纹，如此精巧而和谐地组合在一起，让人顿生浩瀚神秘之感。

有那么一刹那，我觉得自己就像是一个俯视天下的神灵，这一切就是世界万物的缩影和象征……我再一次心跳加速，呼吸急促——这一次并非出于病态。我拿起了手里的金属筒，开始拍照，我的双手在情不自禁地颤抖，这使得我得不断暂停下来稳定情绪……

“拿过来！”袁洛罡失去了耐性，他开始大喊。

我连忙拿起那沓画纸走到袁洛罡的旁边，让画进入他的视线。

“左边，最下角，那两个字。”他说

道，我按照指示看过去，很快就发现了他所说的文字——正是那种古怪的象形文字！

“Si Huo！”他说道。

“Si Huo？”我重复着这两个音节，“是这两个字吗？第一个字读Si，第二个字读Huo？什么意思？”

“对！Si Huo！”他焦急地点着头说道，“你要去这个地方！”

我一头雾水：“Si Huo是个地名？汉语怎么写？在哪个省哪个市？”

袁洛罡没有回答我，他压低了声音：“带着佛手去！”

“什么佛手？”我更加迷惑了，怎么又钻出来一个佛手？这精神病人的跳跃性思维，我还真是没办法找到规律。

“低下头来，我贴着你耳朵说。”他说。

我小心翼翼地把耳朵贴近他的嘴。

“佛手在我老家，屋后老榆树下面……睡觉的时候把它放在枕头下，它会告诉你去哪里……”袁洛罡耳语着。

“那佛手什么样子？你老家在哪里啊？”

袁洛罡没有回答，他直愣愣地看着我的身后。我转过头，一个秃顶的，戴着眼镜的中年男人赫然站在我的背后！

——这张脸并不陌生，他正是这家医院的院长罗德新！

“4053号，陈美娟？”他狞笑着，“你到底是谁？！你来干什么？”

病房门依然是关着的，这说明他一直都在房间里面。我真是太粗心了，居然一直没发现！我本能地寻找着他之前的藏身之地，唔，只有床下有可能，他一定是在听到我开锁的时候躲进去的！

罗德新一把掐住了我的脖子，把我抵在墙上：“他刚才都跟你说了什么？”

哦——呜——哦——呜——

忽然，警报声大作。

这说明精神病院里发生了紧急事件！

趁着对手愣神的一瞬间，我用尽全力踢出一脚，罗德新痛苦地俯下了身子，我夺门而逃。这时走廊外的灯已经都重新亮了起来，但是电压明显不稳定，灯光忽明忽暗地闪烁着。

奔到楼道口，我停了下来，只见一个瘦小的男人正四肢着地匍匐着，目露凶光地瞪着我，他不断用鼻子喷着气，像极了一头蓄势待发的猛兽！

现在本应该是战车在这里接应我，怎么会变成了一个发狂的病人？

战车不是那种做事没有分寸的人，我们商量过，制造混乱只是为了吸引保安的注意力，不会做任何带来危险的举动，可是现在怎么会这样？

已经容不得我多想了，趴在地上的男子后脚一蹬，嘴里发出一声狼嗥，便朝我扑了过来。我怎么也没想到他竟然有如此惊人的弹跳力，一跃便到了我的跟前，我吓得连连退步。

哼!

一声冷哼从背后冒出来。

我忘了自己还有一个敌人!

背上传来一阵剧烈的麻痛，然后意识就像跳闸的开关一样，“啪”地关上了……

2

我睁开眼。

一只矿泉水瓶正递到我的嘴边，我贪婪地喝了一口，又是一口……理智渐渐归位，我这才意识到自己不能动弹——手脚都被五花大绑着，我的身体正在一辆车的后备厢里。

面前给我喂水的是一张陌生的面孔。

二十七八岁的年纪，扑克牌K的方形脸，左眉角一道三厘米左右长度的刀疤，他忽然把瓶子从我的嘴边移开，脸上露出一丝坏笑。

“……想吃想喝很简单，乖乖地回答我的问题。告诉我，袁洛罡到底跟你说了什么?”

他怎么会知道我见过袁洛罡?他当时一定也在精神病院，如果疯人不是战车放出来的，那么很有可能就是这家伙，看来并不只是我们挑中了七月十五……他的目的是什么?战车没有出现，就很可能是出了意外!

“你把他怎么了?!”

“他?哪个他?”被问者眉头一挑，“唔，你肯定不是罗德新的人，那就是那家伙的同伙了?不错，没有别人的配合，你怎么能跑出来?……”

他果然见过战车!我心下一沉，虽然那家伙是很讨厌，可我也绝不希望他出事。

“担心了吧?”扑克脸嘿嘿阴笑着。

“他怎么样了?!”

“我不知道。”扑克脸耸耸肩，“就算是换了我和几个疯子关在一间屋子里，我也不知道自己会怎么样……”

“你!”我挣扎着，想不到这家伙竟然如此阴毒!

“好了!”一记耳光毫不客气地掴了过来，“现在你自身难保，说，袁洛罡到底跟你说了什么?”

“我听不懂他说的话。”我撒着谎。

第二记耳光火辣辣地上脸了。

扑克脸从怀里掏出手机，打开一个视频，视频里正是我和病床上的袁洛罡在对话。

袁洛罡:……

我:我见过你的画，我想知道那些画是什么意思……

袁洛罡:……

我:……我是谁并不重要，我不想伤害你……

……

我睁大双眼，视频里的袁洛罡说的根本不是汉语！而是一种古里古怪的语言，像是俄语又像是闽南语，或者更准确地说，是两种或者三四种语言的混合体。最让我吃惊的是，我竟然在和他对话！

可我当时明明听到他在说汉语啊！

这究竟是怎么回事？！

视频的拍摄角度是从下而上的，那么拍摄者应该是藏在床下的罗德新，这手机多半是后者的，那怎么会到了这家伙手里呢？

一个念头闪过去，我打了个寒战。

“翻译出来！”扑克脸逼近我，“你们说的佛手是什么东西，他是不是告诉你那佛手藏在哪儿了？说！”

我喘息着，我什么都不能说——秘录社第一条戒律就是保密。

我的沉默终于彻底激怒了对方，他的语气忽然变得异常平静，但我知道那平静是暴风雨来临的前兆。

“我会有办法让你开口的，我保证到时候你会后悔的。”

他拿出一把枪在我面前晃了晃。

后备厢被关上了，车子开始行驶，大概一小时之后，车子停了下来。由于那家伙使用了很特别的捆绑方法，我根本无法解开，而且这狡猾的家伙只让我吃了一块巧克力，热量可以让我保持意识清醒，但没力量弄出任何动静。

毒蛇！我狠狠地暗骂着。

又过了大概一小时，我被毒蛇抱出了后备厢，扫视四周，我发现天色已经入夜，而停车的地方是一处乡村宅院，附近没有别的人家。

毒蛇抱着我走进了堂屋，把我扔在了地上。

我的面前坐着四个人。

两个老人、一个女人和一个小孩。每个人都和我一样被五花大绑着，嘴里塞着东西，脸上全是惊恐。

房里很乱，显然是被翻了个底朝天。

“这儿就是袁洛罡的家，他们就是袁洛罡的家人，”毒蛇狞笑着，“告诉我，那东西到底在哪儿？”

毒蛇的枪在四人头上晃来晃去。

卑鄙的家伙，竟然用这些无辜者的性命来威胁我！

我硬着头皮说：“他们又不是我的家人！”

对方毒蛇一样地笑了：“你醒过来问的第一个问题就是你搭档的安危，按照我的经验，你这样的人绝对不会见死不救。”

是的，他们不是我的家人，可是那并不代表他们的死对我来说没有任何意义。如果他们真因我而死，那我下半辈子都会生活在痛苦和内疚之中。

我瞪着那条毒蛇：“可我怎么能相信

你得到那东西之后不会食言？”

“你只能相信。我只想要那东西，东西到手我马上离开，”毒蛇拿出一个圆形的小东西，“这是个定时警报器，我走之后半小时它就会响，到时候就有人来救你们，告诉你一个秘密：我只有在很生气的时候才会杀人——不过，我现在已经有一点儿生气了。”

已经没有选择的余地了，我咬咬牙道：“在老榆树下面。”

毒蛇立刻走了出去，很快屋后的院子里便传来了挖掘的声音，大约十分钟后，毒蛇便捧着一只黄色的小木匣子回到了屋内。

他小心翼翼地拂去匣子上的泥土，用一根铁丝轻巧地撬开了匣子上的将军锁，匣子打开了，一只四五厘米大小的手状物被拿了出来。准确地说，是一双手比出的一个手势：两只手的拇指与食指分别相抵呈心形，其他手指自然伸开，掌心向外。

我曾在一本资料上见过这个手势，属于佛教密宗的一种手印，结手印是一种修行法，即通过两手十指相互交叉结成不同的形状，并配合想象意念形成的修行法。

密宗手印的种类可谓数以千计，每种都有特殊的含义和作用。眼下的这一个可以说大有来历，属于东密九字真言印中的“在”字印，又称为日轮印，代表五元素的控制，意思是能自由自在地使用超能力，使万物均为平齐，其对应的咒语是大日如来心咒。

如此，袁洛罡把此物称为“佛手”倒是十分贴切。

只见那佛手明显是由一整块黄水晶雕成的，那水晶通体透明，隐带黄光，十分罕见的上乘质地。雕工更是精绝，活灵活现，虽只有一双手，却似乎已见到了宝相庄严的全像。毒蛇痴看了佛手几分钟，深吸了一口气，把它小心翼翼地放回匣子，又把匣子放进他的腰包里。

接下来，毒蛇将圆形警报器拿出放在桌上。

“一小时以后警报器会响，”他向我走过来，拿出一支注射器，将里面的液体推入我胳膊上的静脉，“但我没说放了你。”

3

再一次醒过来的时候，我发现自己坐在汽车的副驾驶座位上，毒蛇开的车已经换成了一辆小卡车。

我试着移动了一下身体，发现自己的手脚都沉甸甸的，抬不起来。

毒蛇冷笑：“你放心，只是暂时瘫痪，等事情办完之后，我保证你会活蹦乱跳的，但是如果你耍花招，我就不敢保证了，这种药是我自己配制的，可不是什么专家都懂得解的。哦，顺便说一声，你的新陈代谢功能也会减慢，所以不必担心不方便的事情。”

我明白了他的意思，脸上不由得一阵阵作烫，估计已经全红了。我气恼地转过头去，车子行驶在盘山公路上，夕阳已在另一座山头落了半，几个彝族打扮的人正贴着路边走着。

毒蛇把车停了下来，他探出头，对着那几个彝族人喊了一句话——不是汉语，应该是彝语，因为那几个彝族人立刻用同样的语言回应他，并且极其热情地比画着手势，似乎是在指路，但他们的话我一个字都听不懂。突然，一个反复出现的音节引起了我的注意：

“SI——HUO——”

我睁大了眼睛——不远处有一块路牌，只见上面写着：美姑县。

美姑县，SI——HUO——天哪，我真笨，居然没想到那个地方！

四川乐山峨边彝族自治县黑竹沟。

黑竹沟，又被称为“中国百慕大”，同样位于神秘的北纬 30° 区。科学家考证后发现此地的磁场十分异常，在这个磁场带里，时钟会停滞不前，指南针、罗盘无法准确运作，手机信号也会消失。20 世纪 70 年代，黑竹沟曾发生多起神秘失踪事件，当地彝民谈虎色变，便把黑竹沟称为“斯豁”，意为死亡之谷。

我仔细回忆着当时的那张图，图里的山川地貌不正是峨边的缩影吗？

那毒蛇虽然听不懂袁洛罡的话，但是听懂了“SI——HUO——”这个音节的意思。我侧眼打量着他：高高的鼻子，黝黑的肌肤……我早该想到的！

“喂！你是彝族人？”

毒蛇的嘴角不置可否地抽动了一下，算是默认了。

4

夜幕渐渐降下，黑暗笼罩四野。

毒蛇把车停下，选了一处空地，搭起了简易帐篷。

毒蛇痴魔一般地抚摸着佛手，神情十分恍惚：“这东西怎么用？”

我别过头：“不知道，他没说。”

袁洛罡说睡觉时把佛手放在枕头底下，它就会带人去一个地方。这是什么意思？难道那东西还能给人托梦不成？

“你到底为了什么？”我忍不住问道，反正人为刀俎，我为鱼肉，不管他能不能得到他所要的，我都凶多吉少，要死也得做个明白鬼啊！

毒蛇正在发呆，突然听到我的声音，身体不由得一颤。

他转过脸看着我，我吃了一惊，因为此刻在那张脸上的并不是凶恶，而是悲伤，一种极深的悲伤。

“为了我阿爸。”让我没想到的是，他竟然真的回答了，“他在我六岁那年离开的，到现在已经二十二年了，我再也没见过他……他也有一个佛手，不过不是黄色的，是紫色的，手势也不一样……”毒蛇比画了一个手势。

我立马认出来，那也是九字真言手印中的一个——“皆”字印，又称为外敷印，代表操纵人心的能力。

“他和那个袁洛罡一样，生了一场大病，之后就全变了，说别人听不懂的话，写别人认不出的字，”毒蛇一面说着，一面从怀里掏出一张小心叠着的纸，展开来，上面赫然满满地写着那种奇怪的象形文字，“他在写完这些字之后就不见了，我们怎么都找不到他，我阿妈是念着我阿爸的名字去世的……我们原本是寨子里最尊贵的祭司家族，他这一走，大家都说他抛弃了天神，跟着魔神走了，所有人都离我们远远的……我想这些东西一定与他去的地方有关，一定是这里，斯豁，是不是？你能听懂袁洛罡说的话，也一定能看懂这些字，对不对？你帮帮我，好不好？”

“对不起，我真的看不懂，我也不知道为什么当时我能听懂袁洛罡的话，我自己都觉得奇怪……”

我的语气软到连我自己都觉得诧异，这一瞬间我几乎都要忘了他是一个危险分子，要告诉他把佛手放在枕头下吗？不，不，这是斯德哥尔摩综合征，我对自己说，不能心软，虽然他是为了找父亲，可是手段极端，心术不正——即便没有秘录社的规定，也不能冒险。

毒蛇失望地咬了咬牙：“早知道该把姓袁的一起弄出来，你做他的翻译……”

我打了个寒战。

他一定是因为太早失去父亲，童年生活艰苦，童年阴影作祟才会导致现在这样的偏激性格。

长时间的沉默之后，毒蛇开始打盹，他靠在睡袋卷上闭上了眼睛，佛手被他紧紧地握在手心。

真是极好的机会，可惜，我却一动也不能动，只能看着那家伙干瞪眼。

他为什么要留下我？唔，他说他父亲也说那种别人听不懂的语言，那么他是希望在找到父亲之后由我来做翻译了？

天！要是他一辈子找不到老爸，我岂不是要一辈子跟着这变态家伙？

正想得冷汗淋漓，毒蛇的眼睛突然睁开了。

他狰狞地看了我一眼，那神情可怖得让我忍不住尖叫起来。

“哈哈哈……”毒蛇开始歇斯底里地大笑。笑完，他跳起来，把佛手重新装好，又将我拦腰抱起，扔进卡车的副驾驶座，连帐篷也不收，就发动了汽车。

“要去哪儿？”

毒蛇没有理我，他直直地看着前方，嘴里不断地喃喃着：

“一千米，左转……两千米，左转……”

车速极快，山路本来就坎坷，我的五脏六腑都快被颠出来了，车子终于在一个山谷口停了下来。

我喘着气，庆幸自己还活着，可这庆幸并没有持续下去，毒蛇拉开车门，将我抱了出来，径直往谷内走去。周围全是密林，空气里弥漫着野兽的臊臭气。

“喂，你到底要去哪儿？”我听见自己的声音在发抖，不仅仅是因为这密林里充满了令人生畏的危险，更因为此刻毒蛇脸上的表情，他的脸部肌肉一直在不自觉地抽动着，这让他的表情看上去格外狰狞。

“嗷——呜——”

几声狼嗥忽然窜了出来。

我扭过头，魂魄惊得几乎要从洞开的毛孔里冲出去，一大片绿幽幽的荧光——小小的，椭圆形的。

全是狼眼！

狼的杀气近在咫尺。

这是世界上最强悍的捕食者之一。

“枪！”我大叫，那是现在唯一的生机。

毒蛇置若罔闻，竟然继续朝前走去。

“那姆，罗卡得那姆，多罗多罗那姆……”毒蛇忽然开口了，颇有节奏地大声说着我完全不懂的语言，“库卡德德安得拉，素库依拉……”

四周陡然安静了下来，嗒嗒嗒嗒，狼群忽然异动起来，眼前的一幕让我惊呆了：毒蛇在继续往前走，狼群竟然自动地走到两边，让出了一条路来！

这条路一直通到了二十米外的一座山壁前，我们面前出现了一个山洞。

毒蛇直直地往前走着，我突然有一种奇怪的感觉，同行的并不止我们二人，就在毒蛇的旁边，还有一个人，或者说似乎是一种力量，正是它在引导着毒蛇前进。

“它会告诉你去哪里。”袁洛罡说过这句话。

毒蛇在拿着那佛手睡着之前，还可以勉强算是正常，至少他的行为不会像现在这样让人匪夷所思，我的呼吸急促起来，此时毒蛇已经抱着我走进山洞里。

最开始的一段路是伸手不见五指的黑暗，走了两三百米之后，洞里渐渐出现了亮光。毒蛇抱着我缓步向亮光走了大概五十米，我们便进入了一个洞厅。

洞厅十分宽敞，左右及正前方都是十分光滑的水晶壁板，共有九块，五种颜色，十分标准的长方形，高度五六米，宽度差不多三米。黄色两块、紫色两块、白色三块、绿色和茶色各一块——那些亮光就是从这些水晶体上发出来的。

我震撼而困惑地看着眼前的情景，这一日我所经历的东西已经远远超出了我的知识范围和承受能力。

毒蛇走到了黄色的水晶壁前，放开了手，我被重重地摔到了地上。只见毒蛇从口袋里将佛手拿了出来，我这才发现水晶壁的正中有一小块凹陷——那凹纹正是佛手的形状！

我屏住了呼吸，佛手被放入了凹纹之中，两者嵌合处立刻出现了一道蓝色的光线。紧接着，黄水晶壁立刻出现了一排排暗色的文字，正是那种象形文字！

我的脑子里忽然有两个字炸开来：天书！

毒蛇仰头看着那些文字，居然喃喃地念出了声。

我张大了嘴，难道他像袁洛罡一样能看懂这种文字了?！就是因为他曾经握着那佛手睡觉的缘故吗?

“上面说的是什么？”我忍不住问。

毒蛇扭头看了我一眼，他的声音大了起来：“……一代不如一代，本应是万物之灵长，却时时邪念丛生，愚昧蒙心，以至于心垢越积越厚，将大智慧隔绝在外，心智无法开化，如守宝库而道穷者，甚为痛惜……”

毒蛇念到这里忽然停了下来，神情大变，他转头看了看紫水晶壁的方向，立刻奔了过去。我顺着望过去，发现那边的地面上竟横躺着一具骸骨！

毒蛇从尸体的脖子上拿起了一件似乎是草编的坠子。

“阿爸——”

毒蛇撕心裂肺地哭号着。

“嗷——呜呜——”

与此同时，外面的狼也此起彼伏地嗥叫了起来，声音十分焦躁。

毒蛇哭了几分钟，然后站了起来，回到黄水晶壁前，目光已经变得十分怨毒。

“若要恢复始祖之智，便要抛弃七情六欲，脱离肉身，重开七窍！”

念完这句话，毒蛇突然从怀里拔出了枪，对准了黄水晶壁：“去你妈的始祖之智，就是你们害死我阿爸的！就是你们把我阿爸夺走了！”

“不要！”我意识到他要做什么了，这家伙现在已经完全崩溃了！

“乒！”

毒蛇开了枪，整块黄水晶壁立刻碎裂开来，碎片哗啦一声喷射而出。毒蛇惨叫了一声，一块三角形的水晶碎片竟直直插入了他的腹部。

可是我连抱住头的力气都没有，脸上身上到处都是痛点。但是灾难还没有结束，水晶壁轰轰地作响，最上方的一块壁板摇摇欲坠，看上去起码有几百斤。

我绝望地闭上了眼，这一次看来是真的要玩儿完了。

5

忽然，我觉得自己的身体被人抱

住了，然后被那人带着连滚了几圈，刚停下来，那块巨大的水晶石便砸了下来——离我还不到半厘米！

“啊——”

趴在我身上的人惨叫了一声。

“战车？！”

战车呻吟着倒在了一边，他的肩膀被飞溅的水晶石扎穿了！

我又惊又喜，怎么都没想到他竟然会在最关键的时候出现，救了我一命……再仔细一观察，我马上发现他的伤处并不只肩膀，他身上的衣服都被撕烂了，腿上也在流着血。我想起了那群恶狼，他竟然闯过了那狼阵？

“你怎么知道我在这儿？”我哽咽起来，因为感动更因为感激。

战车呻吟了一声，白了我一眼：“你能不在这种时候问这种白痴问题吗？还不过来扶我？！”

我愧疚地看着他：“对不起，我被那家伙用了药，动不了……”

“真没用！”他勉强支撑着站了起来，走到了那块巨石落下的地方。

毒蛇的半截身子都被压在了巨石下，奄奄一息地喘着气：“我要去……去见我阿爸了……我要……问问他……为什么不要我们……我们……对……对他来说算什么……”

战车皱起了眉头：“你唧唧哇哇地说什么？能说人话吗？喂？你把解药放哪儿了？”

我怔住了。

“在……在左边的口袋里，蓝色标签的……”毒蛇说完，头一歪，不动了。

“喂？！”战车蹲下来拍拍他的脸，后者毫无反应。

战车的脸阴沉了下来：“他死了！”

不知道为什么，我忽然觉得鼻子一酸，眼泪竟流了下来。

“他杀了精神病院的院长，还有两个保卫，警方正在通缉他，如果没有死在这里，出去被抓住也会被枪毙。”战车一面说一面摸毒蛇的外衣口袋，首先掏出来的是我的多功能金属筒——原来竟被那家伙拿去了。

“就是这个啦。你忘了？这里面有GPS定位，真没想到这东西居然在黑竹沟都能起作用。”战车捣鼓了一下，眉头紧皱，“该死！怎么这会儿又不行了？通信器不起作用了！”

“解药在左边的口袋里，蓝色标签的。”我说道。

战车依言果然掏出一支针剂，愣了：“你怎么知道？你，能听懂他说话？”

我没吭声，战车便没有再问，他走过来给我打了一针，然后拿起金属筒，开始对着山洞内的水晶壁拍照摄影。

“真是意外的收获！”虽然伤势不轻，但战车十分兴奋，一面拍一面喋喋不休，“每个水晶壁上都有一个手印的凹陷，要是我们能找到其他七个佛手，就能让这些水晶壁都显出字来——可惜了，要是能把刚才那块有字的拍下来就好了，要是我能早进来一分钟就好了……哦，对了，你能听懂他说的话，那他有没有告诉你，那水晶壁上写的是什么？”

“这才是重点对吗？”我幽幽地吐了口气，“告诉我，那天晚上，你给我换的是什么药？”

战车尴尬地红了脸。

“那天晚上打了针之后我就很不对劲，很难受，”我说道，“这次任务很重要，可是如果听不懂袁洛罡的话，这次接触就没有任何意义。那天晚上我却听懂了袁洛罡的话，我想来想去，除了那支针剂，没有其他的解释。到了今天，你们不觉得应该给我一个解释吗？”

战车沉默了几分钟，然后点点头：“是，那支针药的确是秘录社为你特制的，它会让你的免疫系统功能降低，身体变得很虚弱。”

“为什么？！”我愤怒了。

“因为只有这样，你才有可能听懂袁洛罡的话，”战车说道，“还记不记得你刚进秘录社的时候，我们对你做了一次特别的听力测试？”

我点点头，那次测试确实很特别。我被关在一个小屋子里，戴上耳机，耳机发出噪声，而我必须从噪声中分辨出有用的信息并记录下来。

“你记录下来的东西跟别人不同，”战车看着我说道，“你听到的和感知到的东西比别人多得多。这么说吧，我们发现人脑实际上可以被称为一个接收器，它的构造其实可以接收很多不同的频率，但是现实生活中我们接收到的信息远远少于这个世界本来存在的信息。原因是，我们的免疫系统可以产生一个屏障，过滤掉很多信息，而人如果在生病的时候，免疫系统功能降低到一定程度，人脑就会变成一个可以接收大量信息的工具。中国的道教有一些关于成仙的传说，我们发现很多传说中都提到一点，就是这些人在成仙之前都得过大病，因大病而大悟。我们估计你的大脑之所以与众不同，与你十年前所得的那场病有关，那个脑瘤改变了你大脑的一些功能……”

我沉吟了一下，想起刚才毒蛇念出的那段文字：“你的意思是，人在大病的时候，会接收到某种特别的信息，而这信息与他们变异或成仙有着密切的关系？”

战车点点头：“成仙只是一种说法，其实我们一直觉得那可能只是物种的进化，人的潜能被开发到最大的一种状态。当然，并不是所有得了大病的人都能听到，就像收音机一样，只有特定的频道才能接收到特定的信息，那个点是固定的，而收音机本身的质量也会影响接收，因此会出现有些信息接收得很清楚，有些则充满杂音甚至接收不到的现象。总之，概率和买彩票差不多，可以说是万分之一甚至十万分之一。我们还研究过精神病人和癫痫病人，发现其中百分之三十的人的大脑由于器质性的病变或者激素的紊乱，它们所能接收的频率和信息都比常人多，有些人之所以会发狂，就是因为这些信息太过杂乱，以至于影响了大脑本身的功能……"

"而满月的时候，这种人群又容易受到生物潮的影响，我也是其中一个，所以你们刻意挑选了月圆的日子动手，"我咬咬牙，"这才是秘录社选择我的真正原因！你们为什么不明说？你们把我当做什么？你们看中的不是我的勤奋、我的敬业，我只是你们的实验品吗？！"

"对不起。"战车叹了口气，"我代表秘录社向你道歉，我们也不喜欢欺骗。可是，我们进行的多次实验表明，如果对你提前说出真相，那么你的意识就会不由自主地去关注这一点，念力会集中，而意识的念力是可以影响免疫系统功能的，反而会成为一种阻碍。这一次的任务实在太重要了，本来我们就没有把握你一定能听明白袁洛罡的话，如果再告诉你，那么成功的概率就会更低，所以我们……真的，非常非常抱歉。"

"那么你现在说出来，算不算违规？"我慢慢地站了起来，活动着四肢，针药已经起作用了。

"本来就打算任务结束后告诉你真相的，只是没想到出了意外。"战车说到这里，面部痛苦地抽搐了一下，我打量着他的脸上、身上、手上、腿上……几乎到处都是血迹，可以想象这一路他经历了多少辛苦和险恶，先要对付精神病院的疯子，然后马不停蹄地追到这里，又要对付那群野狼，刚才如果不是他及时护住了我，被水晶锥子扎穿压扁的人就是我了。

"先出去再说吧！"我转过身，从废墟中找到一截水晶佛手的残骸，然后扶着战车往外走。

6

天色已经微亮。

狼群依旧徘徊在山洞外。

两只头狼站在最前方，恶狠狠地看着我和战车。

我能感受到狼群的敌意，不远处，有好几条大狼的尸体，应该是战车冲进来的时候射杀的。

一辆摩托车倒在附近，轮子已经被狼群撕咬得面目全非，到处都是橡胶的碎片。

"子弹已经用光了。"战车苦笑着拍了拍金属圆筒，"这东西又失效了，想叫援兵都不行。"

"只能赌了！"我腾出一只手举起佛

手的残骸，开始大声地念着刚才毒蛇所念过的话语，虽然不知道那是什么意思，但我还是凭借音节记住了绝大部分：

“那姆，罗卡得那姆，多罗多罗那姆……库卡德德安得拉，素库依拉……”

两只头狼呜咽了一声，退了几步——居然真的有效！

我提高了音量：“安巴奴德拉库，升德拉库，多罗多罗那莫揭蒂，呼哈佛佛揭蒂……”

战车睁大了眼睛，狼群一只只低了头，夹着尾巴，就像之前一样，列队一般分作了两边。

我丝毫不敢分心，一面大声背诵，一面扶着战车快速通过，等到出林子的时候，整个后背已经完全被冷汗浸透了。

毒蛇的卡车还在林口，他离开的时候连钥匙都没拔下来。

我和战车坐进驾驶室，这才开始大口大口地喘气，缓解一身的恐慌。

“那些是什么意思？”战车问道，“那些狼怎……”

“别问我，我也不知道。我只是想，这可能与密宗有关。那手印本身就是密宗的九字真言印，我在一本密宗修行的书里看过，修习者口诵真言时，咒文特殊的音符和节律可以震动身体中的气脉，激发超乎寻常的潜能，这种能力不但会影响自身的心智，还可以对外物产生影响。刚才那段咒文就是特地针对狼的大脑而设计的，它们可以影响狼的大脑和行为。还有，密宗成佛的概念很特别，认为世界就像一只十分坚固的玻璃瓶，佛为瓶外空气，众生就是瓶内空气，佛之所以为佛，众生之所以为众生，就是因为一层又厚又硬的心垢玻璃把二者隔绝开了。而修行就像一把大锤，可以把坚固的心垢玻璃敲碎，瓶内外空气相通，就成佛了。它们所说的心垢玻璃，很可能就是你刚才说的人的主观意识和免疫系统所设置的屏障。那佛手很可能有着特别的能量，就像那著名的‘水晶头骨’一样，不是说有人能感应水晶头骨里的信息吗？”

“唔。”战车点点头，“水晶就是二氧化硅结晶，水晶本身就有储存信息的功能，电脑硅片的原材料就是单晶硅，可以储存庞大的信息和数据，那些文字实际上是事先存储到水晶壁里面的，而且只有在大脑处于特定的状态时才能看得懂！也许这就是传说中的天书吧！所谓的天，是一个比拟，意思就是进化！其实它们是教人如何进化的资料，其实关键不在于那些文字，而在于人体本身的状态！而那个佛手是钥匙，也是储存器，或者，它根本就是一个启动器、调频器和校准器，能够将大脑的状态调整到适合接收信息的状态！”

我一面开车，一面将袁洛罡在病床上对我说的话，以及毒蛇拿着佛手睡醒后的一系列异常情况都讲述了一遍，然后我拿出金属筒，将刚才所念的经文和毒蛇在山洞里复述的水晶壁的文字都录了下来。

我把金属筒和佛手的残片一起放到战车手心："麻烦你转交给秘录社吧。"

战车神色黯然："你要退出吗？"

我没有吭声。

"我知道这次对你做得有些过分，"战车顿了一下，又接着说，"只是水至清则无鱼，人至察则无徒。这个道理你应该明白，我们并没有恶意，也不想你受到任何伤害，这次的事件只是意外，真的希望你能留下来——你是一个很好的搭档。"

"我可没觉得你把我当做搭档。"我闷声道。

"我这人是一身的毛病，没几个人受得了。大不了下次我要是再向你发脾气，你就骂回来好了。"能说出这番话的战车已经不太像战车了，我也不禁有些动容。

"完全人性化的组织是做不了大事的，有很多事必须要有取舍，你现在所接触到的东西是很多人一辈子都接触不到的，尤其是现在，我们正在向人类的终极秘密靠拢，我可以为了这个秘密付出生命，我们应该是同一种人吧？你十年前曾经在死亡线上走过一次，你说你之所以选择秘录社的工作，就是因为想让自己的人生更有价值。相比之下，这点儿委屈又算什么呢？"

我沉默地开着车，道路依旧崎岖颠簸，但曙光已经散开，隐约可见远处一条修好的盘山公路，银带子一般地捆住了山体。

那条路，真的能带我去我想去的地方吗？悬疑志

作者的话：

我一直认为，用"落后"或"迷信"去否定古人对某些事物的理解是不明智的。事实上，古人比我们更关注生命，更关注人与自然的联系，很多古籍记载的现象都被现代研究肯定，其中有相当一部分曾一度被认为是荒谬的。人类的历史很长，我们不能排除这样的可能性：有人发现了人与自然的秘密，但是由于种种变故，我们遗失了或者扭曲了这些秘密。越来越多的研究表明，人类的大脑和身体拥有我们无法想象的潜能。事实上，人类正用一个又一个真实事例突破已被定义的"人体极限"，所以不要用所谓的"极限"来限制自己，更不要用所谓的"科学"来枪毙自己的思想。要知道，最科学的态度，就是相信一切皆有可能。这就是我写作秘录社系列小说的初衷。

[特别策划]

解码世界末日
——中国末日预言PK西方末日预言

策划/本刊编辑部

序言

今年是2012年，根据近年炒得沸沸扬扬的玛雅预言：2012年12月21日的黑夜降临以后，12月22日的黎明永远不会到来，即今年就是传说中的世界末日年。回顾历史，我们可以发现2012并不是人类历史上第一次末日猜想，在过去的时间里，曾经存在过许多个关于“世界末日”的说法，各种版本的末日猜想都在不同程度上引起了人们的关注，有的甚至轰动一时，影响深远。为此，本期我们特别推出“解码世界末日”专题，以传闻中的“世界末日”作为引子，详细解析中西方人对待末日的心态和人们为什么相信世界末日的奇特心理，以及世界末日的来源。

那些落空的末日预言

“如果明天就是世界末日，你今天会怎么过”，“当十二星座遇到世界末日”，“在世界末日中存活的25种办法”……网络时代创造了很多集体话题，而“世界末日”堪称眼下最热门的一个。

在接二连三的自然灾难面前，人们产生了愈发强烈的“世界末日感”，但其实是因为媒体借助卫星技术和信息的快速传播，让全世界人对地球上任何一个角落发生的灾难都有了身临其境之感，真实的画面放大了人们对灾难惨烈程度的感受。

实际上，历史上有过许多这样所谓的“世界末日”预言，而它们的最大共同点便是——最终都被戳破，从未成真。

1993 年，乌克兰基辅兄弟教会预言人类大劫难的到来，并组织信徒举行盛大的仪式迎接这一刻，结果那天什么也没有发生。九天以后，他们再次做出同样的预测，举行了同样隆重的仪式，引起不少人围观，结果还是什么也没发生，最后以一场闹剧收场。

1814 年，在英国德文郡，一个名叫乔安娜·南考特的女人自称是先知，并断言自己以后怀上的孩子就是耶稣；救世主将借助她的身体在 1814 年圣诞节那一天再次降临人间。具有讽刺意味的是，南考特的处女之身一直保持到 60 多岁，但她仍然相信自己的预言一定会成为现实。12 月 25 日最终没有成为世界末日，但确实有重大而悲惨的事情发生——自称先知的南考特正是在这一天告别人世的。有意思的是，很多人仍旧相信她的预言。1927 年，有人当着格兰瑟姆主教的面打开一只神秘的密封盒子，据说里面藏着南考特留下的一条重要信息。盒子打开后，人们并没有发现所谓的重要信息，倒是发现了一张彩票。

1980 年，“巴哈伊信仰”教派首领利兰·延森宣称 4 月 29 日这一天，几个大国将发生核武器交火事件，会导致数百万人死亡。事实上，1979 年和 1983 年才是最可能发生核武器大战的两年，但是，人类都侥幸避开了。4 月 30 日，当这位“先知”发现自己还活着，遂改口说“这是苦难的开始”。

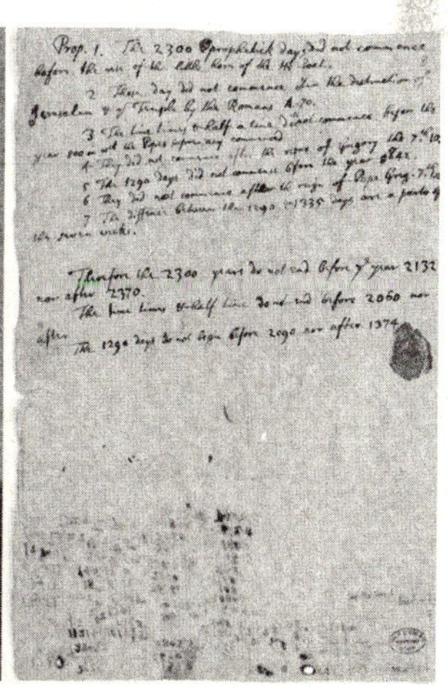

Prop. 1. The 2300 prophetick days did not commence

Therefore the 2300 years do not end before y^e year 2132 nor after 2370.

The time times & half time do not end before 2060 nor after

The 1290 days do not begin before 2090 nor after 1374

◎牛顿秘密手稿曝惊天预言，2060 年是世界末日。

1881 年，一名天文学家通过光谱分析发现，哈雷彗星的彗尾包含致命的气体氰，所以当 1910 年哈雷彗星光顾地球时，一些人认为地球上所有的生物都将被这种气体毒死。科学家们指出，哈雷彗星的彗尾的确会扫过地球，它也含有氰化物气体，不过这些氰化物的浓度极低，根本不可能对人类造成

◎刻有玛雅历法的石碑，我们不能不赞叹，但是对于千年之前的言语，不能全信。

任何危害。然而，小报的炒作和公众的不理智使人们忽视了科学的论断。随之，一种号称能抵挡氰化物气体剧毒的“彗星药丸”在市面上出现，并被一些人高价抢购。1910年，人们在空中看到了哈雷彗星耀眼的光芒，世界一片太平，所有的人都照常生活，一场闹剧就这样悄无声息地结束了。

1993年，美国大卫教教主大卫·考雷什率领自己的100名追随者，在得克萨斯州韦科庄园静坐等待世界末日的到来。在他们的周围则是联邦调查局的特工们。冲突在所难免，在庄园里，信徒们在考雷什的指挥下，储藏粮草和饮用水，荷枪持弹，戒备森严，准备继续顽抗到底。他们此时深信考雷什的预言已经灵验，世界末日就要到来。最终，76名信徒被火烧死，其中包括考雷什本人。

20世纪末，流行着关于世界末日的“千禧危机”。由于在设计计算机纪年方式的时候，没有考虑到跨越2000年的问题，新千年的到来可能会导致全世界网络信息的混乱，这就是“千年虫”。一些人认为，如果“千年虫”发生，所有受计算机控制的系统都可能陷入混乱，计算机引发的危机将导致世界末日的来临。然而在2000年到来之前，计算机专家就克服了二进制的纪年问题。当新年钟声敲响，一切如常，如今那一轮“末日论”已被人们当做一场“娱乐事件”。

对于今年世界末日之说的主角——玛雅预言，就目前的资料来看，很显然也会步这些预言的后尘。根据玛雅历法的预言传说，我们所生存的世界，共有五次毁灭和重生周期——每一周期即所谓的“太阳纪”，而2012年左右将是“第五太阳纪”的开始；并且，当时的玛雅人认为，在每一纪结束时，都会在我们生存的家园上演一出惊心动魄的毁灭悲剧。

然而事实上，玛雅人的真正意思是人类将从一个时代转向另一个时代，或者说是开始一个全新的文明。墨西哥人类学与历史研究所发表声明称，现代西方救世主的思想扭曲了像玛雅这样的古文明的世界观。据该研究所统计，在古玛雅帝国的废墟中，共发现了15000块雕刻的碑文，其中两块提及了2012年，所以人们会认为是指世界末日。事实上，2012年后的事也提到了，因此玛雅人显然并没有指明末日。

“世界末日”这个概念有两种意思：一种是宗教预言与神话中的世界末日，主要是指地球文明的终结。如公元前2800年，亚述人泥碑上记述的世界末日：“我们的土地在今后将衰落。种种迹象表明土地将迅速走向灭亡。贿赂和腐败相当普遍。除非寻找到末日影子。”另一种是科学上所谓的世界末日，指的是宇宙系统的崩溃或人类社会的灭亡，像X行星来袭、地球的两极发生转换、病毒侵入，等。

东西方人对末日不同的心态

综观这些千奇百怪的末日预言，属于中国人“原创”的几乎没有。虽然奇书《推背图第五十九象》也曾经预言过末日，但它预言的是世界大同、天下一家、其乐融融的未来世界。这是因为儒家思想中，世界观一向豁达平和，讲究和谐共处，相信人性善，宇宙的演变和循环。儒家的历史观中的未来既不意味着实现誓约，也不意味着奖赏，没有末日审判的威胁把历史、现在和未来联系起来，时间上的四季或者六十天干是帝王订立的，没有上帝介入的痕迹。

在道家思想中，中国人相信人在宇宙中的渺小，相信“尔曹身与名俱灭，不废江山万古流”。就是说，人可以生命和名声都没有，但江河大地不会废去，大道也会永远留存。这显然也不是世界末日应有之意。

相比中国乐观的末日观，西方正好相反，西方的“末世”提法最初起源于《圣经》。《圣经》创造了一种“线状时间”的概念，即时间有始有终，这种时间概念影响了整个西方思想的发展。《圣经·创世记》叙述的是人类起源，其各种末世故事着重描写的是世界的终结;《圣经·启示录》则预示了人类发展的各个时期将要发生的、多为悲剧性的事件。它虽一一做了列举，但却没有注明年代，其结局是人们熟悉的所谓“最后审判”。《启示录》提及，末世到来的那个千年终结之时，魔鬼将被擒缚，基督再次现身并重新主宰人世。

◎为了大力宣传2011年5月21日是“世界末日”，美国纽约一名男子不惜花尽了毕生14万美元（约合90万元人民币）的积蓄，制作了约1000块大型广告牌。这一疯狂的举动在美国引起不小的轰动。

于是，人们将各式各样的自然灾害的频频发生作为末日即将来临的预兆。但对于罪人而言，自然灾难只是宣告他们自身灾难的开始，真正让他们战栗的是上帝对罪人的审判。基督教认为，人类生活的此世无法摆脱原罪，那些罪恶缠身的人，当末日审判到来时将难辞其咎，无话可说。既然没有人是无辜的，那么对末世的恐惧情绪就成为一种全民情绪。

另外与我们熟悉的文明从低级到高级，无限往前发展的东方观念有所不同，西方社会普遍认同的“文明循环论”。其要义为：地球曾经存在过高度文明，因为各种原因（大洪水或其他灾难被毁灭）；现今的文明是重新发展出来的，也会随着灾难的来临而毁灭。这些说法不仅吸引着宗教家，许多历史学家、考古学家、未来学家对此的兴趣也具有长期性。在近年流行的科幻小说《三体》中，作者将末日看做一种归零，归零者认为宇宙太失败了，不如重新开始。

末日总是失约，为何深信不疑

近一个世纪以来，每隔一段时间，就会有新的关于世界末日的讨论。有关“世界末日”的预言和说法很多，而且大多有鼻子有眼儿，常常在一定时期内的许多地区乃至全球范围内引起恐慌和不安。预言不断变成谎言，然而，依然有不少人相信，前两年以玛雅预言为引子而拍摄的《2012》惹起人间一场血雨腥风，有人忧愁，有人恐慌，有人兴奋，有人期待，情绪各异但笃信之心一致，更有甚者甚至辞职离家，在世界的某一角落静候末日的来临。人们为什么愿意相信这“坊间传言”般的末日?

一、未知的恐惧

一个最容易理解也最理性的解释就是，人类内心深处对未知以及不可控的事物都存在很深的恐惧感。而我们恰恰生长在一个到处都充满不确定因素的环境中，于是这种不确定带来的焦虑侵蚀着人类的心灵。再加上他们深刻地感受到了这个世界存在的奴役与剥削，使得这类人更加期待一个乌托邦式的社会：没有绝望、贫穷及对死亡的不确定。因此很多人希望有一个至高无上的万能之神可以知晓一切、掌控一切，并且可以在某一天对人类进行终极审判，最终带给人类希望、安宁与祥和。而这一天，就是所谓的世界末日，因此有很多人怀着对乌托邦世界的渴望，坚定不移地相信世界末日终究会来临，因为这是他们得以精神解脱的唯一途径。

二、深入人心的媒体

第二个原因可能是近些年来奇幻电影和电视剧越来越多，早些年的《ET》，近些年的《阿凡达》都是这类题材的故事。而且随着技术的进步，电影拍摄得越来越天马行空、光怪陆离。这些电影可以极大地帮助人们从单调的生活中解放出来，并且引领大众更深入地思考人类与宇宙发展的终极目标。由于人们与生俱来的喜新厌旧，加上电影等媒体的刺激，越来越多的人相信我们所生活的地球只是个暂时居所，终究有一天会被新的星球终结并取代，这样就可以远离日复一日的单调生活。

三、恐怖的地球

还有一些人，他们相信世界末日是因为他们对现在的地球环境感到恐怖。人类的贪婪导致自然环境越来越糟，似乎已经到了不能忍受的程度。因此，他们迫切地希望可以通过一系列的毁灭事件摧毁这一糟糕的环境，然后重新建立新世界，还人类以新生。当然，如果你指出“地球还没那么糟，你们的担心完全没必要”，他们还会很生气，仿佛乐观积极是件很疯狂的事情，只有悲观消极才能拯救人类。

四、幸运者假想

当然，促使人们笃信末日的最强大动机就是人们都希望自己是那个能勘破宇宙终极奥秘的幸运儿。他们喜欢从脑海中假设他们是被上天选中的一批特殊人群，上天赐给他们以窥看宇宙变化与见证世界本质的机会，作为对他们聪明智慧的奖赏。这种想法之所以会产生，是因为有很多人实在是太普通了，但是又自命不凡，“幸运者假想”可以让他们的生活增添色彩并且变得有意义，让他们感觉自己虽然被别人冷落，却没有被上天抛弃。

五、终极原因：对现实的不满

说了这么多原因，其实可以看出这些原因都有其相同点，那就是——对现实生活的不满。对未知的不满，对单调生活的不满，对环境安全的不满，对不受重视的不满……因为不满，所以渴望毁灭，只有毁灭才能带来重生，只有重生，才有机会过上安宁祥和、丰富多彩、没有剥削与歧视的生活。因此，人们笃信末日的背后饱含着的是对现实的不满与对更优质生活的美好期望。

结束语

世界末日的预言和各种传说起源自原始宗教学。早期的人类追求天人合一的思想，认为人的死亡是与自然的融合，因而把死亡看做一种神圣的过程，从而产生了“末日”思想。但是，此时末日学说指的是人的一生，顺其自然地衰老死去，而不是后期演化成为自杀和追求末日到来。

随着早期人们征服自然、战胜自然思想的膨胀，早期宗教出现了较大的分裂。寻求天人合一思想的派系逐渐缩小。但是思想和理论被别的宗教吸收，成为末日审判的一种思维模式，如北欧神话“诸神的黄昏”、基督教、犹太教、天主教、新教等的弥赛亚在末日的审判。其实这些都是合理的思想继承，所宣传的是人要不惧怕死亡，顺其自然地生老病死。因此才有很多为世人津津乐道的末日文化。

◎米开朗琪罗创作的《最后的审判》取材于《新约全书·启示录》故事，描绘世界末日来到时，基督再来，并亲自审判世间善恶。

如中国的神话小说《封神演义》关于最后点将封神，就是按照末日审判学说写的。北欧神话“诸神的黄昏”最后的篇章是出现一个新的世界，而这个新世界就是现在，祈愿人们现在生活幸福。

玛雅神学中，世界由五个太阳时代组成，现在为最后的太阳时代，预言中以蛇代表世界轮回，第五个太阳时代消失后，就出现一个新的美好世界。不过，玛雅说的第五个太阳时代是按照太阳历法记录，实际上第五个太阳时代灭亡的时间是 2060 年。玛雅的神话学说和印度很相似，蛇咬着自己的尾巴代表轮回。因为有了末日学说，才有了轮回学说和福运凶煞的说法。

末日学说并不可怕，正确地看待解读才可以了解人们追求天人合一思想的内涵。而过度解读加速世界末日、预测世界末日，是一种错误的认识。如日本奥姆真理教认为用屠杀的方法加速世界末日到来，因而在日本东京地铁站施放沙林毒气造成多人死亡，也有诸多国外宗教团体集体自杀希望快速迎来世界末日，这样都是错误地认识末日学说。末日学说是希望人们对现在的生活要有信心，无论前方多么困苦，多么艰辛，即便是面对死亡也无所畏惧地去奋斗，为生活的美好而努力。人生在世，就要感恩自然给予我们的一切，不要抱怨，因为抱怨无任何意义，很多人没有出生在富有的家庭，很多人很小就身患残疾，这都是自然带给我们的，所谓“天生我材必有用”，用心去奋斗争取自己的美好幸福吧！悬疑志

Liang Ren

良人

文/花布　图/玉烟先生

1

阿良回来时满身酒气，我将他扶到床上，才发现他脸色惨白，不停地哆嗦，闭着眼睛，像睡着了，又好像浑浑噩噩在半睡半醒之间，可以清晰地看到眼珠在眼皮下不停地翻转。我起身，打算去倒一杯热茶，好给他去去酒气。

阿良猛地睁开眼睛，一把抓住我："别走，楚楚你别走！"

那双手冰凉彻骨，好像死了三天三夜的尸体。我急忙为阿良使劲搓了几下，埋怨地说："怎么喝成这样？"

这死人竟然喃喃自语地睡着了。我费了好大力气才抽出手来，取来毯子，小心翼翼地为他盖好，看他睡得死沉，不忍叫醒他，权且让他在沙发上睡一夜吧。只是这么多年，他睡觉的样子永远不变，死皱着眉头，永远一副纠结的模样。

我伸出两根指头放在阿良的眉棱骨上，用力抚去，这才舒展开来。他下意识地翻了个身，顺势抱住我的腰。我苦笑，看来今晚又要这样挺一夜了，男人总是像个长不大的孩子。

说起我和阿良，彼时，我们还是年幼无知的孩童，那时他大概只有花池子那么高。我们一起上学一起放学，从幼儿园到小学，从小学到中学，再到高中，大学毕业工作，一直没有离开对方的生活。

不得不说，缘分这东西真的很奇妙，有时让你不得不信。

记忆中我们这种纯纯的友谊发生变化时，应该是初中。那时，阿良已是学校里的风云人物，俗气一点儿说，简直就是童话小说里的白马王子，大家都很喜欢和他在

一起。

和阿良相比，我要显得平凡许多，戴着牙套和眼镜，俨然一个脾气刁钻古怪的教授夫人，每天抱着厚厚的课本，在学校里穿梭往来，就这样一直耗到了大学。天知道我那时有多自卑，偶尔从学校操场经过，看到阿良打球，莫名其妙地会有一种距离感。

好在，我还算个理性的人，童话故事只适合童话世界，于阿良而言，我或许真的只是一个从小长大的好朋友。于是，我学着克制自己的感情，克制自己的冲动，尽量远离阿良，让自己更加冷静地面对彼此。

我甚至做了最坏打算，毕业，工作，远离家乡，逐渐生疏，直到不相往来，渐渐遗忘。

现在回想起来，我和阿良能走到一起，也许真的就是上天注定。

那一年我们这个南方小城出奇的冷，大雪漫天。我去阿良家拜晚年，离开时已有些晚，街道上并不黑暗，积雪反射着路灯的光芒，明晃晃得刺眼。阿良送我回家，转过街角时，突然一把拉住我："楚楚……"

我被阿良从未有过的异样眼神吓到，像是数九寒天里跳动的两团火。没等我问他，他再一次开口，一个问题问得我很尴尬也很兴奋，他说："楚楚，这么多年了，你喜欢过我吗？还是你从未……"

那天，我的心狂跳不已，大脑混沌，半天说不出话来。

后来，阿良回忆当时对我表白的那个夜晚，总是取笑我，说我傻得就像个痴呆儿，每每此时我只有狠狠掐他一把。他打死也不知道，那天我有多高兴。

那天之后，我和阿良开始交往。

我知道这对我来说，真的是一个甜蜜而艰难的决定。或许是阿良太过优秀了，身边总是不乏年轻漂亮的异性。和那些女人相比，我的确有些古板、有些传统，就连我自己都搞不清楚，阿良为什么会选择我。

不过，当阿良向我求婚的时候，我还是义无反顾地嫁了。

2

阿良最近很古怪，不知是不是因为工作压力太大，他和以前不大一样。记忆中，阿良是很阳光的，不管是婚前还是婚后。相反，我的性格倒很安静，总有朋友开玩笑地说，我们很互补，但最近他的情绪变化无常。

有时正吃着饭，阿良会停下来，默不做声地看着我发呆，样子像个老年痴呆症患者，要我一再提醒，才恍然大悟地反应过来。而且他最近常常喝得烂醉，刚开始我还以为是工作应酬，后来发现似乎是他独自买醉。

他半夜醒来后总是辗转反侧，像有什么心事。

这让我也跟着心里发慌，几次想要问清楚，得到的回答总是很不耐烦："没事，你别问了。"

是不是两个人在一起久了，就会厌烦对方，无视对方，我不知道，但我可以确定，我和阿良都不是那种人。我于他自始至终没有变过，这么多年阿良对我更是无微不至，我们之前好像从来没有过秘密，所以，他越这样我越不安。

如同今晚。半夜醒来，床边已看不到人，客厅外传来淡淡的烟味。我有些吃惊，阿良从不抽烟。我下床轻手轻脚地来到客厅，客厅内没有开灯，光线昏暗，角落沙发中，透过惨白的月光，我看到阿良在烟雾中忽明忽暗的脸。

阿良也注意到了我，抬头看了我一眼，又低下头使劲抽了一口烟，然后痛苦地咳嗽起来。

"你这是干什么？"我急忙走过去，一边轻拍阿良的背，一边抢过他的烟掐灭："怎么抽起烟来了。"

阿良没有回答，转身望着我，许久许久，突然问："老婆，你爱我吗？"

这话问得有些好笑，难道是我做得不够？我蹙起眉毛，打量这张满是愁容的男人脸："这是说什么傻话。阿良，你到底怎么了，告诉我，我是你老婆，我们之间从来没有秘密，这些天你茶饭不思、酗酒抽烟，我知道一定是出了什么事。"

阿良别过头去："什么事也没有……"

"不对。"我一把将阿良的脑袋扳过来，"你给我说实话，到底出什么事了？"

阿良笑出来："没事，只是公司最近有点儿小状况，心里比较烦罢了。"他说着，揽住我的肩膀，"老婆，我睡不着，你陪我聊聊天，我们说点儿轻松的，说点儿……我们年轻时候的事情，怎么样？"

我不好再追问，只好点头："你想说什么？"

"说说你是怎么喜欢上我的吧。"

我娇羞地瞪了阿良一眼："你当时是学校的风云人物，哪个女孩子不喜欢。"

"那你呢？"阿良笑道，"我老婆以前一定也有男生喜欢过吧？"

我愣了一下，这话好像提醒了我，我虽然平庸，但确确实实曾有过追求者。现在想起来记忆已模糊，好像是我大一时，一名高年级的学长和阿良在同一支篮球队，我去看阿良打球时他总是在场，戴着一副眼镜，温文尔雅的样子。

只是，他早早毕业，这么多年我们没有碰过面。

他大概也是我这辈子唯一伤过的人，这一点儿我还算记得清楚。他毕业之前，曾偷偷写给我一封告白信，哀求我的同学转送给我，字迹娟秀，轰轰烈烈，看得我脸都红了，末了注明，如果愿意，晚上学校小树林碰头。

我当然没有去，我的心里早早装进阿良，已塞不进其他人。我将那封信又转送回他，不晓得当时他有多伤心，我心里多多少少还是有些愧疚的。想一想，现在他也应该结婚生子了吧，那副模样，那种性格，应该是个好老公、好爸爸。

不过，这件事是我唯一的秘密，从未对阿良提起过。于是，我摇摇头，点着他的鼻子："你是唯一的。"

3

几个月不来，墓碑就显得脏乱不少，这个季节，落叶秋风，墓园有了几丝荒凉。一来到这种地方，一看到墓碑上的那张照片，照片里的那个女人，我就鼻酸。那是阿良的母亲，我习惯叫她梅姨，她总是对我很好，拿我当亲女儿对待，却早早离开人世。

我和阿良结婚不到三个月时，梅姨突然查出患有晚期骨癌，我和阿良都很伤心，尤其阿良。那阵子我们寸步不离地守在医院，梅姨已撑不了多久，经常昏厥，醒来时就到处寻找我和阿良，然后一手抓着我一手抓着阿良，艰难地喘着粗气，叮嘱我们要好好过日子。

每每如此，阿良就哭得痛不欲生。

我很清楚梅姨对阿良的重要性。

阿良自小父亲去世，是梅姨一手将他带大的，梅姨一个人既做母亲又做父亲，那份辛苦和疼爱我是看在眼里的。所以，梅姨的死对阿良打击很大，那阵子他很少和我说话，经常一个人望着空气发呆，直到梅姨去世几个月后才好转过来。

将梅姨葬在这里后，每个月我们都会一起来祭拜。

阿良一进墓园，就显得神情肃然，在梅姨的墓前，他总是很少说话，最常说的就是一句“对不起”，我不理解他为什么要对自己的母亲说对不起，也许这三个字的含义太深，有些伤痛确实是人一辈子都忘不掉的。

从墓园出来，阿良坐在车里一直不肯开车，又发起呆来。我叫了他好几声，他才扭回头来，钥匙刚插进去，又拔了出来，回头认真地对我说:“楚楚，假如有一天我死了，你会不会想念我?”

这话问得我心里一颤，大声说:“呸呸呸，别胡说八道。”

阿良很坚定地继续话题:“我就是想问你，你会怀念一个人吗? 一个爱你爱得很深的人?”

我许久没有说话，直勾勾盯着阿良的脸，那张脸突然间变得有些陌生。他很少这样多愁善感，甚至连“死”字都说出来了，我知道他心里有事，绝不是什么公司的事，从他的语气和表情来看，这是一件大事。

我张了张嘴，想要追问内情，但想到阿良倔犟的性格，又闭上了嘴巴。

“你还没有回答我。”阿良坚持不懈。

我望向前方，冷冰冰地说:“我不想说这些。开车。”

我们没有回家，阿良带我去了很多地方，包括我们的母校，以前住的小区，我最爱吃的一家菜馆，虽已物是人非，回忆却还留在脑海，可是一点儿感触也没有。心里兜兜转转的全是阿良之前的那个问题。

我很害怕很担心，总有一种不妙的预感。

阿良却像个没心没肺的孩子一般，全然忘了他之前的问题，不停地和我闲聊当年的趣事，甚至大半夜带我回到大学，趁着夜色翻墙而入，在学校操场席地而坐看起了星星。我实在搞不懂，他到底要干什么。

阿良一边仰着脖子一边自顾自地对我说:“楚楚，还记得我们大学的时候吗? 那个时候，我最喜欢在这个操场打篮球了，你知道为什么吗? 因为这里离女生宿舍最近，经常可以看到你。其实我进篮球队，就是为了你。”

我被阿良说笑了，暂时忘了他的问题:“别拿我当挡箭牌，你进篮球队，是为了吸引更多的女生吧?”

阿良一脸认真地瞪着我，说:“我发誓，我真的是为了你。那时我为了多看你一眼，为了能多接近你，什么事都做过，只是你一直冷冰冰的，好像对我毫无感觉，这真的让我很失落，你知道吗? 我甚至觉得我很失败。”

我有些不解:“我们从小一起长大，没事时不是总黏在一起吗?”

阿良愣了一下，笑了笑，不再说话。

4

为阿良收拾行李时我一直很担心，他说要出差，是公司的生意，要去一个多月。虽然他之前也常出差，但不知为什么，我总觉得这一次没有他说得那么简单。直到收拾完行李，我仍旧惴惴不安，他似乎看出了我的紧张，不停地安慰我。

“别担心，我又不是小孩子，又不是第一次出门。”

我只好勉强挤出一丝微笑，一如往常一般嘱咐阿良:“记得多穿点儿衣服，记得多喝水，三餐一定要吃饱，在外面千万不要熬夜，注意安全。还有，少喝酒，也不要乱花钱给我买衣服，我的衣服已经够多了。最最重要的一点……”

听我说到这里，阿良打断道:“最最重要的一点，每天给你打一个电话!”

我从阿良身后一把搂住他，压低声音说:“阿良，我不清楚怎么了，总是很担心，总觉得你这一次出去会出什么事……”

阿良的身体很明显地抖了一下，半晌，拍了拍我的手背:“放心，没事的。”

那晚躺在床上，我辗转反侧难以入眠，闭上眼便噩梦连连。不知怎样熬到了第二天，早晨醒来后阿良已早早起来，看样子，似乎也没睡好，眼圈发黑。来到客厅时，才发现他已做好早餐。

一切似乎都很正常，如同以往一样，我们一起吃了早餐。出门时阿良突然停下来，狠狠亲了我一口。

我站在大门口，久久凝视着阿良，直到他在视线中消失不见才回到房中。刚刚那个吻有点儿凉，亲得我又开始心神不宁。刚进屋子落座客厅，不经意间瞥到沙发缝隙，是阿良的手机，居然忘带了，我急忙冲出家门，向小区大门跑去。

所幸，阿良刚走不远，等我冲到大门口时，他刚刚拦下一辆出租车。

可我并没有喊他，因为车子驶去的方向让我十分不解——那不是去机场的方向。

迟疑片刻后，我冲到小区门口，搭了另外一辆出租车尾随而去。车子驶上大道之后，我心里更疑惑了，这不仅不是去机场的路，也不是往火车站、汽车站的方向，而是去远郊的小道。我搞不清楚阿良究竟要去干什么，但可以确定的是，他骗了我。

没有人理解我为何大惊小怪，如果一个从未欺骗过你的人突然骗了你，你会是什么反应？是的，阿良从来没有骗过我，以我对他这么多年的了解，假如不是发生了不可逆转的大事，他无论如何是不会这么做的。

我倒是很希望，我是杞人忧天了。

车子一直向远方驶去，渐渐开出市区，终于停在了远郊一处别墅区大门外。远远的，我请司机停了下来，看到阿良下车后才急匆匆从车里钻出来，追进别墅区内。这里我很陌生，从未来过，阿良倒是很熟悉的样子。

我跟在阿良身后，一直绕了很久，才发现他钻进了一幢别墅内。

房子一楼都是落地窗，垂着厚重的双层窗帘，难以窥探其中。我站在门口侧耳倾听，里面很静，我决定无论如何都要搞清楚事实真相，伸出手打算叫门，又缩了回来，思前想后，我决定偷偷钻进去。

一楼的窗子虽然关着，但二楼的窗子开着。

不知道自己哪来的勇气，我顺着排水管道爬了上去，一眨眼的工夫已钻进房内。和我预想的不同，这房子内毫无住人的痕迹，到处布满灰尘，家具电器老旧，虽是白天，但因为拉着窗帘，整间房子都灰蒙蒙的，好像鬼屋一般。

我正不知所措时，楼下传来轻微的开门声。

5

站在楼上向下窥探时，我发现阿良钻进了地下室。等我来到楼下时已听不到地下室里的声音，看样子挺深的，地下室的门微微敞开一条缝隙，不时有风刮出，扑面而来，阴冷阴冷的，夹带着一丝奇怪的中药味道。

我有些害怕，但想来想去，为了阿良，我必须进去。

我屏息凝神推开了大门。进去之后，里面果然很黑，是向下的楼梯，陡峭狭窄，我摸索着向下走去。不一会儿，前方渐渐有了光线，听到人走动的声音。我小心翼翼地毛下腰去，蹑手蹑脚地走下了楼梯。

与此同时，那股中药味道更加浓烈了。

我躲在玄关望了一眼，这里居然像个中药铺子。

房间不大，但整整一面墙都是药柜子，上面一格一格的，写着各种药材的名字，药柜子旁边是一扇小门，阿良似乎就在里面。我从来不知道阿良还懂中医药。我悄悄摸到房门旁边，轻轻推开了一条缝隙，向内望去。

果然是阿良，他正一个人坐在地上，望着什么发呆。

那是一个容器，一个古怪而巨大的容器，房间内浓重的药味似乎就是从里散发而来。它四四方方，透明的玻璃，玻璃里面是淡黄色液体，还有浓重的酒味，如果我没猜错的话，这个古怪的容器里泡的是药酒。可阿良泡药酒做什么？正在狐疑时，阿良慢慢坐了下去，坐在了地板上。

那一刹那，我简直不敢相信自己的眼睛。

刚刚阿良的身体阻挡了我的视线，当他坐下时我惊讶地发现，在容器的正中间漂浮着一具尸体，一具婴儿的尸体！我差一点儿失声尖叫，喘了半天，才勉强平复了心跳，仔细望过去，的的确确是一具尸体，蜷缩在容器中，像子宫中的婴儿。

接下来，阿良的举动让我更加恐惧。

阿良爬到容器顶部，顺手从旁边的高脚架上取了一只杯子，从里面舀了一些液体，毫不犹豫地喝了起来。淡黄色的液体顺着他的嘴角流淌下来，流到他的脖子里，流到他的衣服上，流到地板上，他却不管不顾，一杯接一杯。

我终于看不下去了，胃里一阵干呕。我转身向楼梯口爬去。

也许是太害怕，我的双腿发软，大脑一片空白，爬上几层阶梯，脚下一软，居然摔了下来。等我睁开眼时，阿良已一脸惊诧地站在我面前，大概没想到我会来到这儿，会看到他的秘密，目瞪口呆了许久，才走过来搀扶我。

没等阿良的手触到我的胳膊，我已大叫出来："别碰我！"

阿良停顿片刻，再一次向我伸出手来，我叫得更疯狂了。不知道自己是害怕阿良，还是害怕他喝下去的东西，或者是害怕酒里泡的那具尸体。总之，那一刻我像疯了一样挣扎着，完全失去了理智、失去了自我。

最后的最后，我只记得，阿良从口袋里掏出一张满是药味的手帕，捂住了我的鼻子和嘴巴。

等我醒来时，时间似乎过了很久。我发现我被绑住了，绑在一张椅子上，面前是阿良。他好像一直在等我醒来，昏黄的灯光照射在他脸上，显得很是憔悴、很是累。见我醒过来，他这才笑了一下："楚楚，你总算醒了。"

我强制自己冷静下来，警惕地盯着阿良，不语。

见状，他伸出的手缓缓缩了回去，有些无奈地说："既然你都看见了，我就什么都不瞒你了。"

6

"我不是你老公，我不是阿良……" 这是我醒来后，阿良对我说的最恐怖的话。

我像傻子一样望着阿良，不知是我疯了还是他疯了，我现在出现了一种错觉，像电视里演的一样，我可能和一个潜在的精神病患者或者有怪癖的人生活在一起。可这一切来得太突然，不给我一点儿适应的时间，而且看阿良的表情，一点儿也不像开玩笑。见我痴傻地望着他，阿良又重复了一遍："你听见没有，我不是你老公，不是阿良！"

这次声音有些大，震得我一哆嗦。人在情绪激动的时候一定要顺着他去说，特别是一个可能患有精神疾病的人。对我我闭上眼深吸一口气，哆哆嗦嗦地说："好，既然你说你不是阿良，那你告诉我你是谁，阿良又去了哪里？"

"他？"他狂笑起来，笑毕，阴森森地对我说，"他也在这里……"

他说着，将我推到了那个四四方方的容器前面。我紧紧闭上眼睛，不敢去看那具婴尸，等我缓缓睁开眼睛不得不面对时，又一次震惊了。近距离的观察，我才发现那不是一具婴儿的尸体，而是一具成年人的尸体。

这么说大家也许不明白，那确实是一具婴儿一般大小的尸体，甚至比刚刚出生的婴儿还要小，可他又确实是一个成年人，肌肉、骨骼、毛发、皮肤一切都是一个成年人的样子，像缩小版的成人玩偶，如果放大十几倍，就是一个标准的男人。

最重要和可怕的是，这个缩小版的尸体居然是阿良。

一个布娃娃大小的阿良。

我被眼前的景象惊呆了，看着那具漂浮在溶液中，如同沉睡一般的小尸体，半天没说话。如果不是亲眼所见，我想我肯定以为自己正身处一个噩梦之中。直到我从喉咙深处挤出一声刺耳的尖叫后，身后的"阿良"才将我迅速推离。

我坐在椅子上，瞪着大眼喘了半天，才听到他的声音："你没事吧？"

我反应过来后急切地问道："那究竟是谁，这到底是怎么回事？！"

他淡淡地说："那是你老公，你真正的老公，林良。"

“我不相信……”尽管亲眼所见，我仍旧觉得这一切太不可思议了，“那你又是谁？”

“你还记得那个喜欢你的学长，季楠吗？”他沉默良久，说出了一个名字。我吸一口凉气，他意味深长地点了点头，“没错，我就是季楠。说实话，楚楚，从大学第一眼见到你的时候，我就喜欢上了你，我也不知道为什么，你也不要问我为什么，尽管你在别人眼里不漂亮、不出众，可我就是喜欢你。”

我结结巴巴地说：“这……这绝对不可能，你怎么会是季楠？！”

“你还记得阿良的母亲是怎么死的吗？骨癌，我想这个你比我清楚。但是你不清楚的是，阿良和你结婚不久之后也检查出了骨癌，这是有遗传因素的。我们是无意中碰面的，我毕业后就去了父亲开的私人医院工作，或许是怕被熟人撞见吧，没想到，阿良会到我家的医院接受检查。”

“后来呢？”我感到这件事绝不是个玩笑。

季楠叹了一口气，说：“遇到阿良，我也很惊讶，更没想到他会得这种病。那天巧遇之后，我们两人去了酒馆，他哭了很久，他说他最放不下的就是你，他说他不敢告诉你真相，不敢想象和你分离是什么滋味，他说他想永远陪伴在你身边。”

季楠说到关键的地方，突然停了下来，一直望着我的眼睛转到了一边。我有些急：“继续说，后来怎样了？”

季楠声音有些酸楚：“后来我决定帮阿良，不，或者说，是我自己的私心吧，我觉得这是一个两全其美的办法，只要阿良答应，即使他走了，我也可以替代他，在你身边照顾你，充当他的角色，他既可以走得放心，我又可以满足自己长久以来的心愿。”

我听得浑身颤抖，似乎意识到了什么，转头望向不远处容器内小巧的尸体：“到底是怎么回事？”

季楠从喉咙深处挤出几个字：“良人酒……”

7

在我的强烈要求下，季楠再一次将我推到那个四四方方的玻璃容器旁。我目不转睛地盯着里面的溶液、那具尸体，以及容器下方沉淀的药材，里面有许多活生生的东西，颜色鲜艳的青蛙，还有奇形怪状的虫子、各种各样的植物。

虽然季楠说他不是阿良，但无论如何面对活生生的那张熟悉的脸，面对这个一起生活数年的男人，我还是无法彻底相信。

季楠一点儿也不着急，四平八稳地说："我知道你不相信，可这是事实。我家祖祖辈辈都是医生，良人酒是不外传的秘方，这东西的方子，还是父亲去世时告诉我的。只要按照方子上写的，找到足够的配药，就基本可以炮制出良人酒。"

"我不懂你的意思……"

季楠继续解释："虽然配药很重要，但最重要的是药引子，一个活生生的人。良人酒之所以叫良人酒，就是因为需要一个人才能成就它。不管是谁，喝下这种酒，仅仅需要一天就能变成另外一个人。"他说着，用深邃的眼神扫了一眼容器内的阿良，"就能变成和药引一模一样的人！"

我听得浑身战栗，大叫着说："这不可能！这不可能！"

季楠很冷酷地说："不管你相信还是不相信，这是事实。如果不是亲自试验，我和你一样也不会相信这种事，但是当我第一天喝下良人酒之后，我发觉我真的变了，我的骨头皮肉、声音动作，都在那一夜间变成另外一个人，那种变化的痛苦让我体会到了真真切切的蜕变……"

"是你杀了阿良！"我突然哭了出来，大吼道。

季楠斩钉截铁地说："不！我说过，我只是提出一个方法。那晚我思前想后，我将这个方法告诉阿良，并不寄望他相信我的话，但他居然说他愿意这样做，只要能有一个人长久地陪伴在你身边，一个和他一模一样的人，他死而无憾。"

我感到冷，不知是被季楠的故事吓到了，还是被眼前的良人酒吓到了。

季楠继续说："如果你还不相信，就再仔细看一看那具尸体吧。那不是玩具，不是模型，是实实在在的一个人，它不会撒谎的。良人酒这种东西不会使任何物质腐烂，因为奇特的配方，它会慢慢吸收药引，就像一块肥皂，药引会变得越来越小，随着时间的推移，最终完全消失在酒液之中。"

我克制着自己的情绪，抖动着嘴唇说："你到底和我生活了多久？"

"三年。"季楠脸上露出一丝温暖，"我以为这东西可以维持一辈子，可我发现他消失的速度远比我想象中快得多。你知道吗？楚楚，我真的很害怕，像当初阿良同意我这么做一样，就像你嫁给阿良时一样。自从知道你和阿良结婚之后，我每天都会去你家门口。"

我不解地说："你来我家门口做什么？"

“看你。虽然得不到你，但只要每天能看你一眼，能看到你生活的甜蜜幸福，我就很知足。所以，我做梦都没有想过，有一天我会取代阿良，成为你最亲近的那个人，然而老天爷给了我这个机会，可是……现在我才明白，假的终归是假的。”

“你什么意思？”

“我的意思就是，我已经不能骗你多久了。”季楠叹了一口气，“阿良的尸体快要没了，或许连这个月都维持不了。这些天我很痛苦、很纠结，我不知道该如何面对那一天，怎样面对离开你的事实。没想到这一天居然来得这么突然，没想到，你会发现我的秘密。或许和当初一样，都是天意吧。”

我有些紧张地问：“你要干什么？”

季楠蹲到我身前，仰视我的脸，笑道：“别怕，我不会对你怎么样的，你还不明白吗？楚楚，我爱你，像阿良一样爱着你，虽然仅仅三年，但我已很满足，哪怕像夫妻一样和你生活一天，我就很高兴了。只是人总是不知足的，我以为能长长久久，原来不过是自己骗自己罢了。是时候了断这一切了。”

8

我再一次醒来时身处家中。我知道，一定是季楠将我送回来了，嘴边还残留着迷药的味道。不知道我在家中昏睡了多久，睁开眼那一瞬间，仍然恍如梦境，那些画面好像只是一场虚幻，好像我的阿良还是阿良，他正在去外地的飞机上……

但我清楚，这都是我的一相情愿罢了。

我突然有点儿抓狂，在沙发上发了一会儿愣便夺门而出。我没有报警，只是狂奔到小区门口，匆匆拦下一辆车，焦急地指挥司机向远郊驶去。此时，我的脑袋一直不受控制，疯狂地胡思乱想，疯狂地回忆着以前的种种。

我越想越害怕，因为还怀抱一丝希冀，却找到了许多真真切切的证据。

比如，季楠。比如，阿良。

回想起来，这三年里，季楠每月都会犯一次病，当时我并不知道他得了什么病，还是一天夜里，无意中发现他一个人躲在厕所中，蜷缩成团，痛苦呻吟。我很害怕，要带他去医院检查，可他冷汗涔涔地对我笑，说没什么大碍，不过是吃坏了肚子。

现在想来，我太容易上当受骗了。

那或许就是良人酒的并发症。

如季楠所说，改变是需要付出代价的，想象一下，两个完全不同的人，要变得相似，骨头、血肉，身体的每一个部分都要完全变化，每一次骨头的变化，每一次内脏的变化，每一次皮肤的变化，或许都像没有打麻药的手术吧。

那种感觉，想想就是痛不欲生的。

而阿良，我真的打死也想不到，他居然会这么做。这是最让我痛心的，我脑海中可以清晰地复制出当时的画面，当他面对绝症，面对季楠的提议，面对那个四四方方、冰冰凉凉的玻璃容器，面对死亡和重生，面对我……

他又是如何艰难地作出了那个决定。

我实在不敢想下去了，眼泪已夺眶而出，哭得好丢人。有人说，一个女人这辈子能遇见一个真心爱你、可以为你付出一切乃至生命的男人，就是最大的幸福，我却遇见了两个。可不知为什么，我接受不了现状，这一切像一场噩梦。

我擦了把眼泪，催促司机："师傅，麻烦你开快一点儿！"

司机没说话，很悠闲地随手打开了收音机。我正要发火，里面的新闻让我呆住了。播音员用标准的普通话播报一则时事新闻："今天上午，十一点左右，我市远郊一处别墅区发生火灾，小区内一幢别墅突然燃起大火……"

后面的话我的耳朵选择性地封闭了，我忽然想到季楠最后说的那句话——是时候了断这一切了。

"快一点儿！"我发出震耳欲聋的尖叫。

当司机带我来到别墅区时，大门口已停了不少警车，远远望去，可以看到红色的消防车，还有浓黑的烟雾冲天而上。我跌跌撞撞地从车里爬出来，想要飞奔过去，双腿却很软，等我跑到房子面前，大火还没扑灭。

警戒圈外，围拢了不少看热闹的人。

我想冲进去，可没有人理会我的哭喊。

天上突然下起小雨，淅淅沥沥的，像有个女人和我一样，在天空之上大声哭喊。这场雨来得已经晚了，火势完全扑灭之后，房子几乎坍陷，残垣断壁间充斥着刺鼻的焦味，大家散去，只剩下我一个人颓然地坐在地上。

有消防员不停地在废墟里寻找什么，不知道是不是在找尸体。

我望着面前颓败的房子，彼时的记忆涌上脑海。我又想起那天晚上，在母校时季楠说过的话，他说那时候他第一眼就喜欢上我了，他说那时候他总是在打篮球时偷偷看我，他说他想一辈子在我身边……

然而无论怎样，我都想不起季楠的模样，在眼前飘来荡去的，总是阿良的那张脸。

9

我是季楠，此时此刻我写下人生的最后一封信，也是最后一个秘密，并不是为了公之于众，因为不一会儿，它就会随着我、随着这幢房子、随着面前的良人酒一起消失在火海之中。这是我的绝笔信，也是我最后一次欺骗楚楚。

是的，一切其实没有那么浪漫。

大概爱情和现实生活总是格格不入，有个名人说过，爱情就是我爱的人不爱我，爱我的人我不爱。楚楚一辈子都不会知道，其实阿良根本没有爱过他，如果不是那次阿良带着女人来到我的医院打胎，我和所有人一样，都以为楚楚生活在王子公主的幸福生活中。

原来现实是这么丑陋和残忍。

我爱楚楚，所以我绝对不能容忍阿良这样对待她。

那之后，我思前想后决定找阿良深谈，为了楚楚一辈子的幸福，我必须这么做。但是当我将他约出来后，他的冷酷和绝情让我吃惊。他居然大言不惭地告诉我，他从来没有喜欢过楚楚，他喜欢的一直是那个女人，娶楚楚不过是不想违背重病的母亲最后的一点儿愿望。

现在母亲已经离开，他没必要继续履行这份承诺。

听到这样一份答案，我很愤慨。

我不知道自己怎么了，突然很激动，竟然扑向了阿良。我没有想到自己的冲动会酿成大祸，在扭打过程中，我掐死了阿良。当看着他冰冷的尸体，我完全傻眼了，我很害怕、很纠结，不清楚该怎样面对这个无法收拾的结果，直到我想起良人酒。

良人酒那东西我从来没有碰过，它仅仅停留在父亲的故事和那张老旧的配方纸上。

我知道自己已走火入魔，那晚我居然决定试一试。

当那晚奇迹发生的一瞬间，伴随身体变化的剧痛，我才意识到这是真的。那一刻，我竟然兴奋得想哭，我变态地想，这或许是老天爷给我的一个机会，一个可以拥有梦想的机会，一个可以拥有爱情的机会，一个可以拥有楚楚的机会。

可后来我才知道我错了。

我骗了楚楚，也骗了自己。

一切都是自欺欺人，就像良人酒，镜花水月罢了。当我和楚楚真正生活在一起后，我才发觉有些东西是无法替代的，爱情于相爱的人来说很甜蜜，于不爱的来说，则像魔鬼一样可怕。楚楚对我的好，每一日都折磨着我，因为我清楚，那不过是因为我有一张和阿良一模一样的皮囊罢了。

爱情或许真的就是一个极端而两面的东西吧，我知道自己就是一个可怜虫，假模假式地享受着这份虚假的爱意，可是我真的抛不下，真的离不开，我也一点儿不后悔。唯一迷茫的是，我将如何结束这场骗局，因为我清楚，良人酒早晚会喝完的。

可笑的是，这一天居然来得这么措手不及。大概是老天爷在惩罚我，不过，与此同时倒让我找到结束的方法，那就是另外一个骗局。当我看到楚楚面对阿良的尸体，那副不可思议、惨白可怕的脸庞时，我切身体会到，真相会把她伤得体无完肤。所以，我决定用另外一个谎言来弥补自己设下的骗局。

就让阿良一直去爱楚楚吧，就让楚楚一直活在爱情的陷阱中吧，如果人与人终究要分离，我宁愿楚楚一直活在爱中，也不要让她去恨。这或许是我在临死之前能为她做的最后一件事，愿她永远不被自己的所爱抛弃。

至于良人酒的方子，我已经上传到网络，希望能帮到有幸遇到并有所需要的人。

爱情常常让人变态。幸运的是，我们能遇到那个值得我们变态的人。悬疑志

作者的话：

“一字怪谈”系列是我一时激动想到的点子，汉字文化源远流长，每一个字都很有艺术感和内涵。《良人》这个故事与其说是怪谈故事，不如说是爱情故事。写它的时候，我一直在想一个问题——爱情究竟是不是一种食物？能不能吃？怎么吃？

就像我身边的一对朋友，结婚了，租房度日，两人每天为了钱打嘴仗、打手仗，可是依然谁也离不开谁。每次看到他俩的时候，我总觉得他们彼此吃掉了对方的爱情，心甘情愿地咀嚼彼此的爱和恨。

黄泉

Huang Quan

文/水心沙　图/玉烟先生

1

夏至过后的第二个星期，他们把我送去了乡下姥姥家。

姥姥家在一个名叫槐莽村的小村子里，村子离县城有一个多小时的车程，山坳子里的一个地方，比较闭塞也比较落后。至今村里的用水都是靠地下井打的，有灯有广播有电视，但电脑只有村长家里摆了一台，还是586的。

村里种着很多槐树，还有一些开满了白色花朵的不知名大树，几乎每家每户都种了，他们把这种花采下来晒干了和红薯拌在一起熬粥，很香很甜，还有一种非常绵实的口感。第一天到姥姥家时，她就给我熬了这种粥吃，我坐在她家堂屋门槛上吃着粥，看着院子里那棵不知道多少岁的大槐树，风透过树叶吹进院子里，虽然没有空调，但我觉得很凉快。

我叫红夜，今年十六岁，高一辍学，是个哑巴。

据说我爸是个考古学家，妈妈说，在我出生那年，他跟人到外地出差的时候失踪了，十六年始终没有回来过。去年妈妈生病，也走了。二叔收留了我，二婶于是很不开心，一年里她一直在跟二叔吵，吵得天翻地覆。

半个月前，她吵着吵着突然离家出走了。二叔在房间里抽了一整天的烟，之后，他出来找到了我，拉着我的手，摸着我的头，轻轻对我道："小夜，搬去姥姥家住成不？叔对不起你……"

姥姥家房子很大，里三间外三间，这么大一栋屋子在我来之前，一直只有她一个人住。堂屋正中央的八仙桌上放着姥爷的遗像，很年轻，戴着30年代的法兰克帽子，身上却不伦不类地穿着件长褂。姥姥说姥爷是个做学问的人，但身体一直都很不好，所以在我妈两岁时他就走了。我妈遗传了他的体质，现在她的相片就摆在姥爷遗像的右边，看上去和姥爷的岁数差不多大。

左边摆着我爸爸的照片，我用手势询问姥姥，为什么把爸爸的照片也供在桌上，那不是供去世的人用的吗？她费半天劲儿看明白之后，叹了口气，对我道："人都不见了十六年，如果活着早就回来了，不是吗？"

我摇头，固执地把爸爸的照片取下来。她也没有坚持，只又朝我看了看，轻轻摇头道："也不聋，也没什么病，这孩子怎么就会是个哑巴呢……"

我也不知道我为什么会是个哑巴。

妈妈说，我刚出生时哭声是很亮的，一点儿也没看出哑的征兆，可是眼看着一点点到了能说话的年龄了，却迟迟没有开口，只有急了才咿咿呀呀叫上两声，那时候，她才开始慢慢接受一个现实——我是个哑巴。

也许正因为是天生的残疾，所以我的其他感官都特别灵敏，因为我可以听到以及看到一些别人听不见看不到的东西。但我很难描述那些东西到底是什么，有时候听起来或者看起来像人，有时候也可能是一缕烟，有时候是某种动物……它们以各种各样的方式出现在我眼前，我能看到它们、听到它们，甚至碰触到它们，但就是永远无法将它们告诉给我周围的人。

妈妈说，失去一些必然会得到一些，这是规律。我不知道这是不是就是我的得到和失去，如果可以的话，我还是更希望自己能开口说话。

姥姥是村里的医生，替人看病不要钱，随便给些吃的用的就行，所以虽然她没有行医执照，来找她看病的人还是很多。其实，姥姥从来没有念过正规的医科学校。妈妈说，姥爷才是真正科班出身的正牌医生，在他还是少年的时候，他曾出过洋留过学，回来后开了家诊所。后来娶了姥姥，姥姥就成了他的助手，每天帮着他号号脉问问诊，大约姥姥的医术就是在那个时候潜移默化学来的。

姥爷去世后很长一段时间，村里的医生总是换来换去的，来一个走一个，走一个再请来一个。到后来就彻底没了医生，那些有学问的都上县城里去了，谁愿意守着这块小地方年复一年过着平静如死水的日子。但总得有人治病吧，于是姥姥接替了姥爷的位子，做起了村里仅有的医生。

每当姥姥出门替人看病的时候，我就会在这套大房子里转转，替她做些整理工作。姥姥保存着很多姥爷留下来的书，有深奥的医书，也有一些《山海经》之类奇奇怪怪的杂谈，有些旧得连纸都烂了，没保存好，怪可惜的。我将它们全都收拾在一口大箱子里，留着以后没事的时候可以翻翻看看。

转得累了，就坐在客堂门口发发呆。

村里地方大，人口少，姥姥家房子的位置尤其偏僻，周围不是山就是田，隔着农田勉强可以看到远处几排农屋在田埂边立着，所以这样的大热天里除了几条野狗，路上几乎见不到人。因而也就不能像过去在家里时那样，没事做的时候趴在窗口看看周围人来人往打发时间，这附近的邻居只有一户，跟姥姥家隔着个院子，是一栋比姥姥的房子看上去还要古老的宅子。

那宅子里种了很多树，密密麻麻的枝叶从墙头上钻出来，覆盖了大片的院子。院子里从没见有人进出过，也从不见姥姥或者其他人进去串门，似乎里头没人住，不过到了晚上透过房间的窗，可以隐隐看到隔壁房子里的灯光。光总是固定地从一个房间里透出来，那房间的窗帘总是拉着的，即便是这样炎热的夏季。

2

这天和往常一样，我给姥姥收拾好了房间擦好了地，给自己煮了点儿面坐在门槛上吃着，一抬头，意外见到隔壁房子那扇整日蒙着窗帘的窗开着，一条白晃晃的胳膊从里头探出来，懒洋洋地垂在窗台上。

我不免有些好奇，放下面碗站起身，朝那房子的方向走了两步。

夏日的午后很安静，我踩在院子枯叶上沙沙的脚步声很快惊动了窗里人，不一会儿，一张脸从窗户里探了出来，朝我瞥了一眼。

那是个二十来岁的女人，长得很漂亮，大眼睛，长波浪的头发，皮肤白得像瓷片。身上衣服很时髦，鲜红色的吊带裙子，露出细巧的锁骨和精致的乳沟。这种打扮不像是当地人，我想她可能刚从城里过来，所以之前一直都没有见过她。

当下朝她笑了笑。

她没回应，只是目不转睛地朝我看了一会儿，然后将纤细的手指夹着的那支纤细的烟塞进嘴里，轻轻吸了一口。

漂亮的人总是连吸烟、喝酒之类的姿势也能做得那么从容好看，我被她的目光瞅得有点儿尴尬，于是转过身准备继续去吃我的面。

“喂，”这时听见那女人在窗户里叫我，“你是这家的孩子吗？”

我回过头朝她点点头。

“以前没见过，刚来的？”

我再点头。

“你叫什么？”

我没办法回答，只能用手指了指自己的喉咙，朝她做了个无奈的手势。

她怔了怔，继而轻轻喷出一口烟：“原来是个哑巴……”

说完，她侧身进了屋，伸手把窗关上了，我回到原地重新拿起面开始吃。面已经结成块了，有点儿难吃，不过我心里有点儿高兴，因为身边总算有个和我年纪差不多的人能来往了。

晚上姥姥到家时带回只红烧蹄髈，她说她刚给村头的老王家接生了个大胖小子。蹄髈是用冰糖熬的，光溜溜红艳艳像块涂了蜜糖的软糕。她让我上树给她摘了些白花拌在肉汤里放锅里一起煮了，不多会儿香味飘了出来，浓稠里带着股清甜的花香。

姥姥说那树叫抱果子，打仗时候闹饥荒，这里的人是靠它救命的，夏天可以采下来直接吃，晒干了之后磨成粉，熬的糊糊也非常好吃，所以到现在还有不少人习惯拿它当粮食，因而每家每户都种了不少。

又说，村里槐树多，槐树性阴，养在家里本来是不妥当的，但周围种上抱果子就没事了。为什么呢？因为抱果子是狐二爷喜欢吃的东西，有抱果子在就有狐二爷在，有狐二爷在，槐树的阴气就都被狐二爷吸走了。

那狐二爷是什么呢？我打着手势问姥姥。

她笑笑，压低声音道：“狐狸呗……”

姥姥总是喜欢在吃饭休息的时候给我说这些东西，狐二爷、兔子精、土狗子……很多奇奇怪怪的东西，也不知道她是从哪里听来的，然后有模有样地说给我听，好似她真的见过一样。

所以，我也把今天见到隔壁家主人的事当做趣事告诉了她。

半天她才看懂我的手势，岂料她非但没有觉得有趣，原本一张微笑的脸沉了下来，问我：“你在哪里见到那个女人的？”

我被她的表情吓了一跳，迟疑着慢慢伸手朝隔壁隐露灯光的那栋房子指了指。她看了眼，半晌没有吭声，只默默扒了几口饭，然后站起身舀了碟蹄髈肉走到客堂外，将碟子放到地上跪下拜了拜。

我不知道她这是将肉祭拜给谁，只学着她的样子也跪下，咚咚磕了两个头。将头抬起时突然发觉隔壁那盏灯灭了，我扯扯姥姥的衣服朝那方向指。她看了眼，拉起我的手带我进了屋，一边轻声道:“没事别老去看那屋子，不好的。”

为什么不好？我用目光询问姥姥。

她没回答，只是停下脚步瞅着我的眼睛看了又看，然后重重叹了口气，朝我肩膀上拍了一把:“上楼睡去吧。”

我被她弄得有些忐忑，又有些莫名其妙，却也没办法再继续问什么，在一旁等了片刻，见她忙碌着没有再理会我的打算，只能悻悻然转身上楼。

3

第二天一早，姥姥又出诊去了，离开前我听见前院的锁响了几下，趴到窗户口朝外看，果然见到姥姥将院子的门反锁了。

她是怕我跑到哪里去吗？

心里犯着嘀咕，一转头，瞥见隔壁那间屋的窗竟然又开着，一张美丽而苍白的脸从里头探了出来，嘴里叼着烟，胳膊肘支着窗台，静静地看着我姥姥锁上门后渐渐走远的身影。

我朝她摆了摆手，她看到了，回头望向我，朝我轻轻吐了个烟圈:“早，小妹。”

我点点头。

“一个人在家？”

我再点头。

她似乎觉得有些无趣了，同哑巴说话的确是件无趣的事情。将手里的烟头掐灭丢出窗外，她朝我摆了下手，关窗进屋。我略略有些失望，这地方实在沉闷而寂寞，连电视都收不到几个台，总算见到个和我年纪差不多的，却似乎被人嫌弃了。

呆呆地看着那张空落落的窗台的时候，隔壁门一响，那女人从屋里走了出来，手里拿着个纸袋子抬头朝我看了一眼，往墙壁上一抛，抛进了姥姥院子的墙。

我赶紧三步并作两步下了楼跑到院子里，一眼见到那袋子在墙角根儿躺着，拾起来一看，原来是汉堡包。

“乡下地方买不到这个，昨天带回来的，你吃吧。”墙对面响起那女人的话音。

我开不了口对她道谢，只能用力拍了拍袋子。

这时听见隔壁院门传来阵敲门声，女人走去开门，片刻后听见她道:“你来了?”

“想我了?”回答她的是个男声，听上去年纪不小，口吻却暧昧如情侣。我狐疑着重新跑上楼，到二楼窗户边朝隔壁望，刚好望见一个胖胖的男人跟在女人身后走进房子。男人看上去五十开外，同女人站在一起像她的父亲，手却揽着女人纤细的腰，还未进门，已迫不及待地吻住了女人裸露在吊带红裙外的肩膀。

继续窥望着的时候，女人一伸手将门关上了。四周登时静了下来，只有鸟儿在枝头的鸣叫声，伴着风吹树动的轻响。

傍晚姥姥回到家的时候，我正拉肚子拉到两眼发黑。

也不知道吃了什么坏东西，中午后，我的肚子就开始刀搅似的疼，此后一趟接着一趟去厕所，却怎么都拉不干净。到后来拉得只剩下水，肚子依旧疼得无法忍受。所幸这时姥姥回家，她见到我的样子吓坏了，一迭声问我吃了什么拉成这样。我想了想，除了中午的面，就只有早上隔壁那女人给的汉堡了。

想起姥姥昨晚听见那女人时的脸色，我撒谎地指向台罩里那碗有点儿发馊的面筋。

她端起闻了闻，埋怨道:“馊了还吃什么，这孩子真是的……家里又不是没有别的东西吃……”边埋怨边把我扶到床上躺下，把了把脉，脸色随即沉了下来，“小夜，你真的只吃了那碗面筋?”

我被她看得微微有些发慌，但还是硬着头皮点点头。

她捏着我的手看着我，半晌，叹了口气，走到厨房拿了些瓶瓶罐罐出来，往碗里倒了些酒，又倒了些不知名的调料似的东西，让我一口气喝下。

说来也怪，这碗呛得让人反胃的东西一喝进胃里，肚子立刻热了起来，好似一团细细的热线在里头翻滚。片刻咕噜噜一阵响，放了几个屁，肚子不痛了。

“小夜，”见我脸色好了些，姥姥一边收拾桌上的东西，一边沉着脸对我道，“姥姥再关照你一次，没事不要老去看隔壁那屋子，知道不?”

为什么不能？我打着手势问姥姥。

她摇摇头:“小孩子不要多问，叫你不要看，听就是了。”

说完，她起身重重地关上窗拉上窗帘，带着桌上的瓶瓶罐罐离开了我的房间。

屋子里一下子静了下来，我躺在床上瞪着天花板，却怎么也睡不着觉。隔壁那女人很和善，虽然抽烟，并且交的男朋友年纪有点儿大。姥姥为什么这么讨厌她呢，或者说，连带那栋屋子都讨厌。

我想不出所以然来，姥姥也不肯把原因明说。

或许她有苦衷？可是她不说，只一味告诫我，我实在觉得有些难以接受。

正呆想着，忽然听见窗外隔壁那家的院落里再次传来阵敲门声。

片刻后，一阵脚步声从屋里到院外，接着门开，我听见那女人略带娇媚的声音道:“你来啦……”

我一骨碌翻起身走到窗边掀开窗帘的一角，朝外看，看到隔壁院子里一男一女相拥着走进屋子里。

女的是屋主人，男人却不是白天那个。这个很年轻，很瘦，戴着副眼镜，看上去斯斯文文的，可是两只手一点儿也不斯文，才进门就迫不及待地抓住女人的两条胳膊，把女人按到了墙壁上，一把撕开了她的衣服。

这时楼下突然响起姥姥的走动声，我一惊，慌忙放下窗帘。

过了会儿，姥姥的脚步声消失了，我再将窗帘撩起，此时却什么都看不到了。他们关了房门，只有那间每晚亮着灯的房间依然从窗里渗出一团晕黄的灯光，里头窗帘拉得很严实，我什么都看不见。

4

这天晚上我几乎一夜没睡。大约在十点的时候听见隔壁有女人的哭骂声，似乎在吵架，但是一个字也听不清。后来好不容易渐渐昏沉了起来，可是随即被一阵更大的哭叫声吵醒。我迷迷糊糊地爬起来拉开窗帘朝外看，刚好看到隔壁那女人从屋子里跑出来，一身红衣在夜色里格外醒目，火一样的颜色在风里一路飘飘摇摇到了院子中心那口井边。我没来得及反应她要做什么，就听扑通一声轻响，她一头朝里跳了进去!

那瞬间我一激灵，整个人登时完全清醒了，用力揉了揉眼睛朝那口井的方向看，那边黑糊糊一团，除了白森森的井口在夜色里若隐若现，什么都看不清楚。这当口突然眼角边一亮，我见到隔壁那扇紧闭的窗又开了，一张苍白美丽的脸从里头探了出来，嘴里叼着烟，胳膊肘支着窗框，一双水灵灵的大眼睛静静地看着我。

我愣住了。

我再次揉了揉自己的眼睛，她依然站在窗口处望着我，嘴里吐着乳白色的烟圈。

那我刚才看到的又是什么……

狐疑间，她朝我微微一笑退回窗里，伸手关上了窗。此时，头顶隐隐一阵闷雷滚动，在连着数日高温之后，这天似乎要下暴雨了。

第二天果然下了场大暴雨，整整下了一天一夜。姥姥说，如果老天继续这么下的话，地里的庄稼都要烂死了。

所幸第三天晌午雨渐渐停了，将近两天的暴雨把天洗得像刚从水里捞出来似的干净，空气也干干净净的，混合着青草和土腥味的一种微凉。

吃过中饭，村东来了人急急把姥姥叫走，因为有产妇要生了。屋里又剩下了我一个人，我抬头看看隔壁那扇窗，窗关得很紧，这么凉爽干净的天空，屋主人似乎也没打算开窗透透气。我在老槐树下坐着看了一会儿书，觉得有点儿无聊，于是站起来拍拍屁股朝院子外晃了出去。

如我所料，院子门没锁，姥姥走时很匆忙，怕是忘了。

门外蒿草淋了两天雨后疯长得几乎盖没了那条羊肠小路，小路弯弯曲曲连接着整个村子，姥姥说假使我在外面玩得迷了路，只要认准这条小路一直走，总归是可以走回家的。我来的那天走的就是这条路，那会儿草还没这么高，视野还是比较开阔的。此时走在路上仿佛四周都是奇高的草，一眼看不到头，仿佛穿梭在密林里似的。只能靠远处的山辨认方向，那座山叫澈川，因为山里有道清澈得不得了的瀑布。

路有点儿泥泞，索性光脚踩在泥地上，倒也惬意自在。一路走着，偶尔可以看到一些像蛤蟆但不是蛤蟆的东西从附近的草丛里一跳而过，急急忙忙地蹿入前方更茂密的草丛里。经过我脚边时偶尔有些会停下来朝我唧唧叫上两声，我故意装作没看见，继续朝前走。它们也不会跟来，片刻就跳开了，它们的好奇心要比城里那些小得多，危险性也小很多，但我一直都不知道这些只有我才能见到的小东西到底叫什么。

再往前走，就能看到我来时经过的那座石板桥了，桥下是条干枯了很久的小河，河对岸的庄稼地再往前就是这村子人口比较密集的地方了。姥姥说那儿还有个小市集，不去县城赶集的时候，大家都是在那里买东西的，有时候那里还会唱唱大戏，是整个村子最热闹的地方。

正想继续走到那个地方转转打发时间，突然头顶一道闪电划过，紧跟着几滴豆大的雨毫无预兆从头顶上砸了下来。

我赶紧掉头往回跑。

没跑几步倾盆大雨就倒了下来，我低头急匆匆地一阵奔，险些同前头迎面过来的那个人一头撞上。

所幸听见脚步声时及时站住了，抬起头，一把伞罩在了我的头上。那人一双漂亮的大眼睛看着我，摸了摸我满头的水："出来玩啊，小妹？"

原来是隔壁那女人。

近看她更加美，皮肤很细，头发软得像绸缎，眼睛水灵灵的，玻璃似的通透，这样漂亮的面孔让我不由得红了脸，当下点了点头。我垂下头，躲在伞里跟她一路往回走，她身上有股很特别的清香味，像雨后的青草。

"姥姥出门了？"

我点头。

"饭吃了没？"

我再点头。

"要不要去我家里玩一会儿？"

听见她的邀请，我怔了怔。

她家里的院子很漂亮，我也很想有个和我年纪差不多的人能陪着一起散散心，听对方说说话，而不是总闷在死气沉沉的老房子里，翻着比姥姥年纪还大的那些书，对着院子里的老槐树发呆。

可是如果被姥姥知道的话，她一定会很不高兴的。

"就玩一会儿。"女人道。

我抬头朝她看了一眼，不由自主地点了点头。

进了女人家的院子才发觉，她家院子要比姥姥家的大很多，里头种的树也多了很多，浓密的树冠几乎遮住了整片院子，外头豆大的雨因此打不进来，只稀稀落落透过枝叶的间隙细细飘下，无声无息，被风一吹就散了。

房子盖在这片浓密的树丛边，很厚实的木结构房子，门窗上雕着很精致的花鸟，不知道有多少年头了，上面的漆已经脱落得所剩无几，一些纹理也已经模糊不清。

推开门，一股清冷的风从里面宽敞的堂屋里吹了出来，很凉爽的特别味道，伴着植物的香和泥土淡淡的潮湿，同女人身上的气味很相似。而这屋子里的家什跟这房子一样老旧，老旧的黄杨木桌椅，老旧的黄杨木橱柜，老得像姥姥脸上的皱纹。因而当她穿着她时髦的吊带裙，踩着她时髦的高跟鞋走在这里头时，有种很奇特的感觉。

这样一栋房子，她一个人住该是很寂寞的吧？我想，一边朝她看了看。

她感觉到了我的目光，朝我笑笑："这房子是我丈夫的。"

我愣了愣。她有丈夫？那之前的两个男人是怎么回事……

没等我从困惑里走出来，她又道："雪糕要不要吃，我自己做的。"

我点点头，她转身进了厨房。

女人离开后堂屋安静了下来，我找了张凳子坐下，一边继续打量这间古老的房子。

姥姥说房子跟人一样，年纪越大故事越多，仔细去瞧的话里头的一砖一瓦都会同你说话。而这栋房子会跟人说些什么呢？它和姥姥家不一样，姥姥家的墙壁上挂着好多照片，新的旧的，家里人或者乡里人。这房子里却一张也没有，空荡荡的墙壁上挂着一些红木的板雕画，依稀可以分辨是《西厢记》和《红楼梦》。姥姥家的桌子、柜子上总堆满了收拾不完的坛坛罐罐，这房子的桌子、柜子上收拾得很干净，纤尘不染，只摆着一些看起来颜色很旧的瓷器，原本白色的瓷面已经发黄了，摆在柜子的陈列架上，隐约可辨上面细细的裂缝。

正看得仔细，一阵滴答声吸引了我的注意。抬头朝前看，原来是一座老式落地钟，黄铜的钟摆在积满了灰尘的坐垫上一摇一摆，钟面是珐琅瓷的，同姥姥家那座老挂钟很相似。这当口听见女人的脚步声从厨房出来，正要将视线移开，忽然钟面上一样奇特的状况再次拉回了我的注意力。

那钟上的秒针是倒走的……一格格逆着走的秒针拖着分针朝后跑，我从来没见过这样奇怪的钟……

"来，尝尝看。"女人端着碗冒着白气的雪糕走到我面前，将它递给我。

盛雪糕的杯子很漂亮，雕花的玻璃杯，蓝色的杯面衬着雪糕白色的柔软。我接过，挖了一勺含进嘴里，冰冷，却没有什么味道，像一层很细腻的冰霜。

"好吃吧？"女人问我。

我点点头。

听见耳边打火机咔嚓一声响，我抬眼，发觉那女人在注视着我，坐在一旁的椅子上，手里拈着支烟。

我被她看得有些不太自在，只能继续低头朝嘴里扒几口雪糕。

依旧是淡淡的，也许她忘了放糖。

"乡下地方很闷。"这时听见她又道，自言自语似的，"也不知道什么时候才能回去。”

回去？我想问她回哪里，但手里端着杯子，只能继续沉默。

“你呢，为什么要到这种地方来，城里读书不是更好些吗？”问完意识到我不能回答，她掩了掩自己的口，朝我笑了笑，“对不起，老忘了你不能说话。”

我摇摇头。

“不如我俩做个伴吧，你一个人，我也一个人。”她慢慢吸着烟，伸了伸两条细长的腿，对我慢慢道，“有个伴好打发时间。”

我点头。

她见状眼里目光微闪，似乎有些高兴，却又很快皱了皱眉：“这地方真是太安静了，像座坟墓一样。”

说完，很长一段时间她没再开口，只是一口一口吸着手里的烟，静静地看着我。

屋外雨声已经停了，久违的阳光透过云层静静地斜射进窗里，于是墙边那口钟的声音再次变得清晰起来。滴答滴答……这令我忍不住朝那上面逆向走动的秒针看了又看，从之前到现在，它已经倒退十来分钟了。

她意识到我的目光，也回头朝那边瞥了眼，随即突然丢开烟头站起身，有些匆忙地对我道：“我离开一下，你等我。”

我下意识地点了点头。

不知道突然想到了什么让她这样不安，她的脸色看起来确实不太好。推开椅子后匆匆上了楼，屋子里再次静寂下来，我尝试着又吃了两口雪糕，发觉胃口全无。

5

于是就那么坐在凳子上干等着，一晃半小时过去了，女人始终没从里屋出来。

算算时间，差不多该是姥姥回来的时候了。我有点儿坐不住了，起身走到楼梯口朝上看了看，上面光线不太好，黑洞洞的，什么都看不清。我也不能开口去唤她，原地徘徊了几圈，最终按捺不住，我抓着扶手朝楼上慢慢走去。

楼上有三间房，两间的门从外头上了锁，显然是不住人的。第三间在走廊尽头，算算位置，应该就是我每天见到灯光出来的那个房间。所以有那么一瞬间，我看着那扇门迟疑了一下，直到那扇虚掩着的门里似乎有人影微微晃动了下，我才毫不犹豫地走了过去，在门上敲了两下，将它推开。

然而屋里一个人都没有。

晃动着的是窗外那棵巨大的老槐树被阳光投射在窗帘的影子。同堂屋一样，房间里也收拾得很干净，干净得不像有人住过的样子，一些白布蒙在床和沙发上，勾勒着它们安静的曲线，好像一具具安静的尸体。

这情形不由得让我心跳变快了起来。

那女人去哪儿了？我明明见她上了楼，为什么所有房间里都没有人……寻思间走进房间，我走到了那扇窗户边，将那道罩得严实的窗帘朝边上拉开。

窗外整个院子一览无余。

雨后的树叶闪着翠绿的光，在阳光下一闪一闪的，风一吹洒落一片晶莹的水珠。交错的枝叶间，我看到女人火红的身影在树底下站着，手里捏着烟。

我不由得轻轻松了口气。原来是她……当即张开嘴用力朝她发出了啊啊的声音。她闻声抬头朝我这里看了一眼，扬手朝我招了招，我赶紧掉头奔下楼。

一口气奔出屋子，再看向那棵老槐树，树下却不见了那个女人，只有一口井静静地躺在那个地方，白森森的，远远看过去的时候觉得有点儿异样。

我朝井边走了过去。

其实村里每家每户都在自己家院子里打井，没什么特别的，之所以觉得异样，可能因为那天晚上我似醒非醒时所看到的东西。

我看到那女人从井边跳了下去，非常真实的一种感觉，虽然它只是我似睡非睡时产生的一种错觉，但当真的走近这口井时，仍不免会有种特别怪异的感觉，这感觉令我既想远离这口井，又吸引着我走过去将它看个仔细。

风吹起槐树上的叶子，它们打着转飘落下来，落到了井里。

我走到它边上，低头朝下看了一眼。

井里的水很清，一阵涟漪过后，清清楚楚倒映出了我的脸，甚至能看到我头顶上摇曳的树叶和浮动的云。

又一阵风掠过，飘落的叶子令水面再次掀起一阵涟漪。

涟漪平静后，我见到水里的自己身后多出了一张脸。

很美，很苍白的一张脸。

贴在我脸侧，她静静地看着我，我想问她刚才到底去哪儿了，可是一个字也问不出来。

见状，那张脸笑了，温柔美丽的笑。

然后我觉得自己的身体不受控制地猛然朝前一倾，没来得及意识到发生了什么，整个人已一头朝那口井里栽了进去！

"啊！"嘴里不由自主地发出一声尖叫，我惊恐地看着井内那片平滑如镜的水面和水面上倒映出的我惊恐的脸。

扑面一股森冷的风，带着井底下不见阳光的腥臭，令我不由自主地闭上了眼睛。

就在这时，身体的坠落戛然而止。

当我回过神睁开眼的时候，我重新呼吸到了带着阳光和新鲜泥土味的空气，并且发觉自己仍站在那口井边，头正对着井口低垂着，双手牢牢抓着井口的石壁。

井里的水依然平滑如镜，倒映着我的脸，一张惊魂未定而苍白如纸的脸。

突然身后一道人影闪过，惊得我迅速跳起来，回过身"啊"的一声大叫。

身后那人朝后轻轻退开一步，摘下脸上那副细丝边眼镜看了看我。

"不要怕。"随后他道。话音很轻，沙沙的，仿佛嗓子不太好。

我微怔。

这是个从未见到过的陌生男人，很年轻，很漂亮，一种安安静静的不同于那女人美丽到张扬的漂亮。说话的样子也是安安静静的，很温和，温和得好似雨后吹过树丛的风。这令我紧绷的心略略放松了些。

"以前没见过你，刚来的？"片刻后听见他又道。

我迟疑了下，点点头。

他看着我的样子微微一笑，朝我伸出一只手："我是这里的房东，姓黄，你可以叫我阿泉。"

房东？

我没有理会他的手。

抬头朝屋子方向看了一眼，没见到之前那女人的身影。短短一瞬的工夫她去哪里了？她为什么要把我推下井？她和这自称是房东的男人到底是什么关系……

寻思间，那男人望着我的眼睛，忽然对我道："你不能说话？"

我心烦意乱地点点头。

啊！
以前没见过你，
刚来的？

“不能还是不想？”

哑巴还能选择不能或者不想的吗？想这么问他，可苦于说不出来，只能怔怔地站在原地。这时突然听见院子外有人在重重地敲门：“有人吗？！有人吗？！小夜，你在不在？！小夜！”

是姥姥……

忙奔过去打开门，姥姥一见到我先是一愣，随即脸一下子涨红了，怒冲冲地对我道：“叫你不要去看这房子！你倒好！干脆跑来了！你还有没有我这姥姥！你这丫头怎么跟你妈一样不听话？！”

劈头盖脸一顿骂，我被她骂得头也抬不起来。

直到身后传来阵阵脚步声，姥姥才停住嘴，缓了缓脸上的神情，朝我身后道：“黄先生，您回来了？”

黄泉走到我身边，摸了摸我的头发：“是的。这是你家的孩子？”

“是的，外孙女，司徒红夜。”

“原来你就是红夜。”听他这么说，好似以前听说过我似的，我抬头看了他一眼，他微微笑着，望着我姥姥，“她有十六年不能说话了吗？”

姥姥点点头。

“怪可怜的孩子。”

“是啊，真是很可怜。”

“早点儿带她回去用点儿药，按我上次给你的方子。”

“好的先生，谢谢您了。”姥姥一边说一边把我拉到她身边，转身正要带着我离开，随即想起了什么，回头恭恭敬敬地问那男人，“除了吃药……我们还需要留意什么吗，先生？”

“先好好休息就是了，她还太弱。”

“晓得了，谢谢先生……”

6

同黄泉道别时天已近黄昏，斜阳在天上拉出长长一片金灿灿的余晖，煞是好看。

姥姥不让我去看隔壁的房子，姥姥见到我出现在隔壁的房子里后，那怒气是显而易见的。但姥姥对隔壁房子的房东黄泉，有种显见的恭敬。

我不知道这是为什么。

她说黄泉是那栋房子的主人，前些天出差去了，今天应该刚刚到家。

如果黄泉是那栋房子的主人，那之前我见到的那个红裙子女人，她又是谁。

姥姥没有回答，只在晚饭时，跟我讲了一个关于那房子里所发生的故事。

故事说，一个非常漂亮的女人，在她最美好的年纪嫁给了一个年轻英俊、家财万贯的男人，本是个如同灰姑娘般美好的故事，却在两年后风云突变。

男人自小含着金钥匙长大，所以从不将钱当做钱来看，婚后不久染上了赌瘾，被所谓的朋友骗去澳门一掷千金地大把赌钱，最终不仅将家里所有产业全部输干净，还欠了一大笔债。之后逃回内地，到处借钱还赌债，甚至逼迫自己的妻子卖身偿还他的债务。

那间乡下祖传的老房子，曾经是两人度假时的爱巢，却成了那女人受尽折磨的噩梦之地。她被迫在这仅有的房产中每天接待那些觊觎她美貌的男人，用他们给的钱为自己那没出息的男人还债。

最终有一天，那男人喝醉了酒回来告诉她，他又去赌了，拿这房子当的赌注。本想一口气赢回部分的钱，谁知中了别人的圈套，把这唯一的房产也输掉了。

听到这令人绝望的事情，那女人没有哭也没有闹，当晚做了晚餐两人吃了。在那男人睡着之后，她将自己收拾得干干净净，然后爬上床用刀将那男人的头割了下来。

血染红了她的裙子，她穿着那条被血染红的白裙子走出房子，在那个风雨交加的夜晚，跳进了院子中央那口槐树底下的水井。

那后来呢？我打着手势问。

姥姥道："后来，买下这房子的人听说出了这种凶案，就把房子低价转手了，前后转了好多次，也出租了好多次，房价被越压越低，最终也没人肯在那地方住下来，因为凡是住过的人都说那房子里闹鬼，里头有个红衣女鬼。直到后来黄先生搬来，这房子才算是有了新的主人，只是若他不在家，尽量不要靠近那房子。"

为什么？我不禁再问。

姥姥用筷子敲了下我的手："吃饭还那么多话。问这么多做什么，快吃！"

我悻悻然端起碗，悻悻然将碗里的冷饭慢慢扒完。

吃过饭，姥姥洗碗去了，我一个人坐在堂屋的门槛上乘着凉。

天终于黑了，星星布满树顶上的夜空，一闪一闪的。几次抬头望向隔壁的房子，房子里有灯光亮着，却不是过去那扇窗。

那是离我们这边最近的那扇窗户，白天看时它是锁着的，此时它里头亮着橙色的灯光，朝向我们院子的那扇窗也半开着，白色的窗帘在风里微微晃动，隐约露出里头的一道身影，白衫黑裤，静静地坐在窗边的一张藤椅上翻着书。

而那红衣女人到底去哪里了呢？没人告诉我，她突然消失了，这个曾经在我最寂寞的时候给过我微笑，给我吃她亲手做的雪糕，又几乎将我推进井里的女人。

她接近我，就是为了有一天能杀了我吗？

还是真的如她所说，只是因为我俩都很寂寞。

依旧没人能告诉我。

7

“小夜，吃西瓜了！”姥姥在厨房叫我。

我应了声，站起身，见到一只松鼠坐在对面的槐树下静静地看着我。眼睛大大的，尾巴像一蓬弯曲的波浪，一身细密的毛又红又软，月光下仿佛一匹美好的绸缎。

我朝它招了招手，它唧的一声扭头跑掉了，消失得无影无踪。悬疑志

作者的话：

小时候妈妈被分到金山上班，我放假的时候跟着去住过一阵子。因为没有厂宿舍，所以住的是当地人的房子。关于“司徒红夜”里的故事，就是从房东那儿听来的。现在想来，对那家人的印象，只剩下了一座两层楼的老房子、一群羊、周围的农田以及一些小山。那时候，我每天很早上床后，房东就会讲几个关于他们这个地方某些不为人知的故事给我听。印象最深的是，听他说那儿附近山里有狐狸精，夏天会变成人的样子到田里偷瓜吃，所以如果看到地里有陌生老太太吃瓜，不要跟她说话，她会把小孩子带走的……

Wang Qing Yao

忘情药

文/麦洁 图/玉烟先生

1

婼语无聊地趴在窗口边，于是，她无意中就看见了婼颜。

婼颜站在操场边上，身边站着一个男生，男生侧过头和婼颜说着什么，婼颜捂着嘴，轻轻地笑了。

站在婼颜身边的那个男生，叫凌于锋，比婼语高一级，和婼颜同班。凌于锋长得高大帅气，是很多女生的心仪对象。

"哎，我说，凌于锋身边那个女生是谁啊？"站在旁边窗口的几个女生，她们也注意到凌于锋身边的婼颜，于是开始小声地讨论着。

"凌于锋好像对那个女生很好哦，不会是他的女朋友吧？"

"啊，那个不是婼语的姐姐吗？"

婼语感觉到那几个女生的眼光向自己瞟了过来，那些眼光绝不是很善良的眼光，婼语恨不能一下子逃离这里。婼语只有装作没有听见那几个女生的议论，继续趴在窗前。

那几个女生的私语声，又飘进了婼语的耳朵里。

"婼语的姐姐身材很娇小哦，和婼语走在一起，是不是像婼语的妹妹啊？"

"咦，很多男生喜欢那样的女生啦，小鸟依人嘛，你懂不懂啦。"

婼语心里暗暗有些不平，婼颜不就是身材娇小嘛，身材娇小的女生就那么受人欢迎吗？

放学的时候，婼语没有等婼颜一起走。

婼语也喜欢凌于锋，只是，婼语比较含蓄，她从来不会像那些女生一样，没事就聚在一起议论凌于锋，她总是偷偷地注视着凌于锋。

"哎，看哪，婼语今天一个人走呢，她姐姐是不是和凌于锋约会去了？"

"肯定的啦，谁肯带一个灯泡去约会啊。"

那几个无聊的女生故意走在婼语的

身后，一边议论着一边还低声笑着。可恶，这些喜欢看热闹的讨厌女生！

婼语回到家，过了好久，婼颜才回来，她的脸上带着灿烂的笑容，一直冲到婼语的房间里："喂，你今天怎么也不等我就先回来了？"

"等你要等到现在才能回来啊。"婼语的语气里有些不满，婼颜似乎没有注意到。

婼颜笑着把手伸到婼语面前，婼颜的手腕上有一条可爱的手链，细细的木质珠子穿在一起，每一颗珠子上都刻着一只可爱的小动物："好看吧？"

"嗯，还行。"婼语没心情和婼颜闲扯。

"嘻嘻，别人送的！"婼颜笑得很开心，这句话对婼语来说，无异于一颗炸弹，整个人都呆住了。

是凌于锋送的吧？

婼语的心似乎沉入冰水里，那种冰冷的感觉，从内心里又渗透到她全身。

2

婼语独自走在街上，她的心情糟糕透了。

连续好几天了，每天婼颜都跟凌于锋在一起，放学后婼语只好独自一个人回家。想到凌于锋喜欢的是婼颜，而不是她，她的心里就像有猫在抓一般。婼语的内心无比失落，却又不能表现出来。以前不管有什么不顺心的事情，她至少还可以对婼颜说。

为什么要喜欢上一个不喜欢自己的人呢？

婼语独自在街上慢慢地走着，不知不觉，她发现自己走到了一处并不熟悉的地方。

这座城市还有这样一条街，街两边的建筑和这城市有些不搭，是那种两三层的老式的青砖小楼，楼下一层是商铺，门和橱窗全是老式的木质雕花。

这条街道的路面是巨大的青色石条铺成的，异常平整。

忽然，一辆马车从婼语的身边疾驰而过。

这座城市还有马车？

婼语看见马车已经奔到街尾，向左转了个弯，消失不见了。婼语好奇地走到街底，左边有扇门，马车正停在门里。

那扇门比一般的门大上几倍，两扇朱红色的雕漆木门，这是幢古色古香的小楼，门窗上面雕刻着精美又有些怪异的花纹。

小楼的门上挂着两盏灯笼，上面写着一个繁体的"医"字。

"有什么需要帮助的吗？"一个温柔的声音忽然响了起来，只见从马车上下来一个帅气至极的男子。男子身上穿的衣服有些奇怪，上衣是浅黄色，交领、蓝色镶边大袖，下面同色带褶袍子，上面绣满了各色的细花，腰间是条带蓝色蝴蝶结的腰带。

婼语此时真的有穿越时空的感觉，这是属于汉服中的一种。但男子的发型是一般的板寸，额前还有一小撮较长的，搭在额前，男子的皮肤居然是浅褐色。

“有什么需要帮助的吗？”

“帮助？”婼语轻声反问。

男子说话很温柔，语速却比较快：“只有需要我们帮助的人，才能走到这里。”说着，男子手指了指灯笼，“这里是医馆，哦，也就是诊所，专治各种疑难杂症。”

“可是，我又没有病。”

“嗯，相思呢，也算一种病吧。”男子轻声笑了一下。

婼语看着男子似乎一脸了然的神情：“就算相思是种病，那也没有忘情药啊。”

“本诊所呢，专治疑难杂症，什么药都有的卖。”男子说着，做了个鬼脸，向诊所里面走去，婼语犹豫了一下，不由自主地跟着男子走去。

这是一间拱形的房间。

房间很大，四壁上都是小抽屉，就像是中药铺里的那些放药材的小抽屉，只是，这些小抽屉是白色半透明的。

房间中间也站着一个男子，他背对着门口，身上穿袍服，白色的袍裾下镶着金黄色的边，袍裾上还绣着古怪的符号。

房间里的男子慢慢转过身来，男子右半边脸上戴着面具，面具是白色的，在额角处有个十字形的金色星星，男子的左半边脸被长至耳下的头发遮住。但从发丝间看过去，隐约觉得男子的脸形奇美。

“情为何物？”男子的声音微微低沉浑厚，有种说不上来的磁性，却又温柔如在婼语耳边耳语。

一种无法告诉任何人的心思，却让一个陌生男子一语猜中。

“如果，相思是病的话，有药可治吗？”婼语的脑海里闪过凌于锋站在婼颜身边，向婼颜耳语的画面以及婼颜轻笑的表情。

“相思是病的话，当然能治得好……”男子面具后的眼睛似乎是红色的，血红血红，“相思病，忘情药可治。”

“忘情药真的可以忘情吗？”

“嗯，你第一次光临本诊所，我看你与忘情药颇有药缘，就送你一颗忘情药吧。”男子轻轻撇了一下嘴，“药吃下去，即时起效，你要想清楚。”

“药缘？”

“药缘，是人与药之间的缘分，有药缘，服用后才会有效果，无药缘的话，就算勉强吃下去，也是没有用的。”

“好！”婼语坚定地点了点头，“我想清楚了。”

男子点了点头，双手轻轻抬起，只见墙壁上的一个抽屉轻轻弹开了。

黄衣男子走到抽屉前，从里面捧出一只透明的瓶子，里面放着一颗枣儿大小、颜色雪白的药丸。打开瓶盖，一股奇异的香味，立即飘满了整间屋子。

婼语接过药丸，立即吞了下去，药丸入口即化，满嘴奇怪的香味。

然后，婼语感觉到意识模糊起来，房间里好像飘起了雪花，自己的身体也飘了起来。有淡淡的红光从婼语的身体里射出来，那些白色的雪花慢慢停止了，婼语的身体也慢慢地回到地面上。

有一会儿，婼语觉得脑袋里一片空白，她努力想了一下，才想起来一切。

婼语有些疑惑地走出诊所大门，走了几步，她又转过头去。男子已经背对着她了，而男子的身边，多了一只黄色毛的大猫，黄衣男子不见了。

3

婼语站在窗前，凌于锋和婼颜站在操场边的一棵树下，似乎在说着什么。

婼语奇怪自己连一点儿嫉妒的感觉也没有了，看见凌于锋，她也没有那种心跳的感觉了。原来，不爱一个人，可以如此轻松……

婼语轻轻地微笑了，婼语微笑的时候很好看，嘴角微微上翘，有些天真的模样。

中午的时候，婼颜忽然跑来找婼语：“陪我吃饭吧。”

“干吗？你请客啊？”

“凌于锋请客。”

“我不做电灯泡啦。”

婼颜扭捏地笑了一下：“其实，我和他到目前为止，还只是普通的朋友哦。”

“那他今天请你吃饭，是不是想和你约会啊？”婼语奇怪地发现，自己完全没有了前几天的感觉，对于凌于锋和婼颜之间的事情，她完全不介意了。

三个人安静地坐在那里，婼语感觉有些奇怪。

点的东西没吃多少，婼颜和凌于锋似乎都没有心思吃，只有婼语一个人在那儿大嚼了一会儿。好吧，也许那两个人需要一些单独相处的时间，婼语找了个借口，独自走出了餐厅。

婼语站在餐厅外，无所事事地掏出手机，上网聊起天来：“给人当灯泡的感觉，可真不好哇。”婼语随手发了一条微博。不一会儿，就有人回了她，于是她有一句没一句地和那人聊起来。

“喂，那个……”婼语正在打着字，忽然听见身后有人叫她，她转过身，看见凌于锋正站在她的身后，手里也拿着手机。

“哦……”婼语连忙把手机藏到身后。

“那个，我想你理解错了……”凌于锋似乎不知道说什么才好，“哦，刚才你发的那条微博……其实，我和婼颜不是你想的那样啦。”

“微博？你知道我的微博？”婼语瞬间从脸上一直红到了脖子。

“是啊，我听婼颜说过，就关注了你。”凌于锋笑起来，有些孩子气的笑，似乎这是他的一个秘密。

婼语此时有种想要掐死婼颜的想法，为什么婼颜随便把自己的微博告诉别人。

“嗯，所以说……我和婼颜不是你想的那样啦……”凌于锋脸似乎红了，“我想，我们……你能不能做我女朋友呢？”

“什么？”婼语微张开嘴，吃惊地看着凌于锋。

凌于锋不好意思地笑了笑：“刚才回你微博的是我啦，你要是喜欢，也可以关注我的。”

婼颜站在餐厅里的玻璃门后，脸上写满嫉妒和失望。婼语其实对凌于锋的告白一点儿感觉都没有，但看见婼颜那种表情，她忽然觉得很开心。

姐姐，原来你也有今天，你也有难受的时候？

回去的路上，婼颜没有再说话，直到学校，凌于锋和姐妹俩分开之后，婼颜才愤愤地对婼语说：“那家伙，他接近我，原来是这个目的！”

“什么啊？”婼语故作不知。

“别装啦！”婼颜一脸的嫉妒，“讨厌的家伙！”婼颜说着用力地跺了下脚，也不和婼语打招呼，自顾自地走了。

“这么没礼貌没风度。”看着婼颜气急的样子，婼语觉得很开心。

可是，想到凌于锋的告白，婼语又犯愁起来，她真的对凌于锋没有什么感觉了，如果答应了凌于锋，万一自己以后再喜欢上其他男生怎么办？可是，如果不答应凌于锋，那婼颜岂不是就有机会了？

婼语有些纠结。

唉，如果那天自己不是走进那家古怪的诊所，不吃下那颗忘情药，今天会不会就不用这么纠结了？

想到那家诊所，婼语忽然有了主意。

4

婼语看见一只黄色的大猫坐在诊所的门口，诊所门口的右边有一条长廊，紫藤密密地缠绕在上面，紫色的花正开着，缀满了廊顶。

“有什么需要帮助的吗？”黄衣男子的声音忽然响了起来。

婼语吓了一跳，就在婼语不解的时候，地上的黄猫伸了个长长的懒腰，站立了起来，一瞬间，猫身伸展，居然变成了那个黄衣男子。

婼语看呆了。

男子仿佛看透了婼语的心事，介绍自己："我叫茵尘，请多关照！他叫安息香。"黄衣男子说着，向房间里指了指，婼语看见，戴着半个面具的安息香已经站在房间里了。

"自己舍去的东西，还想要找回来吗？"当婼语站在房间里时，安息香了然地问。

"能找回来吗？"婼语怯怯地问。

"不能。"安息香盯着婼语，"不过，有种药可以让你得到那种感情，只是，这次我必须向你收费。"

"需要多少钱？"

"不要钱。"安息香摇了摇头，"你可以付出其他，比如寿命，可以是你自己的，也可以是你亲人的……或者，是爱你那个人的……"

婼语咬了一下嘴唇："要多少寿命？"

"嗯，只要七年。"

婼语考虑了一下："你刚才说，也可用亲人的寿命来换？"安息香点了点头，"那……用我姐姐的可以吗？"

"可以。"

反正婼颜还有几十年的寿命呢，七年对她来说也不算什么，她没有发现茵尘的嘴边浮起一个古怪的笑容。

安息香把双手从宽大的袖子里拿出来，房间墙壁上有一只抽屉弹了开来，茵尘走过去，从里面拿出一只透明的瓶子，里面是一颗淡粉色的药丸。

婼语吞下药丸，身体又轻轻飘浮了起来，房间里飘起粉红色的、雪花般的东西，还伴随着一种很淡的香气。

安息香做了一个古怪的手势，双手十指相扣，拇指和食指向前伸直。

有淡白色的雾气从四周涌来，被吸进了刚才装药的瓶子，同时，婼语看见自己的身体里浮起一个古怪的、金黄色的符号，那符号落在了安息香的衣服上。

婼语落到地上的时候，想了一下凌于锋的模样，忽然有一种想念的感觉溢上心头，她甚至想立即就见到凌于锋。

婼语走出门去，没有听见里面两个人的对话。

"她还会来的。"安息香轻叹了一声。

"会吗？"茵尘有些不解，"她不是已经得到了她想要的吗？"

"关于人心……你不懂啦。"安息香不屑地冲茵尘哼了一声，茵尘耸了下肩，对安息香做了个鬼脸。

5

婼语再次来到的时候，已经是三个

月后了。

婼语坐在沙发上，不停地抽泣。茵尘端来一杯绿茶，那茶有股不同于别的茶的清香味。婼语一口气把茶喝了下去，喝完茶，婼语觉得身上温热了起来，她慢慢地镇定下来。

“婼颜她，怎么会成了植物人呢？”

茵尘坐在婼语的身边，听她反复向茵尘说着那天发生的事情。

自从婼语和凌于锋开始交往，婼颜就和婼语疏远了。在学校里，凌于锋和婼语的关系已经公开化。学校里不知道有多少女生，对婼语是又羡慕又嫉妒。

这一切，都让婼语虚荣到了极点。

婼语感觉到，婼颜不仅和她疏远了，有时候，她甚至觉得婼颜有些恨她。有几次，婼颜本来正笑着和妈妈在说话，一看见婼语走过来，她立即停止说话，脸上的笑容也收了起来。

婼语感觉怪怪的，婼颜没有抢到凌于锋嘛，竟然和自己摆臭脸色。

这样，两人同住在一个家里，却变得和陌生人一样。

终于，那天两人心中的不快爆发了出来。那天是周末，爸妈有应酬，只有婼颜和婼语在家。婼语在网上和凌于锋聊了一会儿天，凌于锋喊婼语出去玩，当他知道婼颜也在家时，于是提出喊婼颜一块儿去，婼语向凌于锋发了脾气，凌于锋只好向婼语道歉。

婼语很快打扮好，等着凌于锋来接她。听见门铃响，婼语走出来，打算下楼去开门。谁知道，她在楼梯口碰到了婼颜。

楼梯是很窄的，只能容一人通过，偶尔有两人在楼梯上遇到，只要互相侧个身，便能让过去了。可这次，婼语和婼颜同时站在了楼梯口，婼颜站住了楼梯口，既不下去，也不让开。

“让让啦。”婼语在婼颜身后没好气地喊。

两人这样僵持了好几分钟，外面的门铃响了几次之后，居然不再响了。婼语有些着急，用力挤了婼颜一下，想从她身边挤过去，但婼颜又用力地挤了回来。

门铃已经有一会儿没响了，婼语觉得怒火从心底燃向了头脑，她伸出手，用力地拨着婼颜占住楼梯口的身体，用手肘在婼颜的腰间猛地拐了一下。婼颜忽然惊叫了一声，婼语还没有明白发生了什么，婼颜整个身体失去平衡，从楼梯上一直滚落了下去……

婼颜被送到了医院，她陷入了昏迷中，一直没有醒来。这已经是一个多星期前的事情了，婼颜成了植物人。

婼语对爸爸妈妈没敢说实话，她说不知道婼颜是怎么摔下楼梯的。

婼语说完的时候，安息香出现了。

安息香早已了然了一切，他双手藏在袖中，背在身后。

“怎么会这样呢？”婼语看见安息香，激动得几乎从沙发里站起来扑上前去，却被茵尘拉住了，“我不是故意的，怎么会这样呢？”

安息香没有回答婼语，而是伸出他白皙的双手，双手抬起，平放在胸前，做了一个古怪的手势。只见空气中立即浮起一片淡黄的气雾，他的袍裾无风自动地飘了起来，似乎被风吹起一般。他袍裾上的那些符号居然从安息香的袍裾上浮了起来，在空中结成一片，好像一篇整齐的经文一般。

经文里的每一个符号都开始发光，发出一种金黄的光，那光越来越亮，然后又忽然暗淡下去，之后那篇经文又变成了不同的符号，回到了安息香的袍裾上。

安息香看着婼语，用他那带着磁性的声音对婼语说：“婼颜的昏迷与你无关，只是，她的寿命还有三天时间。”

婼语彻底呆了：“为什么只有三天？你有没有搞错？”

安息香摇了摇头：“她本来寿命就很短，上次你用她七年的寿命换了那颗药，她就只剩下三个多月的寿命了。”

“怎么会这样……”婼语呆呆地看着安息香，“有什么办法能救她吗？”

安息香摇了摇头：“我可以治病，但我不能续命。”

“你不是能拿走她的七年寿命吗？”

“那我卖给你的药，你能还给我吗？”安息香冷冷地看着婼语。

“……”婼语几乎想每天都和凌于锋腻在一起，她怎么舍得把那颗药还给安息香？婼语几乎是哀求地问安息香，“还有什么办法吗？”如果婼颜三天后死了，婼语是不是一辈子要受自己良心的谴责？

“办法倒是有，不过……很麻烦，而且你要付出的代价会很大。”

“什么办法？”婼语的眼睛一亮。

“移寿。就是把别人的寿命移给婼颜，但她本身寿命只有七年，所以最多只能移七年给她。只是……”

“只是什么？”

“这个很麻烦，会对我自己造成损伤，所以，我要收取十五年的寿命作为费用，那么，加起来就是二十二年的寿命。”

“二十二年？”婼语呆了，爸爸妈妈去掉二十二年的寿命，还剩多久？自己呢？谁知道自己的寿命会是多少？说不定拿去二十二年，她立即和婼颜一样了，不行！那么……婼语抬起头，“你说过，我可以用爱我的人的寿命支付，是吗？”

安息香点了点头。

“可是，拿走凌于锋二十二年的寿命，他会不会……”

安息香无声地笑了，这是婼语第一次看见他笑，婼语几乎想象不出有什么人的笑，可以比安息香的笑更美丽迷人。

“刚才我已经查过所有和你有关的人的寿命，凌于锋的寿命很长，他本身的寿命有九十三岁，去掉二十二年，也就是说，他还能活到七十一岁。”

“好吧，那就用凌于锋的。”婼语下定了决心，“还有个问题，婼颜要是醒过来，记起来是我推她的……可怎么办？”

“好吧，算我赠送给你的小赠品，让她醒过来的同时，忘掉摔下楼的那一幕。”安息香抬起手，房间墙壁上的一个抽屉自动打开了，茵尘从里面拿出装着金色药丸的透明瓶子。安息香把药丸拿出来，递给婼语，“你回去把这颗药丸给婼颜服下就行了。”

婼语向安息香道谢之后，连忙跑出诊所。

茵尘看着婼语，身体微微一缩，变成了一只黄色的大猫，跳上了安息香的肩膀。

“你上次向婼语收七年的寿命作为费用，是不是你早就知道她会用婼颜的寿命，而且知道婼颜的寿命只剩下七年了？”

“天机。”安息香笑了笑，“你多学习一点儿，其实你也可以知道的。”

“算了吧，太累了，我还是睡觉比较舒服。”黄猫说着，伸了个懒腰。

“唉，那我要你来干什么啊？这么懒，一点儿忙都帮不上。”安息香说着，抬了抬手，只见墙壁上滑开来一道门，里面是长长的走道，走道两边的墙壁上，全是那种半透明的抽屉。

“嗯，你不是要我来陪你聊天解闷的吗？”黄猫嘻嘻地笑了。

安息香扛着黄猫，走向了门里。

6

婼颜的病房里正好没有人，婼语把药丸塞进婼颜的嘴里。

婼颜的身体里开始发出金色的光，由弱到强，有一个古怪的符号，从婼颜的身体里飘了出来，那符号穿过墙壁消失了。

“咦，我这是怎么了？”婼颜睁开眼睛，看着坐在她病床边的婼语。

婼语松了一口气，婼颜醒了，她以后都不用自责了。婼语在心里暗暗发誓：好吧，看在婼颜这么短命的分儿上，自己以后会对她好些，以后凌于锋约婼语出去玩，那就把她也带上吧。

婼颜出院以后，婼语果然对她好起来，而婼颜也很奇怪，她对婼语完全没有了以前的成见，跟婼语比以前更亲热。

婼语在和凌于锋约会的时候，也时常会带婼颜去，凌于锋完全不介意，婼颜似乎并不嫉妒凌于锋对婼语好。

那是一段非常快乐的时光，婼语甚至在心里一直内疚，当初如果自己不是傻到吃下忘情药，也许一切本来就应该是现在的样子。

可是，这种快乐的时光并没有维持多久，婼语就发现，凌于锋对婼颜好得有点儿过分了。他送给婼语的礼物，必然给婼颜准备一份，但他送给婼颜的东西，却没有给自己一份。婼语有时候质问凌于锋，凌于锋就支吾着解释："你不是让我对婼颜好点儿吗？"

"可是，我没让你对婼颜比对我好啊。"婼语不满地回答凌于锋。

婼颜知道婼语因为凌于锋送东西给她，和凌于锋生气，就把凌于锋送给自己的东西拿给婼语："你喜欢给你好了，反正我用不着。再说，凌于锋本来就应该送给你的。"

这样，婼语倒不好意思起来。

但婼语心里总有些不安，她看着凌于锋和婼颜悄声说话时，那种默契和微笑，她觉得有些什么，似乎已经发生了。

事情到了最后，总是最傻的那个，才最后发现真相。

直到那天，婼语课后有个活动，婼颜和凌于锋说等她一起回家。

婼语在活动结束后，很快收拾好，走到和凌于锋约好的学校后边的花园。远远的，婼语看见凌于锋和婼颜，背对着她，似乎在说着什么。婼语正想上前招呼他们，忽然，她看见凌于锋的手，绕过婼颜的后腰，轻轻揽住了她……

这么亲密的举动，凌于锋甚至没对婼语这样做过。

婼语彻底惊呆了。

她跑到两人面前，愤怒地看着两人。凌于锋并没有解释，反而微笑着对婼语说："婼语，我发现，我还是喜欢婼颜多一点儿，我们分手吧，我要和婼颜在一起。"

那一刻，婼语觉得浑身像是被冰水浸透了一般，连心里都"嗖嗖"地往外冒着寒气。

婼语抬起手，狠狠地给了凌于锋一记耳光，然后哭着跑开了……

婼语就这样，又坐在茵尘的面前了。

"那……你想怎么样呢？"茵尘想起来上次婼语走的时候，安息香的古怪表情，终于明白安息香的"天机"是什么意思了。

"可不可以……让我把凌于锋这个人，完全忘了？"

"可以。"安息香依旧背着手站在那里，他的镇定总给婼语一种无所不能的感觉，"要完全忘记一个人，并不是很难，不过，和他有关的记忆也就都会消失了。"

"没有关系！"婼语坚定地点了一下头。

"那连你来诊所找我的目的也忘了，以前和婼颜在一起的许多事情也会忘了。"

“没有关系！”婼语心里狠狠地想，要是连婼颜也忘了才好。

“除此之外，我还要向你收费，这次的收费可能和以前几次不同，这次我只能从你那里收取东西作为费用，比如寿命，比如智商，比如情感……又或者，你的任何脏器都可以作为费用。”

安息香说的时候，似乎并没觉得有什么不妥，但婼语却打了个寒战，脏器也可以作为诊所收取的费用？

婼语问安息香：“如果要用寿命，需要多久？”

安息香微微皱了下眉头，抬起手，伸出他白皙细长的三根手指：“看你是老顾客了，我只收你三年的寿命好了。”

“三年？”婼语眼睛亮了起来，三年在几十年的时间中，算不了什么啦，婼语立即就答应了，“好！快给我药！”

安息香微微抬起手，墙壁一处的一个抽屉打开了。

茵尘走过去，捧出一只透明的瓶子，里面是一颗黑色的药丸。

安息香把药丸递给婼语，婼语闻到了一股像糯米一般的甜味，她拿起药丸，毫不犹豫地放入了嘴里。那药丸却不似以前的那样，入口即化，而是像汤圆一样，香香糯糯有些粘口。婼语想吞下去，药丸太大，她只好慢慢地嚼碎，一点点咽下去。

吃下药丸之后，婼语忽然眼前一黑昏了过去。

婼语醒来的时候，看见安息香和茵尘站在她面前，正瞪着眼睛望着她。

“她为什么昏过去了啊？”茵尘问安息香。

“这种药丸就是这样的，一会儿就好了。她不昏过去，记忆怎么能消除呢，就像电脑，你删了东西，清空了回收站，也还有缓存的嘛。”安息香解释着。

“哦，电脑，太深奥了，还是说药丸吧。”茵尘打了个哈欠。

婼语知道这里是专治各种怪病的诊所，哦，用茵尘的话说，就是医馆，可她想不起来，今天为什么事情来这里了。

“唉……那个……我忘了为什么来这里了。”婼语不好意思地笑了笑，“那个，我先回去吧，想起来有什么事情再来吧。”

“哦……”茵尘张大了嘴，看着婼语，“哦哦，那你走好！”说着，茵尘把婼语送到了门口。

“不送。”安息香第一次和婼语道别。

婼语一直走到街上，才松了口气，但她怎么也想不起来是为什么来这里了。她在这条街上逛了一会儿，这条街以前没来过，这里的店铺挺有意思，婼语边逛，边走到了街口。就在这时，婼语的手机响了起来，婼语拿起来看了一下，是婼颜打来的。

“喂。”婼语按下接听键。

“婼语，你还生气啊，那个……”婼颜似乎有些不好意思。

“生气？生什么气啊？”婼语有些不解，她把凌于锋忘了，连有关凌于锋的一切都忘了，之前凌于锋和婼颜的事情，她也就忘记了。

“不是啊……凌于锋……他……他想和你说话……”婼颜有些着急。

“凌于锋？凌于锋是谁啊？”婼语愣住了，她觉得凌于锋这个名字有些熟悉，但她想不起来这个人是谁。婼语拿着电话在想凌于锋到底是谁，她不知不觉地走出了商业街，已经走到了两条街相交的路口。

婼语听见手机那边，婼颜和一个男生说话的声音，然后那个男生接了电话，男生在手机里连声问婼语：“喂喂，还在生气吗？”

婼语没有说话，她想，现在手机那头说话的男生就是凌于锋吧，可他是谁呢？

婼语没有注意到，一辆黑色的轿车正疾驰而来，而婼语正巧从商业街里面走出来，正走到路口的相交处。

婼语看见那辆汽车的时候，汽车已经到了她面前。她惊呼了一声：“啊！”就被那辆车撞飞了，她在空中翻了一个身，然后划了道弧线，落向汽车的前方……

婼语在空中的时候，她感觉自己仿佛在飞一样，手机就在手边不远处，她还听见手机里传来男生焦急的声音：“怎么了？婼语……”

婼语觉得自己在飘飞，那种感觉真好。

最后，她在落地前，看见了安息香，穿着白色汉服、容貌美丽如女子的安息香，安息香的肩头上站着一只黄猫，那黄猫似乎冲着婼语在叫：“喵呜……喵……”

而安息香的手里拿着一只透明的瓶子，瓶口打开着。

婼语落地的时候，再次昏了过去。但那似乎只是很短暂的时间，大约就一秒钟那么长。婼语再次睁开眼，发现自己在一间完全透明的房间里，那房间还在来回地晃动着。

这是什么地方？

婼语向透明的房间外看了看，她看见有许多许多的人，但都非常高大，在透明房子外面走动着，还有如群蝇飞舞般的声音传来，那是外面那些人的说话声，只是，她完全都听不明白是什么了。

茵尘趴在安息香的肩头，看着浑身是血躺在地上的婼语，轻叹了一声。

“你要了她三年的寿命，你是早知道她的寿命只剩下三年了，是吧？她在三年后的今天，同样会因为车祸死去吗？”茵尘问安息香。

“当然。”安息香点了点头，“你看，

我们赚法很多啊，一份初恋的爱情，几十年长的寿命，还有，一条完整的生命，却只用去几粒药丸。”

安息香说着的时候，举起手中透明的瓶子，瓶子里隐隐有一道白色的烟雾，仿佛是一个小人的形状，在瓶子里飘动着。

“三年的寿命……你都要了，你不觉得太残忍了吗？”茵尘似乎有些不满。

“可是，她再活三年又有什么好处呢？这种自私的人，她会在这三年里，再把谁的寿命拿来当做费用，换取她想要的结果呢？”安息香并不同情婼语，一个贪婪任性的人，只会让她的亲人和爱她的人失去的更多，除此之外，不会再有别的好处了。

“你呀，怎么一点儿同情心都没有！”茵尘趴在安息香的肩膀上，还是一种对安息香很鄙视的语气。

“哦，你说同情心是吧？那好办啊，我下次把药卖给他们，拿你的寿命来当费用好了。”

“啊啊……不要啊！”茵尘喵喵呜呜地大叫起来。

“好了，少说话，你的猫语会吓着人的。”

“会吗？”茵尘连忙抬起头向四周看看，可是，安息香穿过人群，人们仿佛看不见他似的。“你又骗我！”茵尘愤怒地叫着，同时伸出利爪，可安息香理也不理他，他只好又把利爪缩了回去，懒懒地趴在了安息香的肩上。

茵尘不说话了，其实他明白的。

不是吗？确实正如安息香所说，人性失落了就是如此。悬疑志

作者的话：

那个女孩反反复复向我说着那个男人。从女孩的叙述里，我感到那个男人并不爱她，可她真切地痛苦着，并且不甘。很多次，我想劝她放弃，离开那个男人，可话到了嘴边，却终于没有说出来。其实，她身边有一个非常爱她的男生，但她并不爱那个男生。

也许我们都经历过这样的痛苦：你爱的人不爱你，爱你的人你不爱。如果，能忘记对那个人的情感，也许痛苦会少一点儿吧？如果，有一种忘情的药就好了……我这样想。其实，当《忘情药》写到最后的时候，我觉得，真有这样一种药，未必会更好。

痛苦过，经历过，也许才是最好的。

原创惊悚漫画

无间噩梦

编绘：晓水羽

呼~

哇!

呜~~呜~~呜~~

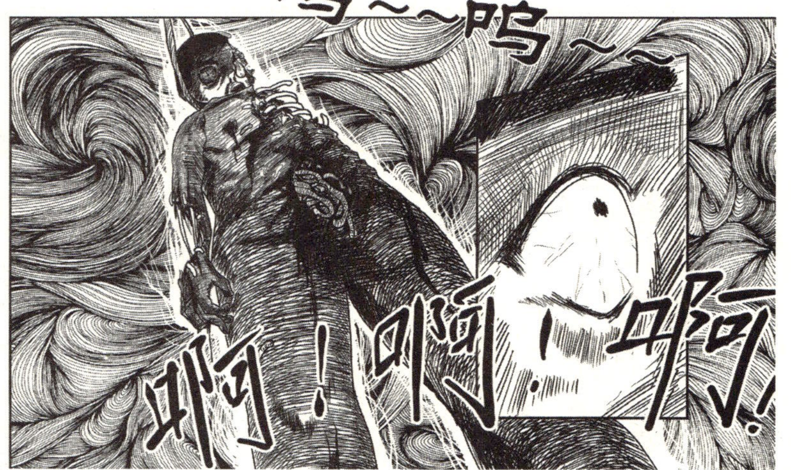
啊!啊!啊!

咔一咔~~

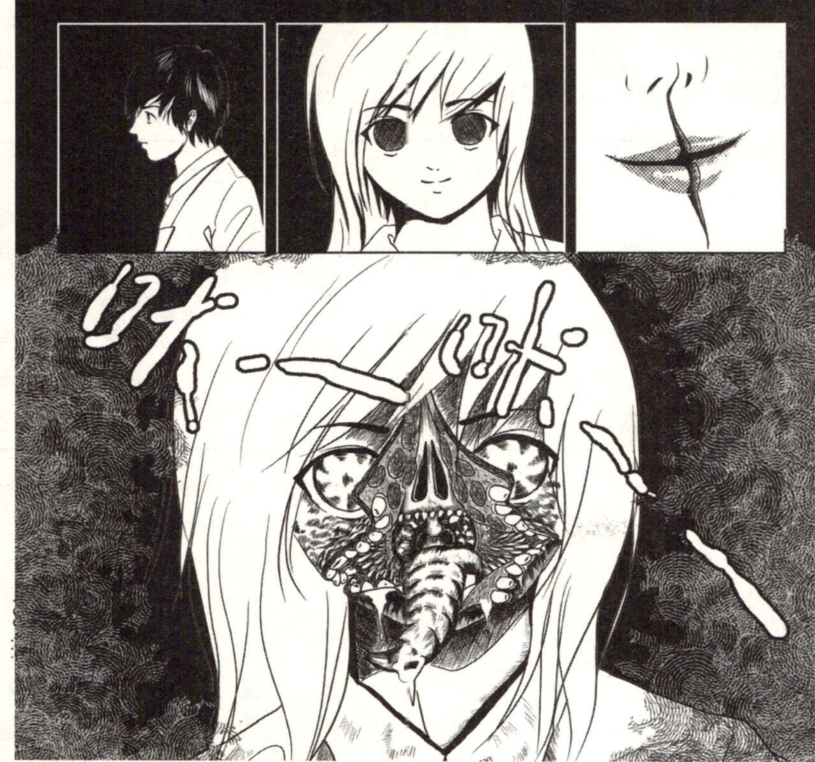
咔一一咔

啊！
啊！
怎么？
又做噩
梦了？

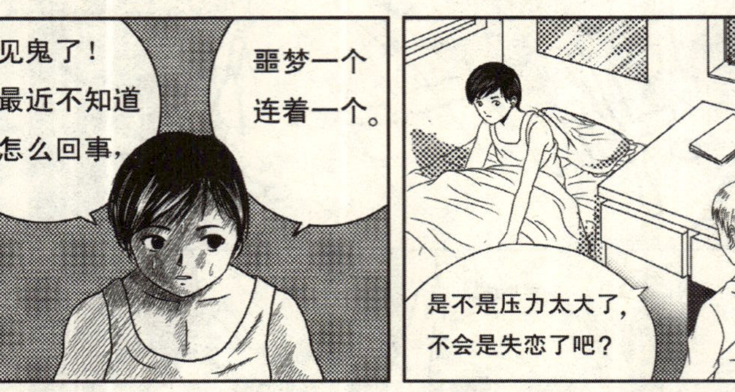
见鬼了！
最近不知道
怎么回事，
噩梦一个
连着一个。

是不是压力太大了，
不会是失恋了吧？

我又没你
那么会说，
想失恋都没
地方失恋。
没关系啊！
滴答

我把嘴给你啊！
哇哇！哇！哇！

天天早上这样，
有你在连闹钟
都省了。
别理我，我现
在还不肯定我
已经醒了。
7:03

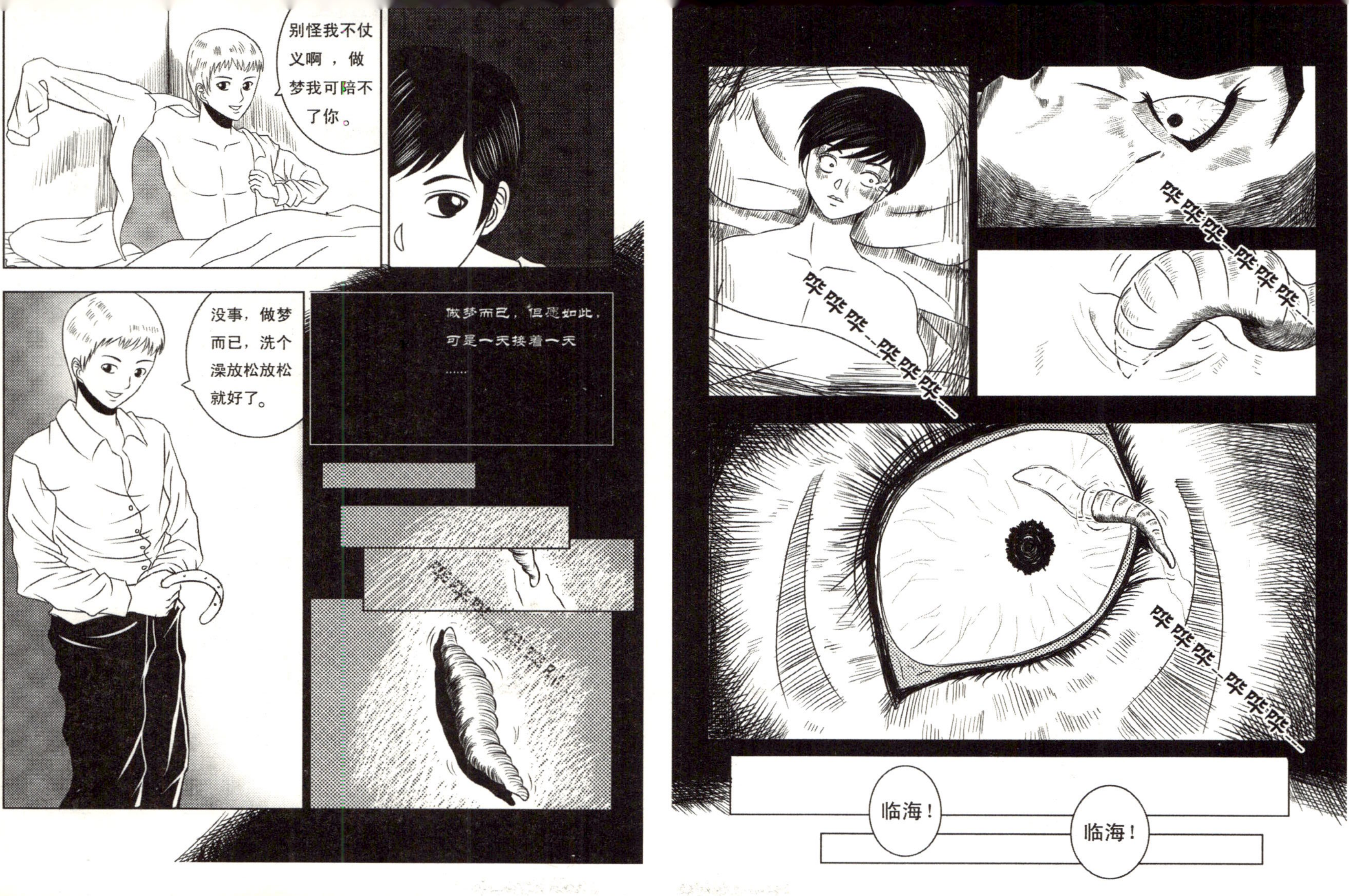
别怪我不仗义啊，做梦我可陪不了你。
没事，做梦而已，洗个澡放松放松就好了。
做梦而已，但愿如此，
可是一天接着一天
……
哔哔哔…哔哔哔…
哔哔哔…哔哔哔…
哔哔哔…哔哔哔…
临海！
临海！

临海！
嗯？

翟迪这几天怎么没来上课？
你走那么快干吗！
我前几天找他借的书都没机会还他。

翟迪这几天睡眠不好，现在还在睡呢。
我看他是鬼上身了。

我帮你给他吧。
那谢谢啦，
顺便替我带个好。

小意思，我会替你带去深情的问候！
深情的就算了吧。
你找什么？
怎么没有小字条之类的东西？
哪儿会有那种东西！

开玩笑啦，我相信你没作风问题。
那还真要谢谢你抬举我……汗。

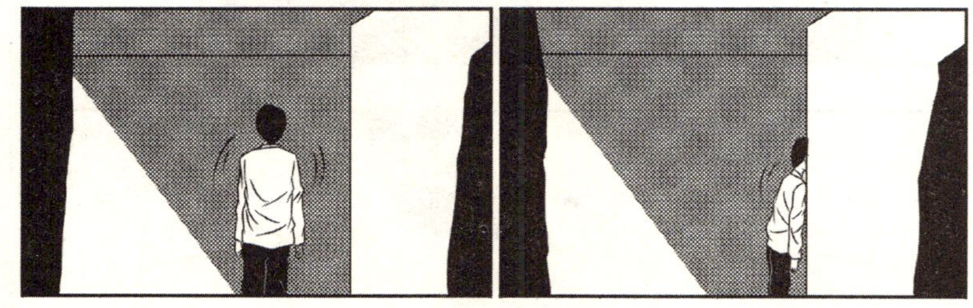

从楼上失足……

咦？

救……
救人啊！

哇！

真是的，
幸好没出大事。

老师放心吧！
这次只是意外。

你搞什么？教导员差点儿要把你送去精神病院了。
不过，你怎么好像一点伤都没有啊？
看来我是逃不出这噩梦了，昨天晚上我连做了几百个噩梦，一个接着一个。
从两个星期前到现在，每天噩梦的数量都在成倍增加，今天恐怕要做一千多个噩梦了，我已经受不了了。
我怕总有一天噩梦会多得无穷无尽，我永远在噩梦中不会醒来了。
无穷无尽？
我有一个办法。
不知是否可行？
今天晚上，你一直盯着我。
一看我有动静就叫醒我。我看这个噩梦还怎样连续下去。
拜托了！

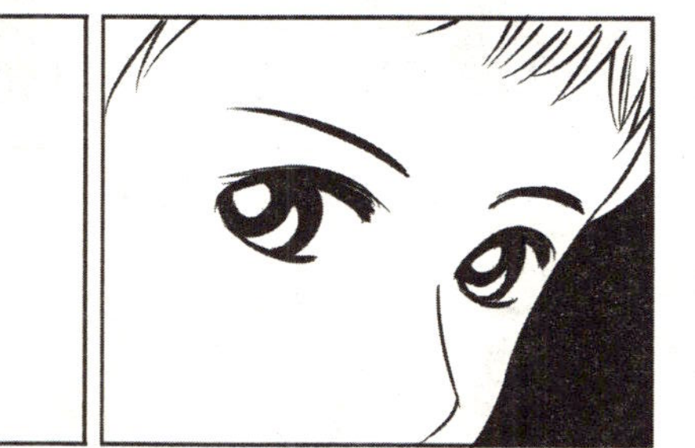

怎么这么晚了
还没一点儿动静？

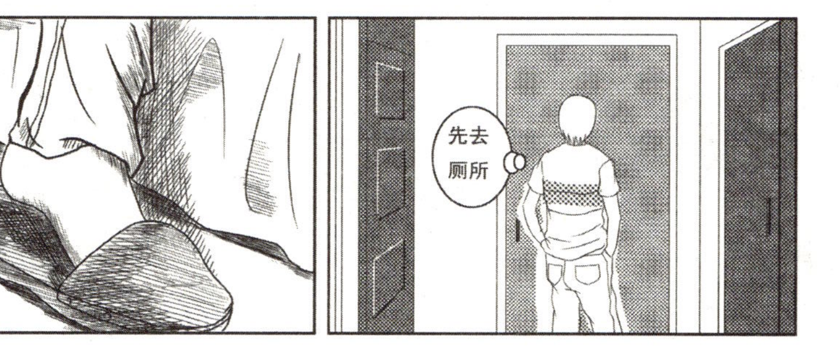
先去
厕所

咦！

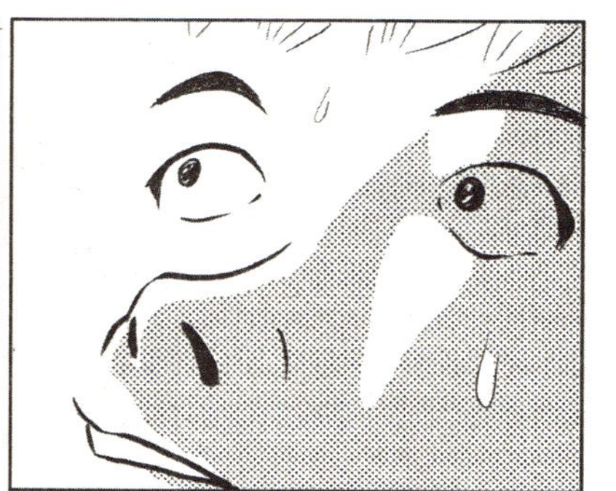

你怎么？
那床上那个人？

我在
做梦啊！
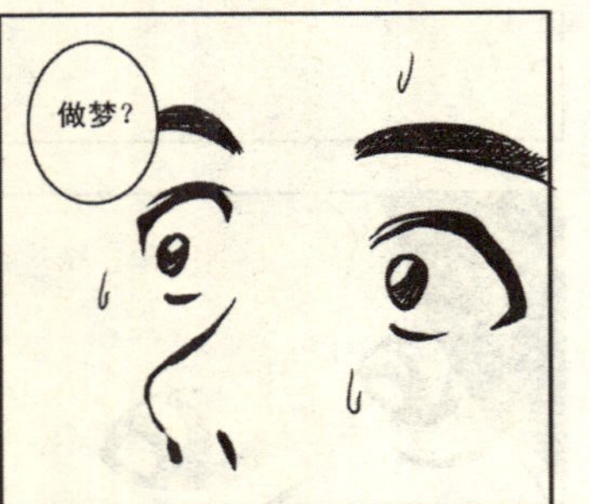
做梦？

怎么可能？
我怎么可能
看见做梦
的你！
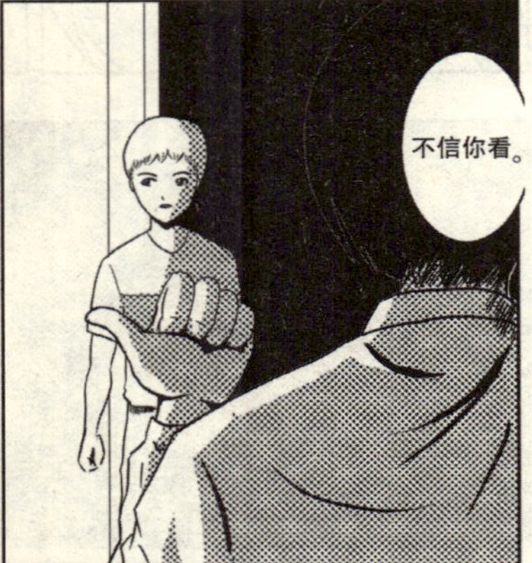
不信你看。

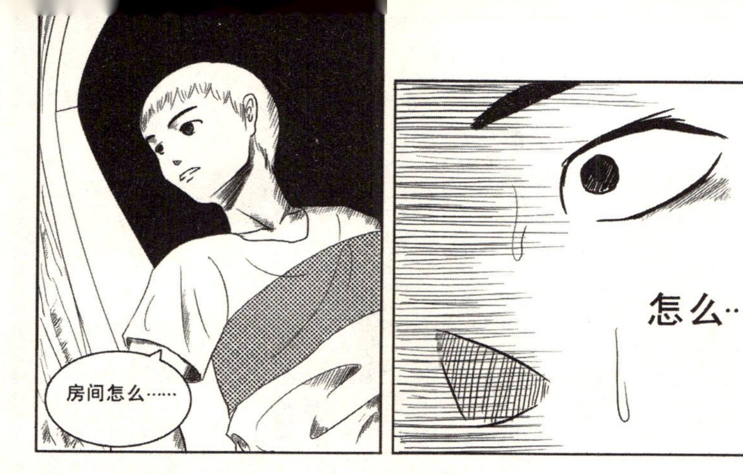
房间怎么……
怎么……

闪开啊！

呼呼呼~~
跑什么？做梦而已死不了的。
呼呼呼~~
也太真实了真的是做梦吗？

死不了的……
真的死不了吗？
啊？

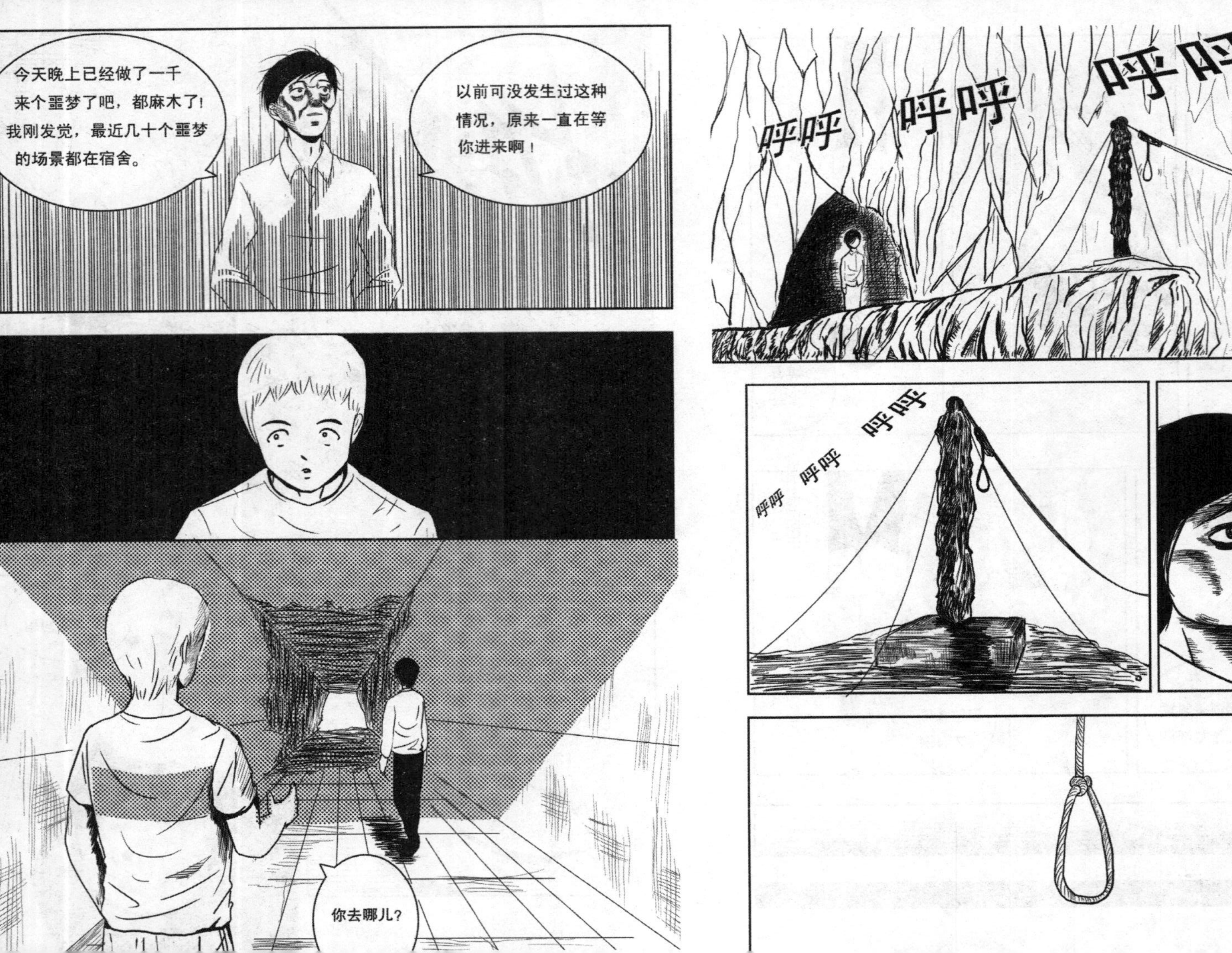
今天晚上已经做了一千来个噩梦了吧，都麻木了！我刚发觉，最近几十个噩梦的场景都在宿舍。
以前可没发生过这种情况，原来一直在等你进来啊！
你去哪儿？
呼呼
呼呼
呼呼
呼呼
呼呼
呼呼
好熟悉的地方啊！

两个星期前我做了
第一个噩梦，
梦里碰到一个人，他高兴地
从这儿跳了下去。
现在我终于明白他的感受了，
终于解脱了……

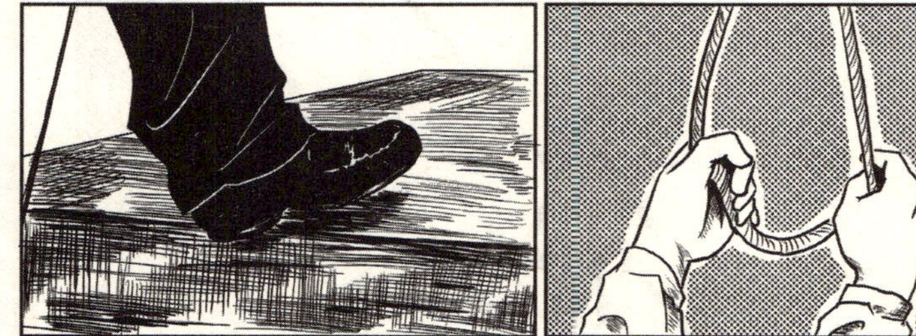

你干什么？
希望你能 
逃出去！
翟迪！
不要！
不！
翟迪！

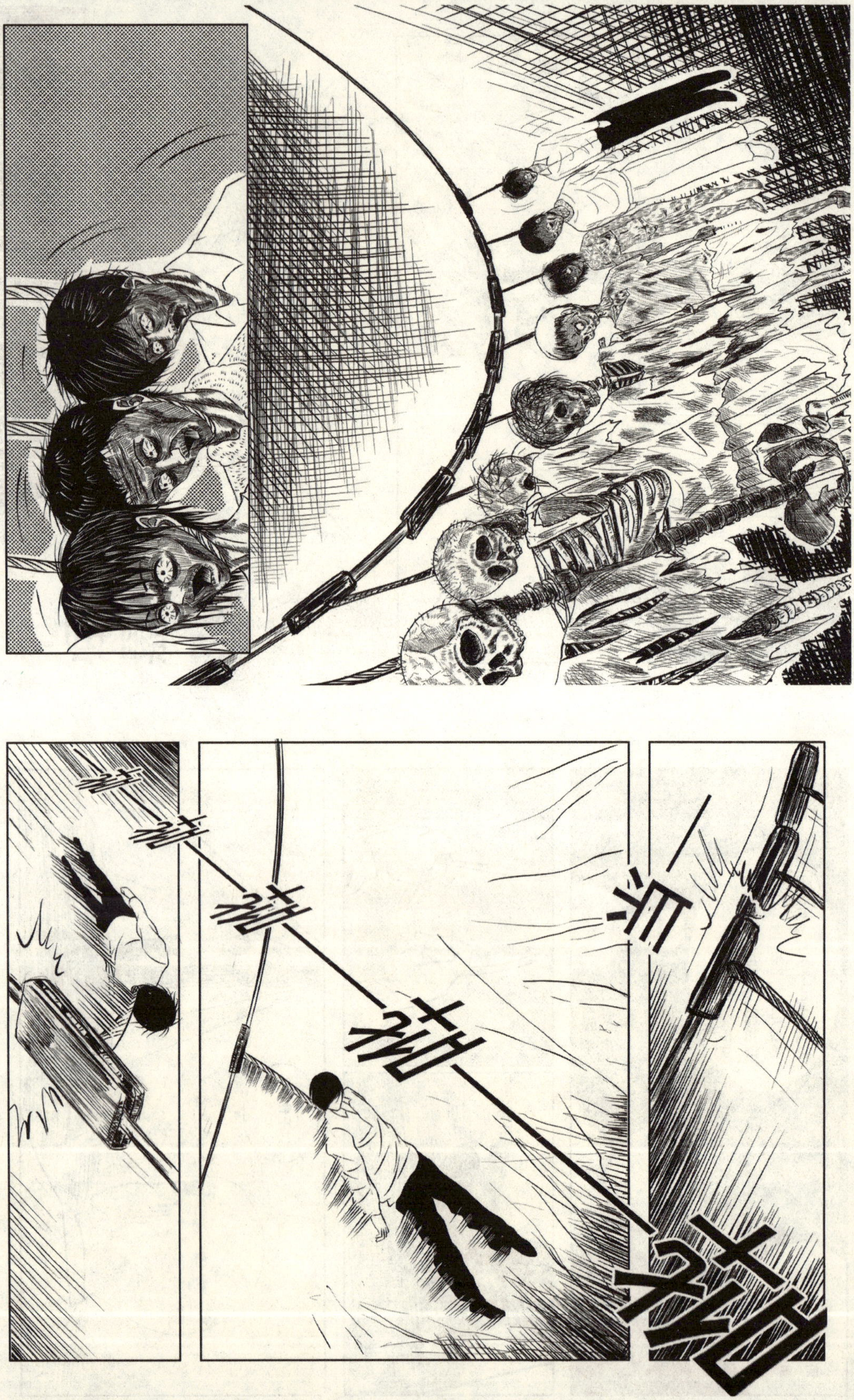

当——
咔
咔
咔
咔
咔

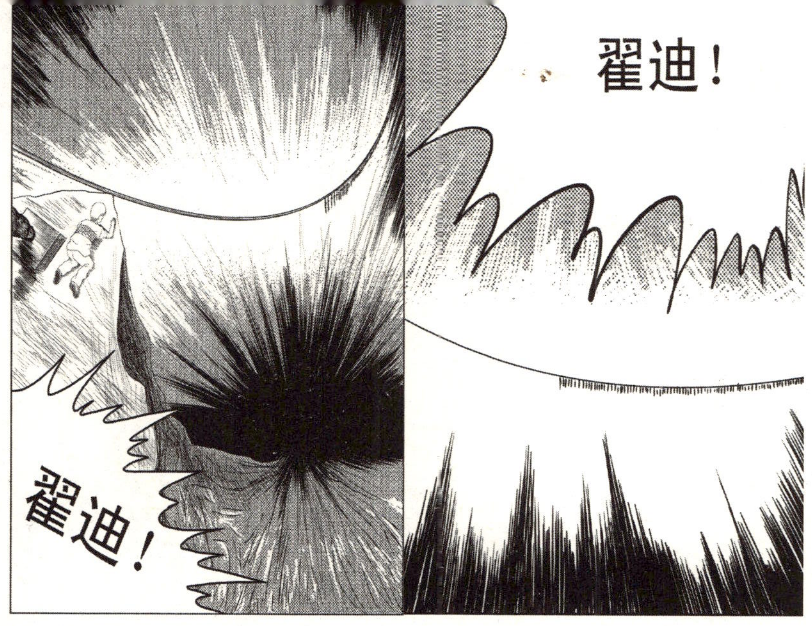
翟迪！
翟迪！

不！
不要！

不！

翟迪已经停止了呼吸。
他真的在噩梦中死去了
但我知道
噩梦并没有结束。
完

逮至尧之时，十日并出，焦禾稼，杀草木，而民无所食。

——《淮南子·本经训》

以《山海经》为蓝本，《淮南子·本经训》曾对后羿射日的故事作出总结："逮至尧之时，十日并出，焦禾稼，杀草木，而民无所食。猰貐、凿齿、九婴、大风、封豨、修蛇皆为民害。尧乃使羿诛凿齿于畴华之野，杀九婴于凶水之上，缴大风于青丘之泽，上射十日而下杀猰貐，断修蛇于洞庭，擒封豨于桑林。万民皆喜。置尧以为天子。"传闻当年十日齐耀，民不聊生，而后羿挺身而出，射落九日，方解危机。从今日看，与西方的方舟之说相似，后羿的行为无疑相当于将万民带上方舟。玛雅预言称2012年为世界末日，为此，我们特别推出本测试，测测你2012年的异维平安指数。

测试开始：

一、你对玛雅预言的感觉是?

应该是指末日到来吧【2分】

后人虚构出来的【0分】

确有此言论，但人们理解错了【1分】

二、如果真的有世界末日，你希望是哪一年?

就2012吧【2分】

随意，只要我活着的时候不来就行了【0分】

等到自己晚年【1分】

三、末日到来，你会选择去哪里避难？

玛雅金字塔【2 分】 防空洞【1 分】

待在家中【0 分】

四、在自己不会有危险的前提下，你是否希望见证末日？

看情况而定【1 分】 一定会【2 分】

一定不会【0 分】

五、你认为末日代表着什么？

无尽的毁灭【0 分】 没什么不一样吧【1 分】

毁灭后的新生【2 分】

六、你相信命运吗？

相信【0 分】 不相信【2 分】

有时候相信【1 分】

七、如果末日真的来临，你认为来临的原因是？

天外来客【1 分】 人类自身埋下的苦果【0 分】

冥冥中的命运【2 分】

八、你是？

很温柔的女生【0 分】 很爷们儿的男生【2 分】

很爷们儿的女生或很温柔的男生【1 分】

九、如果末日来临，你认为人类有可能抵御得了吗？

不知道【1 分】 一定会【0 分】

一定不会【2 分】

十、如果有末日，你认为会有方舟吗？

没有【0 分】 或许有【1 分】

一定有【2 分】

计算你的总得分，并与以下答案进行对照：

0~5 分:

异维平安率为 5%，相对而言十分危险。因为本身的原因，你对异维防御低得吓人，但在很多时候并不一定是件坏事。

6~10 分:

异维平安率为 15%，普通人的范围，平安意味着随大流，在异维方面，跟随大众也是个不错的选择。

11~15 分:

异维平安率为 35%，比较中性的一个选项。在这个选项的你，表示有可能会有一定的异维抵抗力，但一切还要看你自己。总的来说，你在异维抵抗方面的能力比普通人要高，所以也不错哦。

16~20 分:

异维平安率为 75%，天生平安的一类。对你来说，异维神马的都是浮云，如果 2012 的存在会让你惶恐，那么现在，你可以舒一口气了。

最短的短篇之一
沉默的声音

尼森失业在家，闲来无聊，养了一条狗：黑色的拉布拉多。

半年过去了，他和这条狗建立了很深的友谊。每天，他都会用大把大把的时间来陪这条狗。

不过，因为坐吃山空，尼森的日子很快就过得紧巴巴的。西伯利亚寒冷的冬天到了，再照这种情形发展下去，他和他的狗会一起饿死或者冻死，然后在同一天过祭日。

他开始考虑找一份工作。

幸运的是，他找到了。尽管这份工作风险系数很高，劳动强度很大，可毕竟能换来薪水，再说，他已经没有选择的权利。他用自己微薄的工资，买来了借以维生的暖炉和食物。

当然，由于整天忙着工作，他也冷落了那条狗，这就是代价。

很快，他发现，自己的狗变了。

它总是在尼森带着一身疲惫沉沉入睡的时候，发了疯似的嗥叫。一晚上要叫好几次，不把主人吵醒誓不罢休。

每次，尼森不情不愿地从床上爬起来，都会看到，它咆哮的头颅，正冲着阳台的方向严阵以待。好像有什么人，想要突破阳台的窗户，进入卧室。

他警惕地打开窗户朝外面望了望，立即有一股森寒的夜风灌进来，让他的精神为之一振，可屋子外面，什么都没有。次数多了，他便不耐烦起来，心想，这条狗是不是对他最近的表现不太满意，存心想要打扰他睡觉？真是岂有此理！于是，盛怒之下的尼森决定惩罚它。

第三天，当拉布拉多又开始没来由地狂吠的时候，他飞起一脚，将它踹翻在地，然后，拎着它的耳朵，将它拖到门外。“嘭”的一声，关上了门。为了以防万一，他还特意在耳朵里塞上了棉花。

现在，终于可以睡个好觉了，他在拉布拉多若隐若现的叫声中进入梦乡。

迷迷糊糊中，他做了一个梦，梦见一只通体漆黑的魔爪，一遍遍划拉他阳台上的玻璃。“哗啦、哗啦”，一直响了大半个晚上。

第二天，有人发现，尼森的狗死了，死在了窗台下，它是被冻死的。昨晚突如其来的一场暴风雪，像棺材一样吞噬了它。靠近一点儿，不难看到，它的爪子上血迹斑斑。而就在它面前的玻璃上，赫然有一道道划痕。一整夜，它都在试图打开窗户，可惜，它失败了。

和它一起死的，还有它的主人尼森。

——他死于煤气中毒。

（文/兔子的马蹄）

最短的短篇之二

黑狗

我是个超级无耻的人，有人说无耻的人鬼见了都愁。

房子太贵，想要地段好、楼层好、房型好，花钱还少，那是不可能的。就在我愁眉不展之际，中介突然神秘地对我说了句：“要不，我给你介绍个房子吧。你要是不迷信，就没事。”

结果他就带我去了，房子在市中心不说，还是四楼，房型布局也很合理，房子价格更是便宜得离谱。

后来我一问，果然不出所料，这个房子是凶宅，而且这房子很邪性，凡是搬进去的，儿子都死了。也曾搬进去过一个带女儿的家庭，除了每天地上有怪异的脚印与奇怪的声音，倒也没别的事情。后来因为女孩子胆子小，最终还是搬出去了。

我心想：我独身一个人，也没有儿子，怕什么。于是我就把房子买了下来。

但是正因为我独身一人，所以晚上的时候听到屋子里有人来回走动，感觉很害怕。

听人家说黑狗辟邪，所以我特别买了一只不带杂色的黑狗。

那条狗每天什么都不干，就是喜欢盯着大门看，一看就是一整天。我觉得这也不错，算是挺尽职。果然从那之后，我屋子里再也没有人走动的声音了。夜里我也睡得很是安稳。

突然有一天，它不盯着大门看了，转而盯着窗户了。

发现这件事的当天，我就买了厚实的窗帘，每到晚上，我都把窗帘挂好，然后抱着狗睡觉。

几个月过后，这狗就像是感到安全了一样，再也不盯着窗户了。

我想，也许是鬼怪都被这条黑狗吓跑了吧。每次一想到这件事，我都会感到很开心。没想到花了这么少的钱，就买了这么好的一套房子，而且养了条狗，就再也没有怪事了。小时候老师总夸我聪明，事实果然如此。

但是一个月之后，我感觉那条狗越来越不对劲儿了。

他总是盯着我看。不管我走到哪里，它的眼睛就跟到哪里，然后死死地盯着我看。

在我坐在沙发里看电影的时候，它那双死盯着我的眼睛，让我感到阵阵寒意。

最后我终于忍不住了，抱起它问它到底是怎么回事。

狗当然不会说话，所以一直这样持续了很久，我都没弄明白它这是什么意思。

直到有一天，我交了一个女朋友。我们在电脑上视频聊天的时候，她总是表现得不太喜欢说话。我问她一些问题的时候，她总是尴尬地笑。

我问她："我一问你这些问题，你就笑，不说话，你怎么不回答我啊？"

几经追问下，她终于不耐烦了，突然对我说了一句话：

"你别当着别人的面聊这些话题行吗？"

"哦，我不知道你那边还有别人，谁啊，那么晚还在你卧室？"

"我家里就我一个人，我说的是你家啊！"

"我家谁也没有啊！"虽然这样回答她，但是我感到很害怕。

"你别装了行吗，我都看到了，后面是谁啊，干吗老在后面偷看咱们聊天？"

我看到她这句话，立刻就吓得不能动了。

"你开这种玩笑可不好玩。"我对她说。

"谁跟你开玩笑了！你看看！"说完，她就截了张图片给我。

我看着她发来的图片，顿时就傻了。

在那张图片上，我的身后一直站着一个黑影，它黑糊糊得没有一点儿反光，只有眼睛是亮的。那是一双能吓死人的雪红色眼睛。可是我仔细看视频聊天的窗口，在小窗口里面是我的图像，怎么看都看不到那个黑影。

"这是怎么回事？"

我立即吓得跳了起来。

这突然一动，卧在我脚下的黑狗立即就跳起来，冲着我拼命地叫。

我立即拿着随身的物品跑到了屋子外面，我决定今天搬出去，随便找个地方住，哪怕租房子、住宾馆我也认了。结果我发现，我没有带钱包。我可不想回到屋子里去拿，而且就算去拿了，宾馆也是不让狗入住的。于是我就带着黑狗步行去了母亲家。

晚上睡觉的时候，黑狗一直蹲在我的床边，用那双炯炯有神的大眼睛盯着我，就这样盯了一宿。我觉得这终究不是办法，就找了个黄大仙去看。

黄大仙看了看我，然后对我说："你这是鬼附身，要死了！没救了！你搬到哪里都没有用了！"

我说:“就算那是凶宅，鬼也拿我没办法，我是单身，住进去只会死儿子！”

“这么说，你是女儿身？”

“你什么眼神，我当然是男人！”

“你相对于你妈，算不算是个儿子？”

“哎哟，我还真没想到这个。”

于是，我当天就想了个办法。从那之后，我就彻底安全了，再也没有鬼找我的麻烦了。因为那天回来之后，我就认了个干儿子——黑狗。

（文/毒蜂）

最短的短篇之三

兼职

几个月前，黄翔在市郊的殡仪馆找到了份新工作，专门负责火化尸体。

不过对外他总是宣称自己是烧锅炉的，生怕别人犯忌讳。

渐渐的，他发现了一个有趣的现象——那些丧户将尸体运到殡仪馆，匆匆做过告别仪式之后，就再也不会过问什么了。他们只等着将骨灰装进骨灰盒里，也不管那些是不是自己亲人的骨头渣，当然也没有人去鉴定。

很快，关于一个人曾经存在过的痕迹就这样被轻易地抹掉了。

黄翔透过监视窗，看着尸体在火光中燃烧、熔解，发出噼里啪啦的脆响。

他突然觉得有些浪费。

于是，他有了个好主意——每次火化尸体之前，他先将肉仔细剔除干净，然后连同五脏六腑装在一个事先准备好的足有半人高的黑色塑料桶里。而那些白白的、挂着血红肉丝的骨架，还有脑袋则被扔进了火化炉。

反正那些丧户只需要骨灰，哪里还管肉到哪儿去了。

下班后，黄翔将两只黑色塑料桶搬进微型货车里，急匆匆地往家赶。

晚上，他还有一份兼职。

他在家门口摆了个烧烤摊位。

他将黑色塑料桶的肉切成指甲大的肉块，小心地穿在竹签上。

然后，他端坐在火光跳跃的烤炉前，等待着那些食客走来。

食客们只关注肉串是不是很好吃，从来不关心肉串是从哪里来的，当然也没有人去鉴定。

白天，黄翔要烧掉好多好多具尸体。

晚上，黄翔要卖掉好多好多串肉串。

没有人关心，没有人担心。

今天你吃了吗?

（文/梁丙）

《诡案组4》之卷十四 藏镜罗刹②

文/求无欲　图/花葬

上期回顾：文具店老板六岁的女儿蔡少萌离奇自杀在电话亭里，慕申羽和蓁蓁奉命前去调查。不料案件谜团重重，又牵扯出了七名蔡姓儿童离奇死亡的事件。随着案情的进一步推进，慕申羽发现此案件赫然跟传闻中的不灭邪神有关。为了弄清真相，慕申羽和蓁蓁找到了受害者家属蔡全了解情况。不想蔡全语出惊人，说他那几个孩子都是藏镜鬼害死的——

第五章　镜鬼秘密

“藏镜鬼是一只可怕的恶鬼，我们村子里的人都很害怕它……”蔡全在田边席地而坐，拿起竹筒边抽着水烟，边向我们讲述一个流传于王村的可怕传说。他的叙述非常凌乱，而且夹杂着大量方言俚语，不过我勉强也能听明白。他所叙述的传说大概如此——

这事应该是发生在解放前，当时有个地主叫王寿，因为他很有钱，而且王村的田地几乎全是他的，所以很自然就当上了村长。

他有个儿子叫王庆，倚仗父亲的财势，经常在村里作威作福，村民都很害怕他。

可能是坏事做多了吧，有一晚他喝完花酒，回家时掉进鱼塘里淹死了。他死的时候还没讨老婆，按照当时的风俗，没拜堂成亲就不算成人，死了也不能安墓立碑。

王寿虽然有几房妻妾，可就只有王庆一个儿子，当然不能让他死后连墓碑都没有。于是便去找神婆帮忙，给儿子安排冥亲。

蓁蓁问："冥亲是什么意思？"

冥亲就是给死人安排相亲，神婆会让双方家属把他们的灵牌放在一个没人的房间里，让他们安静地相处一会儿，然后做法事，询问他们是否愿意做一对鬼夫妻。如果双方都愿意，那就给他们安排冥婚；如果不愿意，就再安排一次冥亲。

王寿有财有势，按理说要讨个鬼儿媳一点儿也不难，只要他开口，别说鬼儿媳，就算是要讨个活儿媳妇，也有人抢着当。可是，虽然有不少人愿意跟他做亲家，但全都失望而回。原因是每次神婆询问王庆的意愿时，他都对神婆大发雷霆，骂神婆随便找来些庸姿俗粉来敷衍他。

神婆也够冤的，不但把附近过去三年内死去的年轻闺女，全都带来给王庆挑个遍，就连活着的闺女也带来了好几个，可王庆就是一个也没看上。

儿子久久未能挑到合心意的鬼媳妇，王寿自然不会给神婆好脸色。神婆被弄得没有办法，只好做法事问王庆到底想要怎样的媳妇。王庆说神婆之前带来的不是丫鬟，就是农户家的丫头，全都出身低微，配不上他这个大户人家的少爷。这回神婆总算明白他的心意，于是就到处打听哪里有大户人家的千金早死。

几经打听后，神婆终于打听到县城一户姓蔡的大户人家有两个女儿，其中小女儿因为自幼体弱多病，还没满十六岁就死了，而且蔡老爷正有意为小女儿找一个好归宿。不过，蔡家好歹也是县城里的大户人家，蔡老爷可不愿意往王村这种乡下地方跑。

为了能给儿子讨个合心意的鬼媳妇，王寿带上儿子的灵牌，跟神婆一起到县城拜访蔡老爷，安排冥亲的事情。

蔡老爷虽然不愿意往乡下跑，但也不是那种趾高气扬的人，对王寿这个从乡下出来的小地主也算客气。两人分别把各自儿女的灵牌放在房间里，便一同到客厅喝茶闲聊，等待神婆告诉他们冥亲的结果。

本来，不管结果怎样，双方是愿意也好，不愿意也罢，亦相安无事，充其量也就是白跑一趟。可蔡老爷的大女儿出于好奇，想知道妹妹的冥亲对象是个怎样的人，竟然偷偷走到妹妹与王庆冥亲的房间外，从门缝往里面偷偷瞟了一眼。

《诡案组 4》之卷十四

藏镜罗刹②

她这一看就出事了！

冥亲回来后，神婆跟王寿说，王庆虽然不喜欢蔡家二小姐，但看中了蔡家大小姐，而且还说只会跟她成亲，要是讨不到这个媳妇，就在阴间做只青头鬼算了。王寿这下子可为难了，如果儿子看中的是穷人家的女儿，那么不管对方是死是活，他都有办法给儿子办这宗婚事。可是，儿子看中的竟然是蔡家的大女儿。

（“青头鬼”是指有正常的生育能力，却从未与女性交合，且在阳寿未尽之前死于非命的男鬼。传说，青头鬼在阴间的地位极低，不但会受到其他鬼怪欺负，还不能转世投胎，是最凄惨的一种鬼魅。在粤语方言中，“青头鬼”常用于嘲讽他人未经男女之事，并有咒骂对方短命的意思。）

蔡老爷在县城是个有头有面的大人物，论财论势都不是王寿能比的，这次肯跟王家冥亲已经是屈尊了。若要对方让活生生的大女儿跟自己已过世的儿子冥婚，那简直是痴人说梦。

然而，王寿只有这个儿子，王庆既然执意要跟蔡家大小姐冥婚，那就管不了这么多，便跟神婆说不管用什么办法，也不管要花多少钱，反正就要讨蔡家大小姐做儿媳妇。

有钱能使鬼推磨，神婆为了能赚到为数可观的大红包，把心一横，收买了蔡大小姐的近身丫鬟，打听到对方的生活习惯。原来蔡大小姐已有心上人，而且每次跟心上人见面之前都会悉心打扮一番。

神婆获悉后，就让丫鬟偷偷取出蔡大小姐装扮时用的镜子及口红，在镜子背面画上符咒，并在口红里施放毒药，然后让丫鬟放回原位。

不知情的蔡大小姐用沾有毒药的口红装扮时，嘴唇沾毒便立刻身亡。这时候，她正面向画了符咒的镜子，镜子便把她的魂魄吸入镜中。随后，神婆再暗地里用重金跟丫鬟买下这面镜子，轻而易举便得到了蔡大小姐的魂魄。

虽然神婆机关算尽，但她没料到蔡大小姐装扮时，竟然穿着一身大红色的艳丽衣服。当她发现问题的时候，为时已晚，因为蔡大小姐已化作厉鬼。

为了早日完成儿子的心愿，在神婆把藏有蔡大小姐魂魄的镜子带回来的当晚，王寿就立刻给儿子举办冥婚。当神婆把镜子跟王庆的灵牌放在一起时，蔡大小姐马上便明白是怎么回事了，并为自己被他们害死而感到愤怒，于是便向他们报仇。

当晚是十五月圆，月光恰巧照在镜子上，蔡大小姐凭借月光的灵气冲出镜子。月光反射到谁身上，她就把谁掐死。第一个遭殃的正是害死她的神婆，随后被杀的都是王家的下人。

眼前的可怕景象把王寿吓得魂不附体，随手拿起一只茶杯掷向镜子，将镜子从供桌上打下来，掉到地上摔破了。他本以为把镜子摔破，蔡大小姐就会魂飞魄散。可是他万万没想到，镜子是用来禁锢蔡大小姐的魂魄的。镜子一旦有任何破损，蔡大小姐的魂魄将不再受到束缚，能于任何镜子之间自由穿梭。

一夜间，王家上下所有人，包括丫鬟及长工，全都被变成了藏镜鬼的蔡大小姐杀死。杀光王家的人后，她还觉得不解恨，不时滋扰其他村民。虽然她没有直接害人，但经常半夜三更在镜子里出现，把人吓一大跳。有不少小孩被她吓掉了魂，更有些年纪较大的老人被她活活吓死，弄得整个村子鸡飞狗跳。

后来，有一位云游道士路过，村里的长老就求他帮忙，降伏这只可怕的藏镜鬼。道士本来打算为民除害，消灭这只恶鬼，但没想到对方怨气极重，不容易对付。经过一轮交锋后，道士不但没能降伏她，反而把她惹火了。

藏镜鬼这回可不再只是滋扰村民，而是大开杀戒，害死了不少无辜的村民。道士对付不了她，只好跟她谈判，问她要怎样才不再伤害村民。她跟道士说，自己生前是千金小姐，习惯有丫鬟侍候，要道士给她找个丫鬟。

道士心想这还不简单，给她烧一个纸扎丫鬟就行了。可是，她要的不是纸扎丫鬟，而是要活人生祭，而且还指定要用跟她同姓的少女生祭。因为她是被自己的近身丫鬟害死的，所以不相信外姓人。

道士这下子可为难了，生祭是邪魔外道所为，就算以牛羊牲畜祭祀亦为正教所不齿，以活人生祭更是天理难容。然而，当他与村民商量此事时，竟然有大多数村民赞成生祭。毕竟被藏镜鬼害死的人已经够多了，为了以后能安心过日子，也不在乎再多一个。

村民经商量后，决定让村里一个长年卧病在床，姓蔡的丫头作为生祭的人选。村民跟道士说，这丫头是自愿的，并让其赶快举行生祭，免得藏镜鬼再来找麻烦。

道士虽然不愿意生祭，但毕竟是自己把藏镜鬼惹怒，才使事情越闹越大的，所以只好遵从村民的意愿。他本以为生祭之后，就能了结此事，但没想到姓蔡的丫头虽然自愿当祭品，但她母亲不愿意。

原来丫头的母亲是村里的一名寡妇，为照顾长年卧病在床的女儿吃尽苦头，甚至为了生计，不惜跟村里的男人发生关系。女儿不忍母亲为了自己吃苦，就自愿当生祭的人选。而村民为了让生祭能顺利进行，便借故支开寡妇。

当寡妇知道自己的女儿被生祭之后，痛不欲生。为了报复村民的狠心，她在深夜穿上大红衣服于镜子前上吊自杀，死后化成厉鬼向村民索命。

道士知道自己铸成大错后，觉得愧对师门，于是便以一死，换取寡妇的原谅。

道士死后，寡妇的事算是解决了，但藏镜鬼的事还没解决。因为道士死前为寡妇的女儿做了场法事，超度了她的亡魂，使她无须再当藏镜鬼的丫鬟，致使藏镜鬼最终还是没有丫鬟伺候。

自此之后，每隔一段时间，村里就会有两三个姓蔡的女娃莫名其妙地死掉……

听完这个可怕的藏镜鬼传说后，蓁蓁面露寒色地问："她们都是被藏镜鬼害死的吗？"

蔡全黯然点头，悲伤地说："藏镜鬼每隔一段时间都会害死两三个姓蔡的女娃，抓她们的魂魄回去当丫鬟。她抓丫鬟也就算了，干吗还要害死我的两个儿子呢？"

虽然他把这个恐怖传说描述得绘声绘色，但说到底也只是个传说而已，我可不认为能跟五名孩子的死扯上关系。然而，面对我的质疑，他坚定地反驳："这不是传说，是真的。老四他们失踪的那天晚上，就有人亲眼看见了藏镜鬼！"

第六章　小学教师

"什么？藏镜鬼是真的？"

"那当然了，要不然我的两个儿子怎么会死呢！"

面对蔡全肯定的眼神，蓁蓁不由得脸色发青。

不管传说有多恐怖，也只是虚无缥缈的故事，跟现实扯不上任何关系，并不值得害怕。可是，当虚无缥缈的传说与现实重叠，那就难免会让人感到毛骨悚然。

然而，为传说与现实交叠而感到惊讶的同时，更令我讶然的是蔡全的态度。从他语言间流露出来的感情判断，三个女儿在他眼中仿佛毫无存在价值，就算死掉也不觉得可惜。虽然他对两个儿子的死显得极为悲伤，但我觉得这种悲伤，无异于对丧失财产的悲痛。

在他眼中，儿女只不过是一份重要的财产、一个传宗接代的工具、一份养老送终的物品。

对于他这种思想仍停留于封建社会的人，我实在不愿意跟他再多作交流，于是便直接切入重点，询问他曾亲眼看见藏镜鬼的人是谁。

“就是在菜市场开冻肉店的吴威他媳妇，她可被藏镜鬼吓得不轻啊，一连病了好几天。后来到庙里求了道神符，化水喝了之后才慢慢好起来。”

得知藏镜鬼的目击者是谁后，我们便立刻前往王村菜市场找吴威夫妇。

我们来到菜市场时已是黄昏时分，市场内难觅顾客的踪影，虽然大部分菜贩已经收市，但冻肉店仍然开门营业。一名年约三十岁的男人坐在冻肉店门口，看见我们走过来便立刻站起来，热情地问我们想买些什么。

我们道明来意后，得知他就是吴威。当我问及藏镜鬼一事，他的脸色立刻变得很难看，心有余悸地说:“藏镜鬼可把我媳妇害惨了。”

“到底是怎么回事呢？”蓁蓁胆怯地问道。

人有时候很奇怪，越是觉得害怕的事情，就越想深入了解。这也是好事，因为未知往往是恐惧的根源，越不了解真相，就越会胡思乱想，越使自己觉得害怕。然而，世事无绝对，有时候深入了解，反而会发现真相比传闻更可怕。

吴威点了根烟，夹烟的指头微微颤抖，简要地告诉我们他妻子的可怕经历——

大概是在半个月前吧，那天我媳妇打算回娘家串门。因为她要买些饼干水果之类的东西，所以就叫我跟她一起去帮她提东西。男人嘛，最烦就是这些过家家的游戏，你送我、我送你地送来送去，还不如坐下来搓几圈麻将。

当时刚过完春节，店里有很多事情要忙，而且我又不想跟她回娘家，所以就让她自己过去。反正她娘家就在梁村，也就是走几步路的事儿。

那晚，我等了很久也没看见她回来，以为她为白天的事生气，在娘家过夜不回来了。于是就打电话到她娘家，可丈母娘说她已经走了好一阵子，应该早就到家了。

我想她该不会是出意外了吧，就想出去找她，但刚走到门口，就看见她像个疯婆子似的，边大叫救命边拼命跑回来。她一进家门就往被窝里钻，还用被子把头盖着。我问她发生了什么事，她也不答理我，只是不停地说有只女鬼要抓她。

我不知道她又在发什么神经，不过人总算回来了，便没有管她，以为她第二天就会没事。可是第二天她整天都躺在床上，而且我还发现她身上有好几处伤痕，便问她昨夜到底怎么了。

她啥也没说，只说觉得头很晕，一点儿力气也没有。我把她带到医院，医生说她只是受点儿皮外伤，没其他问题，给她处理伤口后，再吊瓶点滴就可以走了。

藏镜罗刹②

从医院回来后，我又问她昨晚到底发生了什么事。她说昨晚经过村里的小学时，在教室的窗户里看见一只女鬼。那只女鬼抓住她不让她走，说要抓她回去当丫鬟，还问她叫什么名字。她告诉女鬼自己叫梁彩霞，女鬼说只要姓蔡的，然后就放她走。她怕对方反悔，就连滚带爬地往家里跑。

我媳妇是梁村人，没听过王村的藏镜鬼传说，所以不知道自己见到的是藏镜鬼。还好她没说自己姓蔡，要不然她这条小命恐怕保不住了。

藏镜鬼没说要她的命，我想她大概只是吓掉魂，于是就到庙里给她求了一道神符。我拿神符化水给她喝，休息了几天后，情况就渐渐好起来。不过，她现在还是有点儿害怕，天一黑就不敢出门，而且特别害怕镜子、窗户之类的东西。我只好把家里的镜子都藏起来，在窗户的玻璃上都贴上报纸……

随后，他告诉我们有关藏镜鬼的传说，跟蔡全说的大同小异，最大区别只在于道士并非向寡妇以死谢罪，而是在超度寡妇女儿的亡魂后，就得到了对方的原谅。

不过，因为自己的过失而造成的寡妇母女的惨剧，使道士非常内疚。为了弥补自己的过错，道士决定孤注一掷，跟藏镜鬼以死相搏，最终把藏镜鬼逼进小学后面的防空洞内，并用自己的生命把对方禁锢于洞里。

可惜道士修为尚浅，并没能将藏镜鬼完全禁锢，只能有限度地限制她的活动。所以每隔一段时间，藏镜鬼就能冲破束缚，跑到洞外害人。

倘若事实正如他所说，那么藏镜鬼也太可怕了。不过耳听七分假，更何况他也不过是从妻子口中听来的。

然而，我注意到他在叙述的过程中，曾提及妻子遭受藏镜鬼袭击后，身上出现好几处伤痕。在向他确认后得知，伤痕是受藏镜鬼袭击而造成，而非逃走时摔倒所致。在我的知识范畴内，鬼魅是虚无缥缈的，不可能给人造成物理上的伤害。

因此，我便问他能否让他妻子亲口告诉我们事发当晚的详细情况。

他稍微思索片刻便说:“没问题，我媳妇就待在家里，你们要是不介意，就跟我回家走一趟吧！”他随即拿起话机，给家里打了个电话，向妻子告知我们将会去拜访后，他便关上店门带我们回家。

我本想直接开车到吴威家，可是当警车驶近一所小学时，他便示意我把车停在操场前。他说乡间路窄，这里到他家的一段小路，警车无法通行，必须下车步行。

下车后，他告诉我们，其妻就是在这儿受到藏镜鬼袭击的。此时天色已黑，借助微弱的星光，我勉强能看清楚小学的全貌。

小学的主体建筑是一栋三层高的教学楼，占地约五百平米，教学楼前面是一个简陋的篮球场，场外有一圈沙石铺砌的跑道。整个小学最引人注目的要数教学楼的窗户，从正面看过去能看见二十多扇窗户，每扇窗户宽约两米，高约一米五，全是装嵌了深蓝色玻璃的推拉式铝合金窗。

教学楼里的每间教室，白天必定光源充足，非常适合学生们上课。然而，当夜幕降临后，深蓝色的玻璃在微弱的星光映照下，犹如一面面诡秘的黑镜子。

此刻，传说中的藏镜鬼仿佛躲藏在某一面镜子背后，窥视着我们的一举一动，等待机会向我们发动袭击。

或许镜子般的玻璃让蓁蓁感到不安，她不停地催促我们赶快离开。可是我突然想起，我们此行的目的地，正是眼前这所王村小学。我们前来的目的，本来是调查小学教师王希是否就是杀害蔡少萌的凶手。可后来一直专注于藏镜鬼一事，反而把原本的目的忘了。

我问吴威是否认识王希，他答道："认识，王村并不大，本村人大都互相认识，而且他在村里可是个响当当的大人物，没有谁不认识他。不过，你们现在要找他可不是时候。"

"为什么呢？"蓁蓁问。

吴威笑道："你们别看他只是个小学老师，生活可是多姿多彩，放学之后想找他，可难喽。"

我顺势问道："他是个怎样的人，能告诉我们吗？"

"我们边走边说吧！"吴威带领我们穿过乡间小路前往他家，并在途中向我们讲述王希的"光辉事迹"——

王希的父亲名叫王发，是个包工头，专门承包政府的建筑工程。王村菜市场就是他承建的，他还有股份呢！

你们当警察的肯定知道，只要能跟政府工程沾上边，就不愁没钱花，而他就是个钱多得可以拿去填海的款爷。前两年他的大女儿出嫁的时候，喜宴摆了差不多两百桌。虽说是联婚，但男方撑死也坐不了三十桌，其他全都是女方的客人，基本上认识他的人都请来了。就连我跟我媳妇这种八竿子打不着的闲人，竟然也收到请柬了。

那顿喜宴可丰富喽，全是龙虾、鱼翅、鲍鱼等高价菜，仿佛怕我们不知道他有钱似的。呵呵，不过我可不管他的酒席有多豪华，反正我跟我媳妇就只给他一百块的红包，谁叫他老是加我们的租金呢！

藏镜罗刹②

蓁蓁似乎对王发这个大款没啥兴趣，催促道:“那他儿子怎么样?”

王希这臭小子在我们村可是出了名的捣蛋鬼，基本上没啥坏事是他没干过的。我记得他十四五岁的时候，把梁村一个小女孩的肚子搞大了，之后又不要人家。那女孩是他的小学同学，当时也是十四五岁，被他玩了之后也不敢跟父母说。眼见肚子一天比一天大，早晚会瞒不下去，一时想不开就跳进鱼塘里自杀了。

女孩的父母知道是怎么回事后，当然不肯放过他，叫上所有亲戚抄家伙到他家找他算账。王发可要靠这个儿子接续香火，当然不能让他有什么损失。不过，他虽然有财有势，但儿子确实理亏，他也不想把事情闹大，只好给女孩的父母赔了一大笔钱。

后来，王发怕儿子继续给他惹事，就花钱找关系，把王希送到省会的重点中学里念书。本来，他想让王希在重点中学里好好念书，可王希到了省会后没人管束，反而更加捣蛋，好几次都差点儿被赶出学校，最后还是花钱才把学籍保住了。

学籍虽然保住，但王希本来就不是读书的材料，好不容易才混到高考，可那分数他都不好意思说出口。后来还得让他老爸花钱，把他塞进一所叫不上名的师范大学。

他在师范里混了几年，把毕业证混到手后，王发又砸钱给他在县城的中学买来一份差事。可惜他还是那个德行，竟然把自己的学生搞了。虽然不像之前那样闹出人命，但也不是花钱就能解决的问题。人家县城可不像我们村这么好办事，虽然王发没少向校长求情，但还是保不住他的工作。这也怪不得人家校长，学校里有这样的老师，还有谁敢让女儿来上学呢?

从县城里被轰回来后，王希跟着他老爸做过一阵子工程，可他做什么都不上心，经常把事情搞砸，还得罪了一些官老爷。这可是他老爸的饭碗啊，当然不能让他乱来，只好让他干回老本行，在王村小学给他找一份差事。

王发虽然没本事搞定县城的中学，但在王村他还是有些能耐，而且王村小学的校长就是他堂哥，所以让王希进小学工作一点儿困难也没有。不过王希待在小学里，可让女学生的家长整天提心吊胆，一个个千叮咛万嘱咐自己的女儿别跟他走得太近，仿佛让他看一眼就会怀孕似的。

其实最惨的还是王校长，他虽然很不愿意让王希到小学工作，可自己这些年又得到了王发不少恩惠。而且说到底也是亲戚一场，这个面子总不能不给吧?

不过，王发也知道自己的儿子不是个好东西，他把王希塞进小学时就跟王校长说:“我这是花钱让他坐牢。”他每年都会给小学捐一笔钱，就当给儿子发工资。所以，能不让他干的事就别让他干，只要他每天准时来上班，别让他到处惹是生非就行了。

王校长是个聪明人，为了不让王希给他惹麻烦，也为了让家长安心，就安排他做些行政管理上的工作，美其名曰“教务主任”。其实这巴掌大的小学，一共就十来个教师，而且都是些安分守己的老实人，哪儿来什么行政工作。

所以，王希实际上就像他老爸说的那样，每天准时到小学“坐牢”。

天天去小学坐牢，王希心里肯定不愿意，但也不能不去。因为他老爸给他出狠招，要是他不按时到小学上班，哪怕只是迟到一次，就得扣光他当月的工资。你们别以为他的工资没多少，我刚才也说了，他的工资其实就是他老爸的捐款，说白了也就是通过学校给他发零用钱。

王发这招还挺管用的，最起码王希待在小学这两年，也没惹出什么大麻烦来……

第七章　镜鬼凶猛

“王希小时候在梁村念书吗？怎么会有梁村的同学？”蓁蓁听完吴威的讲述后问道。

“梁村哪有小学。”吴威笑道，“我们这里又不是大城市，每个村子就只有几百口人，谁家有几个小孩基本上都能数出来，要那么多小学干吗？附近几个村子的小孩，都在王村小学念书。”

我觉得有些蹊跷，立刻问道：“梁村不久前淹死的那对蔡姓姐妹，也是在王村小学念书吗？”

他点了下头：“嗯，本地人在王村小学念书不用交学费，跑去县城念书既麻烦，又得交赞助费，所以大家都让小孩在这里念书。”

如果这七名儿童都是王村小学的学生，那么身为“教务主任”的王希，应是很容易就能获取他们的出生日期等资料。或者说，他很有可能利用职权之便，在王村小学所有学生当中，挑选这七名同姓且八字属水的儿童作为目标。

然而，作为一名玩世不恭的纨绔子弟，王希会跟邪教搭上关系，并且不惜为此落得个杀人的罪名吗？虽然以常理推断，他应该不会加入邪教，但这并不代表他没有嫌疑。像他这种纨绔子弟，往往会因为闲得发慌而做出一些出人意料的事情。

《诡案组 4》之卷十四

藏镜罗刹②

七名儿童中有五名是女孩，而根据吴威的叙述，王希绝对配得上“好色之徒”的称号。他终日被困在小学里，虽说过着坐牢般的日子，但放眼皆是尚未发育成熟的女学生。说不定他因为无聊透顶而心理扭曲，所以想给自己找点儿刺激，于是就对这些小女孩下手。另外两名男孩可能是他为了掩饰自己的罪行而杀人灭口，又或者在诱拐他们的姐姐时一同拐过来。毕竟，王村五姐弟死前很可能曾被禁锢，说不定在禁锢期间曾遇到侵犯。可惜他们的尸体已经火化，而且没作详细的尸检记录，要不然就能验证我的推理是否正确。

“听说王希喜欢书法，有这回事吗？”蓁蓁好奇地问。

“可能他天天待在小学里，实在是闲得发慌，所以就跟王校长学起书法来。”吴威突然笑了笑，“说起来他还拿过县书法比赛的优秀奖呢！拿这种人人有份的猪肉奖，竟然也在小学门口挂起横幅，唯恐大家不知道似的。不过，我们都把这事当成笑话。”

“猪肉奖”乃广东俗语，意谓每人都有一份，源于俗语“太厘米猪肉，人人有份”。香港乐坛的多个颁奖典礼因为奖项繁多，且获奖者几乎涵盖所有当红的歌手以及唱片公司力捧的新人，所以经常被嘲讽为“猪肉奖”。

拿了一个人人有份的安慰奖也大肆宣传，说明王希是个喜欢炫耀、虚荣心极强的人。这可能因为他一直以来成事不足，败事有余，所以急于寻求他人认同。这么说，他有可能以杀人来显示自己的能力。

一路上，我都在想王希的事情，不知不觉来到了一块空地前。反正现在找不到王希，我只好把他的事情放下，打算先向吴威的妻子了解她遭遇藏镜鬼一事。

眼前这一块宽阔的空地上，有两棵茂盛的樟树，七八间房子错落有致地坐落于空地周围，构成一个如四合院般的小社区。

吴威的房子位处“四合院”深处，是一栋占地近百平方米，两层高的楼房。从外面看，这房子应该挺宽敞的，可走进客厅后，我觉得十分逼仄，原因是所有的窗户都用报纸封住。纵使客厅并不狭窄，也给人一种奇怪的感觉，仿佛置身于封闭的空间内。

吴威让我们坐在客厅稍等片刻，然后便进厨房找妻子。或许是出于职业习惯，他离开客厅后，我稍微留意了一下客厅内的摆设。这是一个平常人家的客厅，除了窗户都被贴上报纸之外，并无其他特别的地方，唯一能引起我注意的是一个挂在墙上的相框。

我想这个相框本来应该嵌有一块玻璃，但此刻玻璃已被拆掉，只有数十张相片插在相框边缘。相框中大多是吴威的相片，记录了他从孩童时代到结婚生子的成长过程。其中有两张相片引起了我的注意，其中一张应该是他十来岁时拍的相片。相片中，他高举奖状，神情兴奋，似乎获得了某项赛事的冠军。我想看清楚奖状上写了些什么，无奈字太小了，"冠军"二字之外，我能清楚的就只有一个"气"字和一个"击"字，该不会是气功、搏击之类的赛事吧？另一张是他抱着一名婴儿所拍的相片，相片中的他满脸皆是幸福的表情，怀中的婴儿大概是他的儿子。

我突然想起在之前的谈话中，他并没有提及自己的儿女……

就在我为这个问题感到疑惑时，吴威跟一名妇女从厨房出来了。他向我们介绍，这名妇女就是他的妻子梁彩霞。我见窗户都被封住，以为她仍被藏镜鬼一事困扰，但事实上她的精神状态并无异样。

吴威给我们解释说，在喝过符水之后，他妻子就已经没事了。不过外出必须经过小学，他怕妻子又会被吓到，所以就让她在家里休息。

刚才在冻肉店的时候，吴威已事先告知我们将会到访，没想到梁彩霞竟然立刻给我们准备好了饭菜，还说因为不知道我们将会来访，所以没好东西招呼我们，只有墨鱼丸、牛肉丸之类的冷冻食物。

尽管我们一再拒绝，但吴威夫妇硬要请我们一同用餐，我们也就盛情难却，跟他们一起用餐，并于席间闲聊起来。

开始时，我说了些称赞梁彩霞厨艺的客套话，气氛还不错，可是蓁蓁突然冒出一句："你们还没生孩子吗？"吴威夫妻的脸色立刻就沉了下来。

他们两人都沉着脸，一言不发，似乎想起了某些不愉快的经历。我想起相框中有一张吴威抱着婴儿的相片，由此断定他们应该是被蓁蓁的话刺中了要害。

良久的沉默使我跟蓁蓁连菜也不敢夹，只好低着头光吃米饭。蓁蓁侧过头来向我挤眉弄眼，似乎想问我是不是说错话了，我也不知道该怎么回应她。这还用问吗？

正当我为如何打破当前这种尴尬的局面而苦恼时，吴威突然开口："其实，我们有一个儿子。"

"是吗，他多大了？"蓁蓁立刻兴奋起来。

"三岁，他死的时候刚好三岁。"梁彩霞了面无表情地说。

我瞪了蓁蓁一眼，她知道自己又说错话了，立刻低下头吃饭，不敢再开口。

"我们的儿子已经死了一年多了……"吴威轻声叹息，放下碗筷，给我们讲述他们夫妻的一些往事——

我们很年轻的时候就已经住在一起了，当时我们还没结婚，而且又没多少钱，所以不想这么快就要小孩。虽然我们一直避孕，但意外总是难免的，为此我们前后共打掉了三个小孩。

后来，我们在菜市场经营冻肉店，虽然赚钱不多，但总算够过日子。生活稳定下来，我们就去领了结婚证，并计划生孩子的事。

以前领结婚证是要作婚检的，我们本以为那不过是例行公事，但没想到还真的检出了问题。给我媳妇做婚检的医生说，我媳妇因为之前打了好几次胎，子宫壁薄得像纸一样。她吩咐我们，如果再次怀孕千万别打掉，因为这次怀孕可能是我们的最后机会。

她这话可把我吓坏了，得赶紧让我媳妇调理好身体，准备生孩子的事情。还好，我媳妇最终还是顺利地把儿子生了下来。不过生完孩子后，医生说她再次怀孕的概率很小，而且就算怀上也会很危险。

恰好当时村里的干部来问我们，要不要办独生子女证，办了之后会有很多福利，不过要结扎后才能办。我想反正已经生了个孩子，以后也不打算再生了，于是就让我媳妇去结扎。

因为我们两口子就这么一个儿子，所以我给他取名叫吴惟，意思是独一无二。我们把他当成掌上明珠，不但给他吃好的、穿好的，还寸步不离地照顾他。简直就是捧在手上怕摔了，含在嘴里怕化了。

我们把所有心思都花在他身上，甚至他长大以后的事情都计划好了，可以说我们下半辈子就是为他而活。虽然我们对他充满期待，希望他长大后能有一番作为，不过这都只是想想而已，只要他能够健康地长大，我们就已经心满意足了。

可是，老天爷竟连这么小的愿望也不能满足我们。

惟儿两岁的时候，不知道为什么经常哭闹，尤其是小便的时候，老是捂住肚子说痛，有时候甚至会呕吐。我们带他跑了好几家医院，检查也没少作，但就是找不出病因。眼看他一天比一天难受，我们心都碎了，可又想不到办法帮他。

后来，我看到电视上报道说，有很多婴儿因为吃了有问题的奶粉而患上肾结石。对比一下惟儿的情况，发现跟电视上说得差不多，于是就立刻带他到医院。在医院里一检查就发现了问题，原来他真的患了肾结石，而且情况已经非常严重。

医生跟我们说，这么小的孩子患肾结石并不常见，所以之前带他到医院检查时，医生都没往这方面想。结石通常是由饮食习惯引起的，一两岁的儿童，平时吃的不是奶粉、米糊，就是稀饭，不像大人那样什么都吃，所以很少会患上结石。正因为之前一直都没发现问题，现在才知道已经晚了。

医生说结石堵塞了惟儿的输尿管，引起严重的肾积水，最终导致肾衰竭。要救他只有一个办法，就是动手术。可是动手术有一定风险，患儿才两三岁，身体状况又不好，怎么能撑得住呢？而且，就算我们想冒险给惟儿动手术，也拿不出那么多钱来付手术费，只好眼睁睁地看着惟儿离开我们……

诉说完这段让他们遗憾终生的往事后，吴威夫妇皆眼泛泪光。我正想说些安慰话时，蓁蓁已开口道："这件事我也听说过，不是后来给你们派发了赔偿金吗？怎么不用来给儿子治病？"

吴威突然怒火中烧地拍打桌子，叫骂道："赔个屁，才给我们赔了两千多，连一天的住院费都不够！医生给我们算了一笔账，要是给惟儿动手术，起码得花十万八万。要是想完全治好他的病，至少要准备五十万以上，赔的两千多连零头都不够！"

人世间的不平事实在数不胜数，对于他们夫妇的悲惨遭遇，我只能深表同情。毕竟人死不能复生，我们爱莫能助。

饭后，我花了不少时间才能撇开先前的沉痛话题，询问梁彩霞遭遇藏镜鬼的前后经过。虽然已事隔半月，但当我提及此事时，她仍面露寒色，身体微微颤抖："实在太恐怖了，那晚发生的事，可能是我这辈子最可怕的经历……"

她的身体微微抖动，脸色也在刹那间变得苍白。吴威体贴地给她倒了杯热茶，她取暖般双手捧着杯子，但身体的颤抖却没有停下来。直到吴威坐在她身旁，轻轻搂住她瘦弱的肩膀，鼓励说："说吧，没事的，有我在。"她才停止颤抖，向我们讲述遇到藏镜鬼的可怕经历——

这事发生在半个月前，我娘家有三姐弟，大家都已经成家立室，春节那几天要在娘家碰见不好安排。所以，我们每年都是春节过后，才一起回去跟父母拜年。那天我本来想叫老吴跟我一起回娘家，可是他却推说店里还有很多事要忙，不肯跟我回去，我一时来气就跟他吵了几句。

往年我通常在娘家吃过晚饭后就会回来，但是那天因为跟老吴生气，想在娘家多待几天，所以很晚都没有离开。妈见我这么晚也不走，猜到我跟老吴闹别扭，就劝我早些回家。她说春节大家都应该高高兴兴，而我却待在娘家不肯回家，太不像话了。我说不过她，就只好回家了。

我提着妈给的回礼一个人回家，一路上也没特别的事发生，但经过王村小学的时候，突然听见一个凶巴巴的女人声音说“站住”。当时周围都静悄悄的，突然听见这声音，我吓了一大跳，连忙往周围张望，看是谁在说话。可是，我看了好一会儿也没发现附近有人。

我想可能是自己听错了，于是就继续往家里走。可我刚抬起脚，头发就被谁从后扯住，凶巴巴地在我耳边大吼：“叫你站住你还敢走！”我惊慌地问发生什么事了，并回头看是谁揪着我的头发，可是我谁也没看见。

虽然没看见有人，但是我的头发被一道很大的劲揪着，而且还一直把我往小学的教学楼拉。我没办法挣脱这道力劲，只好大叫救命，可是刚叫出来，脸上就挨了一巴掌。我没看见是谁……或许说，我根本没看见是什么东西打我，只听见凶巴巴的声音说：“你要是敢再叫，我就把你的舌头整条拔出来！”

这时候，我脑子里只想到一件事情，就是我会不会是见鬼了?

我被拉到教学楼的一扇窗户前，揪着头发的力劲就消失了。我赶紧站起来往家里跑，可是刚跑第一步，头发又被揪住，而且这回揪得非常使劲，把我往回摔到地上。我还没来得及爬起，脸上又挨了一巴掌，凶巴巴的声音又说：“你要是再跑，我就干脆把你的双脚拧下来，看你还怎么跑。”

我惊恐地往四周张望，并向对方求饶，我从来没做过坏事，也没害过谁得罪谁，求对方大人有大量放我一马。

“别到处乱瞧，我就在你后面，在窗户里。”

我按照对方的指示，转身望向窗户，看见一个穿着红色旗袍，容貌恐怖，神态狰狞的女人。我本以为她是站在窗户后面，但仔细一想又觉得不对劲，因为窗户用的是深色玻璃，里面又没开灯，在外面应该看不见里面的情况啊！

想到这里，我就觉得头皮像要裂开一样，因为眼前这个女人是站在窗户的玻璃上！

第八章　镜鬼现身

或许因为过于恐惧，在讲述遭遇藏镜鬼的经历时，梁彩霞的身体不住地颤抖，一

度哽咽难言。直到吴威紧紧地搂住她，她才稍微平静一些，继续给我们讲述当晚的情况——

我向玻璃中的女鬼跪地叩头，求她饶我一命，但她并没有让我走，还叫我把头抬起来。我抬起头看着她那张可怕的脸，立刻就觉得浑身发冷，头皮麻得像被针刺一样。她的样子实在太可怕了！

她虽然抹了胭脂，却遮盖不了铁青的脸色；眉毛虽然画得细长工整，却朝天而上；双眼虽然大而水灵，却血红圆凸；虽然涂了鲜艳的口红，但仍遮盖不住紫黑的唇色……更可怕的是，她只要张口就会露出如锯齿般参差不齐的獠牙，仿佛随时会把我吃掉。

她让我抬着头，一直盯着我看。我快要受不了的时候，她突然张口说："老是老了点儿，但总比那五个什么也不懂的小鬼强。你以后就跟着我，当我的丫鬟。"

我一时间没弄明白她的意思，但肯定不会是好事，就想开口求她放过我。但是她那张脸实在太恐怖了，让我不敢看着她说话。而且因为我心里实在太害怕，所以有些口齿不清，好不容易才能把话说出来。

我刚把话说出来，她就狠狠地掴了我一巴掌，把我掴得趴在地上。我被她打得眼冒金星，还没回过神来，头发又被她揪住。她把我扯到窗户前，恶狠狠地跟我说："能做我的丫鬟，是你上辈子修来的福气，你要是敢说半个不字，我就让你生不如死。"

她竖起一根手指，像锥子一样的指甲……不，是锥子一样的爪子慢慢地从指尖伸出来。她把手指晃了晃跟我说："想知道什么才叫'生不如死'吗？"说着就用爪子往我手臂上扎。

她的爪子就像冰冻的铁锥子，手臂被她扎到后，除了觉得痛之外，还觉得非常冰冷。不过，这只是刚开始时的感觉，下一刻我就明白她所说的"生不如死"是怎么一回事了。

冰冷的感觉渐渐消退，剧烈的疼痛随之而来，痛感从被扎到的地方扩散到整只手臂。这种痛苦并非只是一瞬间，而是持续了好一会儿才开始消退，我恨不得把整条手臂砍下来。

她在我手臂上一连扎了三下，痛得我满地打滚，就像她说的那样——生不如死。随后，她又揪着我的头发，把我扯到窗前，问我还想不想受这种苦头。我当然说不想，她又说："不想吃这苦头，就得当我的丫鬟，以后乖乖地伺候我。"

虽然我不想答应，但刚才那种痛苦实在太可怕，所以只好对她言听计从。可是，我是人，她是鬼，我怎么能伺候她呢？想到这里，我的心马上就凉了，因为我知道，她肯定会把我杀死，让我做她的鬼丫鬟。

果然，事实就如我想象中那样，她突然掐着我的脖子，问我想怎么死，是活活让她掐死，还是让她扔到水里淹死。我说反正都是死，怎么死都一样，但她却说："当然不一样，把你掐死虽然方便快捷，但之后你老是把舌头伸出来也挺难看的。扔水里虽然好看些，可是得找个能把你淹死的地方。"

我想反正都要死，就死得好看一点儿吧，便跟她说想在水里淹死。她好像不太乐意，但也没有反悔，揪着我的头发往小学后面走，说要把我扔到防空洞旁边的鱼塘里淹死。

我本来想这次肯定会没命，可是没走几步，她突然跟我说："对了，我得给你取个名字，你姓蔡，而且待会儿就得淹死……就叫蔡翠萍吧！"

我跟她说，我不姓蔡，我的名字叫梁彩霞。她惊愕地看着我，一双血红圆凸的眼睛诡秘地晃动着，过了好一会儿才冲我怒吼："你真的不姓蔡？"

我颤抖地点头，她突然狠狠地甩了我一巴掌，再次冲我大吼："当年我就是太相信你们这些下贱的外姓人，才会被自己的贴身丫鬟害死！现在我再也不会相信你们，我得找姓蔡的人来给我当丫鬟。既然你不姓蔡，那就立刻给我滚！"

她的喜怒无常把我吓蒙了，一时把我折磨得半死不活，要我当她的鬼丫鬟，一时又莫名其妙地说放我走。我不知道她到底是真的要放我走，还是想再次折磨我，就立刻跪下来向她求饶。可没想到刚向她求饶，她就一脚踢在我胸口上，踢得我整个人往后翻，还冲我大骂："你不想走是吧！好，我就成全你，送你上黄泉路！"她骂完就伸出双手，锥子般的利爪从十根手指头上伸出来。

我被她这举动吓疯了，刚才我被戳了三下就已经痛得生不如死，要是她十只爪子一起戳到我身上，那还不如用刀把我的肉一片片割下来。所以，当看见她准备向我扑过来时，我什么也没想就连滚带爬地逃跑了。

她那让人毛骨悚然的笑声在身后响起，仿佛紧跟在我身后，在我耳边疯狂地大笑。我本以为很快又会被她抓住，可是跑了好一会儿也没有再次被她揪到，只是可怕的笑声依旧在耳际回荡。我觉得她就在我身后，所以一刻也不敢停下来，更不敢回头看，用尽全身的力气使劲地往家里跑。

直到跑回家里，我还是隐约听见她的笑声，她仿佛一直跟在我身旁，仿佛随时会在某一面镜子里出现……

叙述完这段可怕的经历后，梁彩霞在丈夫的帮助下，向我们展示手臂上的伤痕。她手臂上有三个已经愈合的小伤口，看上去就像被削尖的筷子戳出来的，不过根据她的叙述，制造这三个伤口的是藏镜鬼的利爪。

在我的知识范畴内，鬼魅是虚无缥缈的精神体，理应不会给人造成物理上的伤害。如果藏镜鬼是由人假扮的，或者是有实体的妖怪，那就另当别论。

但是这也不可能，因为从梁彩霞的叙述中，藏镜鬼从头到尾都只出现在教学楼的窗户里，人肯定办不到。藏镜鬼袭击她时，只是在玻璃中动动手脚，落到她身上的却是无形的拳脚，有形的妖怪也不可能办到这一点。

这可又让我犯愁了，藏镜鬼到底是什么东西呢？是有形的实体，还是虚无缥缈的鬼魅？

然而，这个困惑源于梁彩霞的叙述，如果她的叙述有假，那么一切疑团都能得到合理的解释。或许，我该换一个角度去思考。

据梁彩霞所说，她在遇到藏镜鬼之前，曾跟吴威吵架，以至在娘家待到很晚也不想回家。以此推论，她有可能是因为跟丈夫斗气，一时间下不来台才编造这个谎言。如果事实的确如此，那么她手臂上的伤痕很可能是她自己弄上去的。而制造这些伤痕，最简单的办法就是用削尖的筷子或竹签。

我突然想起吴威的冻肉店里，有用竹签穿起来的肉串，梁彩霞完全可以用这些竹签来制造伤口。不过这事说起来容易，实际操作可不简单——用竹签在自己的手臂上狠狠地戳三下，并不是谁都能做得到的。如果这么做的目的只是为了跟丈夫斗气，按常理来说，可能性并不大。

而且，在梁彩霞的叙述中，藏镜鬼曾提及“五个什么也不懂的小鬼”，而她遭遇藏镜鬼的时候，又恰好是王村五姐弟失踪当天，从这些迹象判断，她所说的极有可能是真话。

反正警车就停在小学的操场外，我打算在离开之前，先在小学外面调查一下，以确认她的叙述是否有假。

乡间小路难行，且现在已经深夜，吴威一再客气地说要送我们到小学。但考虑到梁彩霞的状况，我婉言谢绝。跟他们道别后，我跟蓁蓁来到王村小学。

之前只是隔着操场稍作观察，现在来到教学楼前，更能感受到眼前这些大窗户带来的压迫感。可怕的藏镜鬼仿佛就隐藏在某一扇窗户之中，静静地窥视着我们的一举

一动。

然而，除了二十来扇大窗户之外，似乎没有其他值得注意的地方，这里就像普通乡村小学那样，宁静而安逸。如果不是因为恐怖的藏镜鬼传说，这里或许会是个谈情说爱的好地方。

在教学楼前没有特别的发现，我便想到学校后面看看。根据资料显示，学校后面有一个荒废多年的防空洞，以及一个无人打理的鱼塘，王村五姐弟的尸体就是在鱼塘里被发现的。

当我提出要去学校后面调查时，蓁蓁便皱起眉头:“都这么晚了，我们还是明天再去吧！”

我调笑道:“你害怕吗？”

“我怕什么！”她虽然嘴巴上逞强，但脸色却不太好。

“怕我把你埋了？”

“就凭你这个跛子？”她握了下拳头，指关节噼啪作响，缓缓向我靠近，似乎准备跟我比画一下。

我连忙向她求饶:“女侠饶命啊！”

“想得美！”她说罢便抬脚把我踹翻。

我爬起来准备说她滥用暴力时，脑袋被狠狠地打了一下，顿时感觉头晕目眩，眼冒金星，再次倒下来。她把我拉起来，说自己没用多少力，死不了人，叫我别再装蒜。

我好不容易才站起来，脑袋还有点儿天旋地转的感觉，过了好一会儿才缓过来，冲她骂道:“你这也叫没用多少力，差点儿把我的脑袋敲得开花了。”

她目瞪口呆地看着我，良久才挤出一句话:“我没敲你的脑袋呀！”

她这一说，我就呆住了。想来也是，她平日虽然举止粗鲁，动辄就对我出手，但每次动手都很有分寸，绝对不会像刚才那样，差点儿把我打得晕过去。

正当我为此事感觉到疑惑之际，一阵尖锐的笑声回荡于夜空之中:“嘻嘻……刚才是本大小姐打你。”这声音缥缈而空洞，仿佛来自另一个空间，一时间难以判断是从哪个方向传来的。

我跟蓁蓁本能地往四周张望，寻找声音的主人，但是在目所能及的范围内，除了我们两人就再没有第三者，那到底是谁在说话呢？我抑住心中的恐惧，望向教学楼的窗户。

《诡案组 4》之卷十四

藏镜罗刹②

果然，说话的“人”就在一楼其中一扇窗户中。

在窗户宽大的玻璃上，有一个身穿旗袍的女人，她的装扮就像电视剧里民国时期的大家闺秀。不过，她的面容没有一点儿大家闺秀的贤淑，光是血红圆凸的双目就足以把人吓个半死。我想，她大概就是传说中的藏镜鬼。

藏镜鬼虽然目露凶光，却嘴角含笑，只是诡异的笑声让人不寒而栗：“嘻嘻……你们两个来得正好，虽然我前不久才收了几个小鬼头来使唤，但还欠家丁和厨娘。”

蓁蓁看见这只可怕的恶鬼，脸色都青了，但她好歹也是武警出身，还不至于会被吓呆，立刻捡起一块石头就往窗户扔过去。噼啪声随即响起，玻璃应声碎裂。

玻璃虽然破了，但藏镜鬼马上出现在另一扇窗户中，并恶狠狠地冲蓁蓁骂道：“好大的胆子，竟然敢对我无礼，看我怎么收拾你这个疯丫头。”说着，她便竖起食指，锥子般的利爪随即从指尖伸出来。

据梁彩霞说，被藏镜鬼的爪子戳到会有生不如死的剧痛，所以看见她亮出爪子，我跟蓁蓁都如临大敌。然而，在畏惧的同时，我又有一丝期待，希望能知道藏身于玻璃中的藏镜鬼，到底会如何攻击我们。虽然我刚才被她狠狠地打了一下脑袋，但并没有看见她是怎样出手的，所以这次聚精会神地注视着她的每一个动作。

“疯丫头，现在就让你尝尝我的厉害！”

藏镜鬼说着便挥手指向蓁蓁，虽然她只是在玻璃中挥手，而且蓁蓁跟窗户的距离超过五米，但这一指竟然能像武侠小说中的一阳指那样隔空打出。随着她挥手的动作，蓁蓁突然惨叫一声，身体仿佛受到冲击，后退了两步才能稳住身体，并立刻按住右臂。

我连忙上前询问她是否受伤，她先说没事，只是觉得手臂有些冰凉和麻痹，但话刚说完又惨叫一声，而且这次叫得比刚才要痛苦百倍，并不自觉地蹲下来。

我蹲在她前身，把她的手松开，发现她的手臂上有一个像被筷子戳出来的血洞，形状跟梁彩霞手臂上的伤痕几乎一致，正有少量鲜血涌出来。我立刻把上衣脱下来，给她做简单的包扎。

可是还没来得及包扎好，脑袋又被狠狠地打了一下，使我整个人往前扑，把蓁蓁也推倒了。

我翻过身来，发现藏镜鬼正晃动她的利爪，恶狠狠地说：“对我无礼就是这种下场，你要不要也尝尝？”话音刚落，吱呀声随之响起，教学楼的大门缓缓打开。

难道，藏镜鬼要显露真身？

就在这时候，教学楼的大门突然在可怕的吱呀声中缓缓开启，我惊惧地注视着将会出现于门中的藏镜鬼真身。然而，在这让人胆战心惊的时刻，窗户中的藏镜鬼却说："哼，来得真不是时候，今晚就暂且放你们一马，但下次可不会这么走运。"说罢红光一闪，便消失得无影无踪。

藏镜鬼刚消失，教学楼大门随之开启，一道强光从门内射出，照得我睁不开眼睛。一个烦躁的男性声音从门内传出："是哪个捣蛋鬼把窗户打破了？"

我还以为会有什么妖怪从门内跳出来，但当双眼适应强光后，便发现从门后出来的，原来是一名年约四十的中年男人。不管对方是什么人，反正不是妖魔鬼怪就好了。然而，就在我稍松一口气时，对方却来势汹汹地跑过来，使劲地抓住我的手，并愤怒地斥责："你们都多大的人了，竟然还这么无聊，打破学校的玻璃！"

看来这男人应该是王村小学的教员，于是我便向他出示警员证，并告诉他蓁蓁受伤了，问他学校里是否有能包扎伤口的医疗用品。至于损坏玻璃一事，在处理好蓁蓁的伤口后，我会给他一个交代。

他看见蓁蓁的手臂正在流血，脸上的怒容立刻消失，连忙带我们到教学楼一楼的教员室，取出医药箱给蓁蓁处理伤口。给蓁蓁包扎好伤口后，他才作自我介绍："我叫卢永志，是这所小学的教师。"随后，询问我们刚才发生了什么事。

我把受到藏镜鬼袭击的经过告诉他，并询问藏镜鬼是否经常在附近出没。

他愕然地看着我们，过了好一会儿才开口："真的有藏镜鬼吗？"

他说自己并非本地人，五年前才开始在这里教书，并住在教学楼三楼的宿舍里。对于藏镜鬼的传说，他曾略有听闻，但一直都不太相信。而刚才我们受到藏镜鬼袭击时，他除了听见打破玻璃的声音之外，并没有发现其他异常的地方。至于大半个月前，梁彩霞受到藏镜鬼袭击一事，他说自己每晚都会待在宿舍里，但并不知道有这么一回事。其实这也不稀奇，毕竟梁彩霞并没有像蓁蓁那样砸破窗户，他在三楼的宿舍里没发现也很正常。

反正已经聊开了，我便想向他了解一下王希的事情，但又不知道他跟王希的关系如何。为避免他起戒心，就先跟他聊些闲话。我说前段时间是春节假期，问他为何一个人待在宿舍里，而不回家乡跟家人过春节。我本是随口一问，但话刚出口就察觉到自己说了不该说的话。

卢老师本来跟我们有说有笑，可听了我的问题后，脸色马上就沉下来，良久也未发一言。蓁蓁偷偷戳我一下，虽然她没说话，但我能从她带着胜利者气息的责备眼神中，读懂她的意思——刚才在吴威家还怪我乱说话，你不也一样说话不经大脑吗！

我没心思跟她在这种事情上较劲，脑海里只想着如何打破眼前的尴尬局面。然而，我还没想到该怎么办，卢老师便已再度开口："家乡已经没有亲人，回去也没有意义。"

我抱歉道："不好意思，让你想起伤心事。"

"没关系，都已经是过去的事了……"他把玩着黄色的半透明打火机，给自己点了根烟，黯然地向我们讲述伤感的过去——悬疑志

>> 未完待续

《悬疑志》十大作家大揭秘

《悬疑志》五年风雨，悬疑小说名作无数。五年里，我们与写手们穿越古今，纵横鬼域，午夜梦里惊醒，时常一身冷汗，一堆凌乱梦，化作无常鬼，恰是写手们妙手整蛊。于是，我们习惯性地惊悚恐惧，习惯性地灵异思维，习惯性地翻开《悬疑志》欲罢不能……

五年来，《悬疑志》网罗的写手有上百名，上到大神级别，下到新手上路，写手们的故事也是各有千秋。在这些写手中，谁是我们最受欢迎的作家呢？谁最能代表《悬疑志》呢？这个问题，不是写手们能答复的，也不是编辑们能答复的，唯一能解答的人是你们——我们亲爱的悬谜们！

为此，编辑部不久前推出了“悬疑志十大最受欢迎作家”评选活动。我们筛选了20位名家写手作为候选人，在新浪微博上进行了一次完全由作为读者的你做主的投票评选。经过半个月的投票，最终庄秦、青丘、大袖遮天、王雨辰、君天、老家阁楼、求无欲、夜先生、叶聪灵、王稼骏十人由作为读者的你推上了十大之列。在此，我们对于众多参与投票的读者说句感谢，也希望你们一如既往地支持我们，《悬疑志》的发展，离不开你们的支持！

对于以上十位的名字，相信大家都不陌生，然而关于他们到底是什么样子的人，又是如何与《悬疑志》结缘的，相信还是有很多人不大清楚，现在就深度了解一下他们到底是何方神圣吧！

NO.1 庄秦

个人简介：庄秦，重庆人，职业作家，中国最好的悬疑小说家之一。平日以爬格为乐。自幼视柯南·道尔、程小青为偶像，近年来迷上了爱伦·坡的恐怖惊悚小说。2002年年底误入惊悚故事泥潭，不能自拔。为了创作，庄秦放弃了医药代表这个待遇优厚的职业，成为一名职业写手，从此开始了疯狂的写作生涯。出版作品有：《夜葬》、《夜长梦多》、《高校诡秘事件档案》、《无法呼吸》、《牙医馆诡秘事件》等。

必杀技：庄秦的作品风格诡异多变，逻辑推理缜密，关注身边事，平常人、从另一个角度进行人性、人心的深层探讨思索。写出吓人一跳又引人深思的悬疑小说，力求将希区柯克的悬念与爱伦·坡的惊悚相结合，并让读者过瘾是他最大的目标。

与《悬疑志》结缘：与《悬疑志》结缘，不得不提到前任主编鱼悠若，她在来到《悬疑志》之前，曾是《今古传奇故事版》的责任编辑。不过，那时她负责的栏目叫《开心100》，我写起来，说实话，有点儿吃力。当她来到《悬疑志》，找我约稿，而且是我最喜欢的悬疑题材，那我当然得写啦！

NO.2 青丘

个人简介：青丘，《悬疑志》金牌写手，国内最具才情的悬疑惊悚作家之一。1986年出生，性格低调淡薄，擅长恐怖灵异风格小说，代表作《鬼话连篇》、《七人环》。星座：天秤座，血型：A型，喜欢吃大闸蟹、火锅、甜食。不挑食。喜欢科目：历史、地理，讨厌科普、语文、数学、英文等一切主课。现在努力锻炼自己的写作能力，为能够写出心目中真正的好文而努力。

必杀技：青丘的作品有个很明显的特点，就是情节非常具有创意。悬疑惊悚小说的那几个套路，说白了早已写烂了，然而她的故事别具一格，人物刻画极为到位，叙述轻柔舒缓恰到好处，就像一曲优美的华尔兹，静谧的畅快感在每个读者的内心深处泛滥开来。

与《悬疑志》结缘：其实严格算起来，我算是一个新人，作为一个从小学时期看海尔兄弟都会邪魅一笑的人，抱着萌什么就写什么文的念头。2009年年底，小雅在晋江找到了我，于是开启了我在《悬疑志》写文的日子，一晃眼已经是2012年了。两年多的时间说长不长，说短不短，但是在写文上有了很大的收获，也因为《悬疑志》认识了很多朋友……说到底，我只是一个说故事的人，我一直都认为是故事找到了我，而非我创造了故事，故事就像有灵魂的一样，我每次都等待着和非常有意思的创意相遇。这是一种非常美妙的邂逅。

NO.3 大袖遮天

个人简介：大袖遮天，黑猫悬疑创造社社员，国内悬疑小说作者中唯一可以称得上“作家”的写手。真实姓名杨柳，现居长沙，专职创作悬疑惊悚小说，作品散见于各类悬疑惊悚杂志，已出版作品：《第二类死亡》、《蝴蝶谷》、《逻辑》、《亡灵花》等。

必杀技：大袖遮天的作品有两个非常明显的特点，一个是诡异，诡异是大袖遮天作品里的一贯特点。你永远无法想象她在下一节会写些什么，因为你很难跟上她那跳跃性的奇怪思维；二是研究人性，大袖遮天多年来一直关注的是社会问题和人性，这在她的每一篇作品里几乎都有体现。

与《悬疑志》结缘：第一次接到《悬疑志》的约稿，是认识了很久的编辑鱼悠若，她在另一本杂志担任编辑期间，向我约稿。鱼悠若是个很好的编辑，她能接受我的各种古怪念头并产生共鸣，让我没有限制地去写我想写的故事。现在的编辑戚小双也是结缘于另一本杂志，同样也是一个给予我最大创作自由的好编辑，他能够容纳非寻常意义上的恐怖悬疑故事。遇到这样的好编辑是我的荣幸，也是我们的缘分。

NO.4 王雨辰

个人简介：王雨辰，星座：活力四射的白羊；血型：内心丰富的A型；爱好：读书、看电影。自我评价：典型80后，中短篇悬疑故事为自己的最爱，希望可以不断地给读者惊喜。既然已经靠写文为生，就要做到最好，要以大师为目标，以勤奋为基石，相信终有一日，可以写出足够完美的小说。已出版作品：《每晚一个离奇故事》系列、《六根岛》、《流血的童话》等。

必杀技：写悬疑作品的人很多，但天才只有一个，他就是王雨辰。王雨辰的作品文思细密，笔法老练，擅长不着痕迹的铺排，制造诡谲到令人窒息的氛围，然后在你意想不到的地方突然转身，惊出你一身冷汗！

与《悬疑志》结缘：第一篇刊登在《悬疑志》上的故事，是我的《每晚一个离奇故事》系列，后来陆续开始为《悬疑志》写稿，不知不觉已有三四年之久。五年前，我第一次开始写小说，《悬疑志》几乎同时诞生。这五年来，我和它几乎同时经历着成长、挫折，一同进退着。从当年最早一批做悬疑的杂志到现在悬疑市场的百花齐放，无论是寒冬还是现在的一片繁荣，《悬疑志》都恪守着自己的原则和信念，那就是为读者提供最好的精神食粮。我希望在下一个五年、十年甚至更长的岁月里，我们互相勉励，长路相伴，开创未来。

NO.5 君天

个人简介：君天，上海作家协会会员，华语魔幻悬疑第一人。70年代末期出生于黄浦江畔，曾在北方求学，喜爱历史，对中华大好河山心向往之。全球中文原创作品网“榕树下”的状元，大型网络文学社团“武幻聊斋”的社长。已出版作品:《三国兵器谱》、《华夏神器谱》、《纵横》、《异现场调查科》系列、《X时空调查》等。

必杀技：君天的作品架构大气，内容曲折，擅长多线叙事，节奏紧凑，随着一个看似普通的案件的真相一点点暴露，一个更大的阴谋正在酝酿。尤其是《异现场调查科》系列，这点最为明显。

与《悬疑志》结缘：我是2007年受当时的主编蔡骏邀请加入《悬疑志》创作的，时间过得真快，不知不觉已经四年多了，风雨四年，一路并肩走过。作为一个老作者，在新的一年到来之际，愿杂志稿子越来越好，读者越来越多。《悬疑志》作为悬疑小说的领军杂志，能够更上层楼。

NO.6 老家阁楼

个人简介：老家阁楼，黑猫悬疑创造社成员，悬疑小说作家。长期从事市场销售工作，市场上变幻莫测，人际间钩心斗角，每每为亲身经历的一幕幕的诡异智慧而叹服，遂起愿将人性之赤裸、命运之无常付诸文字之心，因此作品中多偏重于犯罪心理、动机形成之探索。已出版作品:《我思故你在》、《毒药》、《夺命电邮》、《最后的欢愉》、《真相不白》等。

必杀技：老家阁楼笔下小说对社会人心之解构剖析有极为独到之处，擅长悬疑布局，将人性弱点碰撞产生的心灵脆弱、社会险恶、无尽欲望巧妙糅合进精致而又灵动的小说中，读之令人无法释手，掩卷让人喟然叹息。

与《悬疑志》结缘：我早在2008年就与《悬疑志》所属公司博集天卷有过合作，我的《夺命电邮》、《最后的欢愉》便是由该公司策划出版，后来开始陆续给《悬疑志》写稿。近年来都在折腾长篇，短篇写得比较少了，待到有空时，我会回来写的。《悬疑志》作为中国类型小说期刊的佼佼者，一直致力于类型小说的发掘与培养，大量的优秀类型小说从中崛起，这是一块类型小说的中坚阵地，因为这些编辑的坚持，给了作者巨大的鼓舞。我们坚信，只要市场仍在，读者仍在，类型小说的灵魂就永远在！

NO.7 求无欲

个人简介：求无欲，本名王普宁，生于销烟之地，自称皇族后人，受神灵保佑。幼年屡次遇溺不死，长大后更因误服药物而昏迷半月之久，今尚在人间也算是奇迹。他不学无术，年近三十仍一事无成，最大的嗜好就是听故事，尤其是离奇诡异之事，且窃来的故事也足以成书。闲来无事便不自量力地弄墨一番，岂料竟得网友赞赏，从此踏入文学创作之路。已出版作品：《诡案组》系列、《诡异档案》等。

必杀技：求无欲的作品文字鲜活而有张力，心理描写细腻而深刻，惯用回马枪，一不留神就来一个漂亮的转弯，杀你个措手不及！

与《悬疑志》结缘：开始文学创作已经有五个年头，但我发表在杂志上的篇章并不多。这并非懒惰所致，而是早期的投稿大都石沉大海，甚至连一丝涟漪也没有。不过有一家杂志例外，她就是《悬疑志》，她让我的故事首度出现在书刊当中。愿意花时间发掘新作者的杂志并不多，没有她就没有今天的求无欲。希望众编辑能继续发扬这种“毁人不倦”的精神，挖出更多的优秀作者，让读者看到更多精彩的故事。

NO.8 夜先生

个人简介：夜先生，男，自由职业者。2008年起定居青岛。个人短篇作品陆续发表于《悬疑志》、《胆小鬼》等国内著名悬疑文学类杂志，其中短篇小说《疯狂的喜鹊》、《人柴》、《潘多拉之花》等作品以其精妙的构思、独特的创作视角深得读者喜爱。已出版作品：《血夜爱上猫》、《畜人蛊》等。

必杀技：夜先生的作品出奇新巧的构思，凄厉恐怖的情节描写，你绝对想不到的惊悚离奇，人物生动细致，入木三分，令人耳目一新，赞叹不已。

与《悬疑志》结缘：一瞬间，《悬疑志》已经创刊五年，依然清晰地记得，五年前春天在上海，最初的办公室只有我一个人，后来我们为想杂志的名字费尽周折，《悬疑志》、《悬疑小说》、《悬疑世界》……很多候选。后来，叫这些名字的杂志陆续上市，尽管我已不做编辑很久，但什么都无法取代《悬疑志》在我心中的位置，最好的想法最好的稿子，我总会写给它。当然，也正因为每次都想做到最好，所以，我从来都是每期最后一个交稿的后进生，还经常被“抛弃”。新的一年，希望《悬疑志》可以继续坚持自己独特的风格，震撼每个人的心灵。

NO.9 叶聪灵

个人简介：叶聪灵，自由写手，经常为杂志社写推理小说，并受到读者的广泛好评。擅长挖掘推理、恐怖、悬疑、哲理等小说的题材。小说见于《男生女生》、《试胆》、《推理志》、《最推理》、《悬疑志》、《惊悚e族》等杂志。著有长篇小说《最完美的女孩》、《火蝴蝶》、《神探弗洛伊德》等。

必杀技：叶聪灵的文笔细致优美，叙述风格沉稳而又丰富多彩，读她的小说，那种文字的张力和叙事的快感常常令你身临其境。表面水波不兴其实暗流汹涌，正是叶聪灵的最独特之处。

与《悬疑志》结缘：与《悬疑志》结缘，还得从《最完美的女孩》开始说起。因为《最》的图书策划人当时也是《悬疑志》的主编，所以就有了最初在杂志上约稿的合作。这样，我和《悬疑志》，还有它的出版公司博集天卷就结下了缘分。

NO.10 王稼骏

个人简介：王稼骏，居于上海，中国原创顶尖推理作家，最好的社会派推理作家之一，以《谋杀攻略》一文获全国第四届华文杯侦探小说大赛最佳构思奖。2009 年以《魔术杀人事件簿》(《魔幻人生》)、2011 年以《篡改》连续两届入围“岛田庄司推理小说大赏”。已出版作品:《死神的右手》、《魔术杀人事件簿》等。

必杀技：王稼骏的作品文风细腻，情节诡谲，饶有滋味、引人入胜的故事铺陈，扑朔迷离、悬念迭出的情节推进……阅读他的小说，仿佛在暗夜中彳亍而行的旅人，突然间闯入了一座让人胆战心惊，却又充满诱惑力的神秘迷宫。

与《悬疑志》结缘：记得自己第一次在《悬疑志》上稿是受蔡骏之邀，缩写了一篇日本推理名家的短篇，这是我唯一一次缩写别人的小说。由于产量低下，所以在《悬疑志》发表的作品不多，发表的那几部短篇，也是在前主编鱼悠若同学的“威逼利诱”之下，充当了一把救火队员。我希望今后的每期《悬疑志》，我都能按时交稿。

五年来，《悬疑志》一直致力发掘与培养悬疑推理作者，打造中国悬疑第一品牌，为读者提供畅快淋漓的阅读快感。这些年来，她从 个蹒跚学步的孩了变成了快速成长的金色少年，从跌跌撞撞到经历风雨，长高了，变壮了，懂得更多，收获也更多了。这是最好的年代，曾经的成绩和遗憾都被留在身后，她即将向着新的目标，再次前进。希望她不是孤单上路，这一路上依然有你陪伴！悬疑志

2011年中国悬疑小说TOP10

文/郑辉

2011年，国内悬疑小说的出版渐趋理性，虽然没有噱头抢眼的作品出现，但诸多作者渐渐形成了自己的系列作品，譬如雷米的“心理罪系列”、那多的“那多灵异手记”、蜘蛛的“十宗罪系列”、上官午夜的“古小烟悬疑系列”……这些系列作品风格各异，各有千秋，有的是犯罪悬疑小说，有的是灵异悬疑小说，还有的是社会派悬疑小说，表明国内悬疑小说渐渐走向百家争鸣。

因此，借着对2011年中国悬疑小说市场的脉络梳理之际，我盘点出最具代表性的10部作品，望对众多读者的阅读有所帮助——

1. 谋杀似水年华（蔡骏，南海出版公司）

通过这部小说，蔡骏更上一层楼，他已经可以兼顾更广泛的读者群，不再局限于青少年读者。这部小说成功地打开了悬疑小说全民化、社会化的第一步，它的出版令人惊喜，让我们看到关注社会、关注人物命运的悬疑小说在中国的可行性。这类小说是个潜力股，必将成为中国悬疑小说的重要分支。

2. 心理罪：暗河（雷米，重庆出版社）

中国犯罪悬疑小说的扛鼎之作，独特的写作风格、专业的侦破知识还有高智商的犯罪手法，让雷米愈来愈受到读者追捧。国内市场非常需要这般专业、严谨的悬疑小说。雷米精通犯罪心理学、刑侦学，洞悉形形色色的罪恶，他笔下的“方木”从学生到刑警，一步步成熟起来，极富经典角色之潜力。

3. 把你的命交给我（那多，湖南文艺出版社）

“那多灵异手记”绝对是中国悬疑小说界一个特立独行的系列，融另类、奇诡、灵异惊悚与奇幻于一体，那多沉浸于探索大千世界的未知谜境，这次的作品是一部从书名到内容都非常独特的作品，也是国内首部讲述精神病院悬念事件的作品，虽然篇幅较短，但读来过瘾。

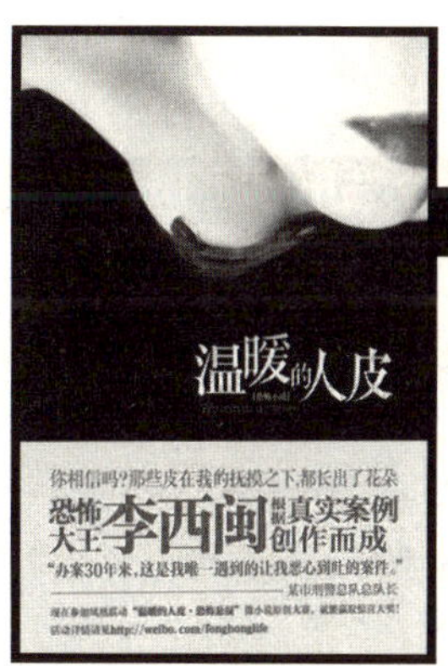

4. 温暖的人皮（李西闽，江苏人民出版社）

恐怖大王李西闽的小说总是洞悉社会深处的阴暗面，擅长刻画人性。《温暖的人皮》根据密封的刑侦卷宗创作而成，甫一出版便引来多方关注。现实往往比小说更匪夷所思，更恐怖骇人。李西闽喜欢写作现实世界的惊悚故事，而这样的作品是最有穿透力、最有文本价值的。

5. 十宗罪 2（蜘蛛，湖南文艺出版社）

这个系列的出版很有意义。以往这类讲述嗜血变态狂魔的犯罪悬疑小说活跃于网络，甚难出版，但蜘蛛的《十宗罪》系列凭着过硬的文本质量顺利出版了，并且赢得畅销、赢得好评。步步惊心，步步追查，重口味的情节背后有着作者那颗怜悯的心，也有着对人的劣根性的层层扒皮。

6. 推理笔记 3（早安夏天，中国致公出版社）

中国首部轻小说悬疑推理小说。早安夏天是国内创作校园悬疑小说最多的作者，文风多变，笔触细腻，而且有着动漫轻小说的叙事风格，青春味浓郁，令诸多读者眼前一亮。《推理笔记 3》是早安夏天的代表作品，一个个离奇的案件，一个个难以解释的谜团，全新动漫式推理历程，让我们感受到一种新颖独特的阅读体验。

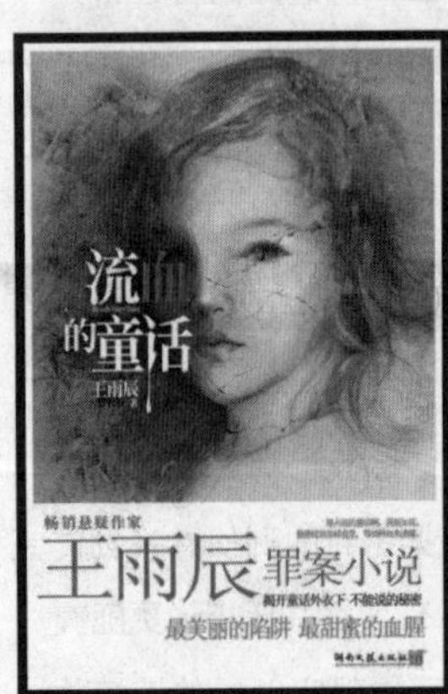

7. 流血的童话（王雨辰，湖南文艺出版社）

以罪案重新诠释童话，把童话之美和悬疑之惊悚完美结合，“悬疑鬼才”王雨辰总是让人惊喜。他天马行空的想象力，他的全新叙事角度，还有他的神秘故事……从灵异惊悚到罪案小说，王雨辰一次次征服了读者，也一次次挑战自己的写作。

8. 血族天使（上官午夜，重庆出版社）

社会派悬疑小说的代表作品，不到最后一刻，你绝对想象不到谁是幕后黑手，而到了最后一刻你才发现，所有的一切仅仅源于 N 年前那段充满罪恶的青春。上官午夜的悬疑小说愈来愈富有生活气息，“古小烟”就是她笔下的传奇女孩，通过这个鬼马精灵的女孩，我们接触到一宗宗不可思议的案件，甚至是完美谋杀案。

9. 牙医馆诡秘事件（庄秦，中国华侨出版社）

唯一上榜的短篇集，也是庄秦创作十年以来所集合的最经典的短篇合集。庄秦的作品风格诡异多变，逻辑推理缜密，关注身边事、平常人，从另一个角度的人性、人心进行深层探讨思索。他将希区柯克的悬念与爱伦·坡的惊悚相结合，写出了一个个怪奇故事，展现出都市黑暗角落的真相，令人欲罢不能。

10. 1993 血族革命（君天，长江出版社）

奇幻悬疑小说的扛鼎之作，君天创作《异现场调查科》系列已经几年了，深受读者好评。他将以前写武侠小说的一些特点融合进去，使得这个系列更富张力。吸血鬼和魔法师、异能人在伦敦上演一场尔虞我诈、血雨腥风的奇幻大戏，颇有好莱坞大片的感觉，也充分展现了君天笔下构架庞大的世界、峰回路转的剧情以及跌宕起伏的悬念。

2012《悬疑志》我和你

2012年终于来临，不知道有多少人和小编一样期待这一年的到来?

编辑的工作和大多数人的工作一样枯燥，选稿、校对、排版、插图、宣传这些工作周而复始，小编一想到电影《2012》的恐怖场景，就会想，那是否是解脱的一天?不然，小编们为什么那么期待2012年快点儿到来呢?能坚持做下每一本《悬疑志》，无疑是因为编辑心中对《悬疑志》的热爱，想到读者捧到最新一期的《悬疑志》，被工作逼疯了的小编们才能继续坚持下去。而且编辑的工作需要提前做好下一期杂志，不禁让小编感叹：我们的人生时光流逝得好快，正以三倍的速度流逝啊，浑蛋！我的青春你在哪里?被埋葬在无数本《悬疑志》里了吗?……

好啦，实际上2012年，小编还是希望世界和平，天下大同啦！这样才能看到新的美剧、动漫新番，还有XX……新年伊始，小编的心里充满了对新一年的期待，想要对自己和大家说一声：2012年，加油！

亲爱的，记得带上《悬疑志》和挪亚方舟的船票，准备新年起航。

Are you ready?

聊天室

马上就进入2012年了啊，根据玛雅预言，2012年12月21日将是世界末日。如果真的有所谓的世界末日，在最后的几小时里，你会干吗？大家都来说说啦！

来自天国的人们：坐下来，喝杯茶，很淡定地参透人生的道理。

柒月四起尸：就算世界末日，估计学校也不会放假，学到死啊……

阎晓狱：告诉爸爸妈妈，今天会一直陪在你们身边，如果还有来生，我希望你们还是我的父母。如果能发信息，我会群发给所有人，希望他们都平安。

血夜花魅：洗个热水澡，然后窝在被窝里睡觉……

知更鸟之死：像平常一样过日子嘛，要是毁灭那就只好毁灭了呗，万一做了点儿什么，结果世界又没毁灭，岂不是很亏吗？！

Sayouly：跟他告白，告诉他虽然今生我们有缘无分，但是下辈子一定要换个身份陪在他身边，然后，让我抱着他一起死吧！

nino金星人：老朽首先会动画补全、漫画补全，然后去趟日本买一堆漫画周边啥的再回来，最后和家人在松花江边野餐……

夜语：做件有意义的事，把《愤怒的小鸟》全部通关。

兰陵王：我想逃命，带几张船票去西藏，然后带上爸爸妈妈，话说最后一定会让所有人都进去的，电影里是这么演的！

黑小妖：带爸爸妈妈回火星去，地球好危险的说。

空格：先搞到方舟的船票，搞不到，就坐等死，我可不想一个人活着。

明州小倩：做一些平时不敢做的事，比如，放声高歌，去庐山旅游，花很多的钱好好地吃一顿，如果有暗恋的人就告白，无所谓了，最后，我要在庐山的山顶，跳进那云雾中……

鬼娃娃：找个风水宝地，把自己埋了……

Moonlight：世界末日离我们还很遥远嘛，不要想那么多啦，开心每一天啦！

兰陵王高能：如果真有世界末日，那么我铁定是带上自己的至亲去西藏登方舟啦，另外顺便带上《悬疑志》，哇咔咔……

双重人格

水果刀上的鲜血，提醒着他刚刚发生的事。

在心理医生的帮助下，他抑制住了另一个嗜血的人格。

他曾以为，他也可以和正常人一样生活。

可是现在，眼前是他最亲爱的儿子。

“天哪！是我害了你，我的孩子……”

“为什么……爸爸，告诉我，这是为什么？”

“不要害怕……我的孩子……到我的上衣口袋……找到那张明信片上的地址……安……安娜医生会帮助你的……”

说完最后一个字，他永远闭上了眼睛。

（文/空格）

蜘　蛛

我是一只能化作人形的蜘蛛。不过，我有一种与生俱来的特殊能力。我吐出的丝线可以连到地狱，让地狱的人顺着我的丝线爬上地面重新做人。但是，做任何事都是要付出一定代价的，更何况是死而复生。只不过，收取代价的人是我；而付出代价的，是你。

他是一个富翁，已经病重得快死了，但是他舍不得他的财产。于是，某天他单独找到了我，请求我在他死后，把他从地狱捞回来。

我盯着他消瘦的身体，心下好笑。这个人的命数已经到头，根本不该继续活下去了。之前也确实有几个人来找过我，提出过同样的要求，他们都是即将走到生命尽头的人。可是既然主动找上门来了，我便来者不拒。

我像前几次一样善意地提醒他，我可以救你，但你必须付出相应的代价。他说只要事成，就会支付给我一大笔钱，让我这辈子吃穿不愁。我欣然答应，还给了他一张符纸，要他混着水喝下去。那是我与他的灵魂契约。

果然，没过几天，这个富翁就病死了。灵堂里到处摆放着大大小小的花圈，周围家属们、朋友们哭声一片。富翁的尸体躺在花床中间，安详地闭着双目，仿佛沉睡了似的，嘴角微微浮起一丝笑。是知道自己可以死而复生，所以才这样坦然地接受死亡吗？我离开灵堂，找了一片空地，开始我的工作。

原本修长的身体幻化成硕大的蜘蛛模样，口中吐出长长的细丝，向着地底下探去。地狱里有许多想要往生的灵魂，一看到我的丝线便争先恐后地扑了上来。我的丝线对他们来说仿佛是重生的希望，然而他们碰触不到。因为我们之间没有契约。

当有一双手牢牢地抓住丝线往上爬时，我知道，是那个富翁要爬上来了。我告诉他，让他把丝线缠在自己身上，我拉他上来。

他照着做了。过了一会儿，他说他缠好了，我知道我索取代价的时刻到来了。我迅速地收起丝线，将他的灵魂拉到眼前，美美地伸出舌头舔了舔，然后将他吃掉。

舒服地打了个饱嗝儿，我再次变回人身。我遥望着不远处灯火通明的灵堂，冷笑。哼，想要死而复生，哪有那么容易？人的生命都是既定的，谁都无法改变。你想要重生？那么失去灵魂就是你所要付出的代价。原本你还可以重新去投胎，然而你自己放弃了机会，就怪不得我了……

（文/Sayouly）

见　鬼

我是个科普作家，因为写了几本著名的科普读物，所以日子过得还算不错。另外，最近我还中了几张彩票，真是运气好得连神仙都要羡慕。

但天有不测风云，上个月我去安定医院检查，医生说我有轻微的精神分裂。由于病情并不严重，所以我决定在院外服药治疗。医生给我开了一些药，我每天都按时服用。虽然药物的副作用很大，让我感觉全身都很不舒服，但是我却没想过停止服药。

这是因为上次去医院的时候，那些精神分裂症患者各种痛苦与可怕的表情，使我发誓要积极配合医生的治疗，决不能让自己变成他们那个样子。医生说我就诊比较及时，且配合治疗的心态很健康，完全可以将这种讨厌的疾病扼杀在摇篮里。我听了这话备感安慰。可以说，我是属于疯子中不太疯的那种类型。

说起我的病症，开始我还以为自己是中了邪，第一次见到幻觉，是在一个半月前。

10月份的时候，我们依照本地风俗，去老家乡下扫墓。在扫墓回来的路上，我就开始感觉不对劲儿了。一路上，一直感觉有人在盯着我。我的亲戚们都走在前面，他们五十多个人密集地聚在一起，只有我一个人默默地走在最后。突然我就感觉人群中多出了几个人。为了确认这种奇怪的感觉，我离开了队伍，站在了人群的侧面，用手指挨个儿计数。虽然我已经非常尽力地去数了，但是由于人数太多，且又都在走动，我怎么数也数不清。于是，我又试图通过服装以及背影来辨别这些人的身份，但是由于人数太多，又有老家的远房亲戚，所以这个方法最终也没有成功。

就在这时，我突然想到了个问题：按照我们这边的迷信说法，五岁以下的孩子与古稀老人都是不能去扫墓的。因为老人说他们阳气少，火焰低，出入墓场很容易中邪。可是我刚才分明看到人群之间，隐约有一个白胡子的老头与两个三岁左右的孩子。母亲走在我的前面，我问她："老家有没有带三岁的孩子来啊？"

"没有，你又不是不知道，扫墓哪能带孩子？"

"我刚刚明明看到有两个孩子，还有一个白胡子老头。"

"你那是眼花了，这两天你太累了，回去好好休息一下就行了。"

我听了觉得也有些道理，毕竟这两天又是排队订票，又是坐火车，又是操持扫墓的事情，已经筋疲力尽，而且今天从早晨起来，我就水土不服闹肚子，保不住刚刚眼花了。想到这一层，我就放下了心，与母亲一边聊天，一边走回了家。

老家的亲戚设了宴席，好好地款待了我们。我吃饭的时候被灌了不少酒，稀里糊涂地睡着了。等我醒来的时候，发现自己正躺在偏屋的大土炕上。身上还盖了厚厚一层被子。我的身边坐着一个人，他低垂着头坐在炕沿上，就好像昏昏欲睡的人在打瞌睡一般。

"你要是困了就上床睡。"我一边招呼他，一边给他腾出一块地方来。

他却并没有理我。

"喂！"我拍了拍他。他转过身，我们四目相对，我顿时就傻了眼，因为这个人的脸上除了两个黑洞似的眼睛，什么都没有。紧接着，我就尖叫了起来。

门外正好有几个来串门的亲戚，听到我的叫声，急忙推门冲了进来。那个人一瞬间就消失了。这几个亲戚我不太熟，他们问我叫什么，我怕他们把我当成神经病，就笑着说了句："没事，做噩梦了。"

说完我就穿好衣服，跳下了土炕，然后急急忙忙与他们一起走出去了。

但是从这天之后，我的思维就开始不太正常了，总是听到有人对我说话，那声音只有我一个人能听到。我还时常看到一些怪人，不是少了胳膊，就是少了腿，他们总是跟在我的身后，一句话都不说。作为一个科学工作者，我觉得自己不能太迷信。所以后来我查了书，知道这可能是一种幻视幻听症。于是我就不再感到害怕了。

而且自从得了这个病症，我似乎突然有了顺风耳的能力。即使一个人站在十几米之外，我都能听到他那如战鼓轰鸣一般的心跳声。

由于这些奇怪的病症扰得我一直睡不好，所以就像我一开始所说的，最后只好跑到了医院，求助于医生。医生开的药副作用很大，而且坚持了几天之后，我才发现这药一点儿效果都没有。因为现在我的屋子里已经站满了人，简直就像是北京的公交车，我要想从卧室走到客厅，需要举着胳膊，小心翼翼地挤着喊："来，各位，麻烦让一下，好嘞，哎哟，对不起踩到您的脚了！"

在人们不满的目光中，仅十几步的路程，我要走三分钟。为此我甚至强迫自己少喝水，以免挤着去厕所。渐渐地，我的床上也站满了人，每当我要睡着的时候，他们的脚就会不小心踩到我。

就这样熬了一个星期之后，我实在忍无可忍了。于是我就像黑社会老大一样，带着这一大群人跑到了安定医院，要求住院治疗。倒不是因为别的，而是因为医院宽敞一些，至少我睡觉时，他们不会踩到我。

在我被关起来之后，妻子带着儿子离开了医院。在窗台上，我看着他们离去的背影，突然我听到儿子叹了口气，对妻子说："爸终于走了，现在屋子里那群人终于也跟着他一起走掉了。"

妻子立即冲他嘘了一声，然后笑着说："他的钱也都归咱们了，现在，我带你去找你的亲生父亲去！"

我立即明白了：我并没有得病，我只是中邪了，我看到的都是真实的！他们也看到了！于是我疯狂地砸门，要求出院。这时一群男大夫推门拥了进来，他们给我打了很多镇静剂之后，我就睡着了。第二天，我就被绑了起来。看来，我下半辈子都要在这里度过了。

（文/小毒）

图书在版编目（CIP）数据

悬疑志．说出来就会死／柳易，戚小双主编．— 长沙：湖南文艺出版社，2012.3
ISBN 978-7-5404-5365-7

Ⅰ．①悬… Ⅱ．①柳… ②戚… Ⅲ．①中篇小说－小说集－中国－当代 Ⅳ．① I247.7

中国版本图书馆 CIP 数据核字 (2012) 第 019274 号

上架建议：文学・悬疑推理

悬疑志・说出来就会死

主　　编：柳　易　戚小双
出 版 人：刘清华
责任编辑：丁丽丹　刘诗哲
监　　制：蔡明菲　潘　良
封面设计：八牛书装
出版发行：湖南文艺出版社
（长沙市雨花区东二环一段508号 邮编：410014）
网　　址：www.hnwy.net
印　　刷：北京京都六环印刷厂
经　　销：新华书店
开　　本：787mm × 1092mm　1/16
字　　数：240千字
印　　张：14
版　　次：2012年3月第1版
印　　次：2012年3月第1次印刷
书　　号：ISBN 978-7-5404-5365-7
定　　价：15.00元